Patronatserklärungen im *common law*
und im deutschen Recht

Europäische Hochschulschriften
Publications Universitaires Européennes
European University Studies

Reihe II
Rechtswissenschaft

Série II Series II
Droit
Law

Bd./Vol. 2663

PETER LANG
Frankfurt am Main · Berlin · Bern · New York · Paris · Wien

Janpeter Horn

# Patronatserklärungen im *common law* und im deutschen Recht

Eine rechtsvergleichende Darstellung der Verwendung von *comfort letters* und Patronatserklärungen im englischen, australischen und deutschen Recht

PETER LANG
Europäischer Verlag der Wissenschaften

Die Deutsche Bibliothek - CIP-Einheitsaufnahme

Horn, Janpeter:

Patronatserklärungen im common law und im deutschen Recht : eine rechtsvergleichende Darstellung der Verwendung von comfort letters und Patronatserklärungen im englischen, australischen und deutschen Recht / Janpeter Horn. - Frankfurt am Main ; Berlin ; Bern ; New York ; Paris ; Wien : Lang, 1999
(Europäische Hochschulschriften : Reihe 2, Rechtswissenschaft ; Bd. 2663)
Zugl.: Kiel, Univ., Diss., 1999
ISBN 3-631-35083-X

Satz: Kumpernatz + Bromann, Hamburg.

D 8
ISSN 0531-7312
ISBN 3-631-35083-X

# Vorwort

Diese Arbeit entstand über mehrere Jahre neben meiner beruflichen Tätigkeit. Dementsprechend war ich auf vielfältige Unterstützung angewiesen. Hierfür möchte ich mich bedanken:

Zu nennen ist zuvorderst mein Doktorvater, Herr Prof. Dr. Dr. Eugen Dietrich Graue, von dem der Anstoß zu dieser Arbeit ausging. Er nahm sich der Begleitung der Arbeit sowie der Erstellung des Erstgutachtens mit großem Engagement und großer Schnelligkeit an. Für die Anfertigung des Zweitgutachtens habe ich Frau Prof. Dr. Dorothee Einsele zu danken.

Vielfältige Anregungen habe ich Herrn Dr. jur. Georg A. Wittuhn von der Rechtsanwaltssozietät Huth Dietrich Hahn, Hamburg zu verdanken. Unterstützung kam außerdem von vielen Kollegen bei der Vereins- und Westbank AG, Hamburg, auch außerhalb der Rechtsabteilung, die mir unter anderem große praktische Erfahrung mit Patronatserklärungen gaben. Für die kritische Durchsicht des Manuskripts sind die Herren Dirk Herrmann und Volker Zaehle zu erwähnen.

Eine besondere Berücksichtigung gebührt den Herren Dres. jur. Wolf Wassermeyer, Dietrich Grashoff sowie Berthold Frick für ihre hilfreiche und ausgiebige Diskussionsbereitschaft diese Arbeit und ihr Thema betreffend.

Bei meiner Frau Swantje möchte ich mich für ihre schier unendliche Geduld bedanken sowie – last, but by no means least – bei meinen Eltern für ihre nicht zuletzt finanzielle und moralische Unterstützung; ihnen sei diese Arbeit gewidmet.

Hamburg im April 1999 Janpeter Horn

# Inhaltsverzeichnis

*3. Kapitel*

**Patronatserklärungen im deutschen Recht im Vergleich zur Behandlung nach dem *common law*** 

*1. Kapitel*

# Einleitung

## I. Ausgangslage und Gang der Darstellung

Mit der zunehmenden Internationalisierung des Wirtschaftsverkehrs ist eine vermehrte Gründung von ausländischen Tochtergesellschaften durch national tätige Unternehmen einhergegangen. Die Tochtergesellschaften nehmen als rechtlich selbständige Subjekte am Wirtschaftsleben teil, vorwiegend in den Ländern oder Wirtschaftsregionen ihrer Gründung. Wenn diese oftmals nur mangelhaft mit Eigenkapital ausgestatteten Unternehmen dann zur Bewältigung ihrer Aufgaben um Fremdmittel nachsuchen, stellt sich bei den Kreditverhandlungen für den potentiellen Kreditgeber die Frage nach Kreditsicherheiten. Aufgrund der rechtlichen Unabhängigkeit der Unternehmen erscheint bei Insolvenz der Tochter ein direkter Anspruch des Gläubigers gegenüber der Muttergesellschaft grundsätzlich zweifelhaft beziehungsweise nur schwer durchsetzbar. Dementsprechend wird der Kreditgeber regelmäßig versuchen, von der Konzernmutter Sicherheiten zu erlangen. Eine Möglichkeit der Absicherung besteht dabei darin, die Muttergesellschaft in die Haftung der Tochter mittels einer Art von Schirmherrschaft (Patronat) einzubeziehen: Im Rahmen der Kreditgewährung an die Tochtergesellschaft verspricht oder stellt die Muttergesellschaft dem Kreditgeber ein bestimmtes Verhalten in Aussicht, das die Rückzahlung des Kredites verbessert. Derartige Erklärungen werden im allgemeinen als „Patronatserklärungen" bezeichnet.[1]

In Zeiten wirtschaftlichen Wohlergehens sind solche Erklärungen häufig von Muttergesellschaften gegenüber den Kreditgebern ihrer Tochtergesellschaften abgegeben worden, ohne daß die Beteiligten genauer auf den Erklärungsinhalt und auf die sich daraus möglicherweise ergebenden Pflichten eingingen. Seitens der Gläubiger wurde zumeist stillschweigend davon ausgegangen, daß die Muttergesellschaften, schon allein im Hinblick auf ihren Ruf, eine Zahlungsunfähigkeit ihrer Töchter nicht zulassen würden.[2] Tatsächlich hat die Erfahrung aber gelehrt, daß dem in Zeiten individueller wirtschaftlicher Schwierigkeiten oder einer Rezession nicht in jedem Fall so ist. So sagte sich 1974 die Lufthansa von ihrer Tochter Travel Air los und enttäuschte die Erwartungen der Gläubiger. Ähnlich war es im Fall

---

1 Münchener Kommentar-Habersack, vor § 765 Rn. 44; Staudinger-Horn, vor § 765 Rn. 118.

2 Vgl. Wassner, FAZ vom 15.7.1975, S. 7.

Hessische Landesbank (HeLaBa) und Banque Crédit International, in dem sich die HeLaBa 1976 weigerte, für ihre konkursbedrohte ehemalige Tochter einzustehen.[3] Jüngere Beispiele für solches die Gläubiger enttäuschendes Verhalten sind die Fälle der Unternehmen Daimler Benz sowie Philips, die ihre jeweilige Tochtergesellschaft Fokker beziehungsweise Grundig nicht mehr unterstützen wollten.

In solchen Situationen stellt sich dann die Frage nach der verpflichtenden Natur abgegebener Patronatserklärungen; ob sie über eine moralische Verpflichtung hinaus auch einen Rechtsanspruch des Gläubigers gegen die Muttergesellschaft begründen. Diese Frage ist vor dem Hintergrund des konkret verwendeten, oftmals allerdings mehrdeutigen Wortlauts zu beantworten.

Patronatserklärungen haben in der internationalen Finanzierungspraxis trotz bestehender Zweifel hinsichtlich ihres konkreten Verpflichtungsgehalts im Einzelfall eine erhebliche praktische Bedeutung erlangt. Bei circa über zwei Dritteln der internationalen Finanzierungen in Konzernverhältnissen werden Patronatserklärungen (unter anderem) als Sicherheiten hereingenommen. Da sich, nicht zuletzt aufgrund der großen wirtschaftlichen Bedeutung Großbritanniens, der USA und Kanadas, aber neuerdings auch Australiens im asiatisch-pazifischen Raum, Englisch als internationale Wirtschafts- und Finanzsprache weitgehend durchgesetzt hat, werden häufig auch die Rechtsordnungen dieser Länder im Rahmen von internationalen Finanzierungen herangezogen beziehungsweise als Grundlage der Vertragsbeziehungen vereinbart.

Vor diesem Hintergrund hat das *common law* eine erhebliche Bedeutung in Bezug auf Patronatserklärungen erlangt. Unter diesem ist im weiteren Sinne das gesamte anglo-amerikanische Rechtssystem im Gegensatz zum *civil law*, dem kontinentaleuropäischen Recht, zu verstehen. Zur Rechtsfamilie des *common law*, das sich in England seit der normannischen Eroberung herausgebildet hat, gehören neben dem Recht des Mutterlandes England die Rechte fast aller englischsprachigen Länder.[4]

Die vorliegende Arbeit stellt die Behandlung und Bewertung von Patronatserklärungen in den Ländern des *common law* insbesondere durch die Rechtsprechung dar (2. Kapitel). Ein Schwerpunkt ist dabei das englische Recht. Die zwingende Anwendung des englischen Rechts beschränkt sich zwar nur auf England und Wales.[5] England mit seiner Hauptstadt London

---

3 Vgl. Der Spiegel v. 27.9.1976, S. 86 ff.

4 Vgl. David/Grasmann-Will, S. 435; Henrich, S. 2; Blumenwitz, S. 7.

5 David/Grasmann-Will, Rn. 283.

ist jedoch weltweit einer der bedeutendsten Finanz- und Welthandelsmärkte. Daher tragen viele internationale Finanztransaktionen den Stempel des dortigen, englischen Rechts, insbesondere wenn international tätige Banken beteiligt sind.[6] Darüber hinaus hat das englische Recht aufgrund seiner geschichtlichen Rolle im früheren Empire immer noch eine starke Vorbildfunktion für viele Rechtssysteme der Welt.

Die Bedeutung des englischen Rechts erschöpft sich jedoch nicht nur hierin. Englisches Recht sowie englische Gerichte oder Schiedsgerichte werden häufig von ausländischen Parteien freiwillig für ihre Verträge und Transaktionen gewählt. Das geschieht zum Teil wegen der anerkannten Qualität des englischen Vertrags-, Handels- und Wirtschaftsrechts. Auch wenn sich Vertragsparteien aus unterschiedlichen Ländern nicht auf das Recht einer der Parteien einigen können, wählen sie oftmals englisches Recht als neutrales Recht. Das wird dadurch erleichtert, daß die Rechtssysteme zahlreicher Länder auf dem englischen *common law* beruhen. Eine Geschäftsfrau oder ein Geschäftsmann aus einem solchen Land wird sich bei Anwendung des englischen Rechts einigermaßen sicher fühlen. Aber auch für Geschäftsleute aus anderen Ländern, beispielsweise aus Deutschland, ist englisches Handels- und Gesellschaftsrecht nicht nur bei Geschäften mit englischen Partnern von Bedeutung. Ein Geschäftspartner aus einem anderen *common law*-Land wird sich regelmäßig nicht auf deutsches Recht einlassen, einer Wahl des englischen Rechts aber kaum widersprechen. Außerdem wird auch dem deutschen Geschäftspartner ein Gerichtsverfahren in London unter Anwendung englischen Rechts regelmäßig lieber sein, als später in einem ihm unbekannten und gegebenenfalls nicht sehr vertrauenswürdigen Land klagen zu müssen.[7]

Ein weiterer Schwerpunkt der Darstellungen zur Bewertung von Patronatserklärungen in den Ländern des *common law* im 2. Kapitel ist das australische Recht. Die Einbeziehung der Behandlung von Patronatserklärungen durch die Rechtspraxis Australiens rechtfertigt sich zum einen aus der engen Verbundenheit mit dem englischen Rechtssystem: Von allen ehemaligen Ländern des Empires, die auch heute noch in ihren Rechtsvorstellungen vom englischen Recht geprägt sind, steht das australische Recht dem englischen mit am nächsten.[8] Zum anderen gewinnt das australische Recht insbeson-

---

6 Vgl. Stoakes, Euromoney Oktober 1997, S. 33; Triebel/Hodgson/Kellenter/Müller, Rn. 1223.

7 Vgl. Stoakes, Euromoney Oktober 1997, S. 33; Triebel/Hodgson/Kellenter/Müller, Rn. 1225.

8 Zweigert/Kötz Bd. 1, S. 254 ff.

dere im asiatisch-pazifischen Raum immer mehr an Bedeutung. Zwischen Geschäftspartnern aus dieser Region kann es interessanter und einfacher sein, bei Verträgen und Transaktionen australisches Recht und australische Gerichtszuständigkeit statt englischen Rechts und englischer Gerichtszuständigkeit zu vereinbaren. Das gilt insbesondere dann, wenn zumindest eine der Parteien aus einem Land der dortigen Region stammt, dessen Recht und Gerichtssystem nur bedingt vertrauenswürdig sind, beispielsweise aus Malaysia, Indonesien, Indien oder aus der Volksrepublik China. Das australische Rechtssystem ist im asiatisch-pazifischen Raum ebenso anerkannt wie das englische und dabei geographisch näher. Das gilt vor allem, weil Australien sich seit einiger Zeit bewußt mehr zu den wachstumsorientierten Ländern des asiatisch-pazifischen Raum hinwendet und sich mehr dorthin zugehörig begreift als nach Europa.

Im Anschluß an die Darstellung der Rechtslage nach dem *common law* wird diese mit der Rechtslage nach deutschem Recht verglichen (3. Kapitel). Dabei soll insbesondere die veröffentlichte deutschsprachige Rechtsprechung zu Patronatserklärungen berücksichtigt werden. Ausgangspunkt der Betrachtungen sind dabei die einzelnen in der Praxis verwendeten Erklärungsformen.

Abschließend werden allgemeine Tendenzen bei der Unterteilung und Bewertung von Patronatserklärungen in den untersuchten Rechtsordnungen dargestellt und einander gegenübergestellt (4. Kapitel). Daraus können in der Praxis Rückschlüsse auf mögliche Rechtsfolgen und auf die Einschätzung unterschiedlicher Erklärungsarten in den verschiedenen Ländern gezogen werden.

## II. Begriffe

### 1. Die „Patronatserklärung“

Der Begriff *„Patronatserklärung“* erschien in der deutschen juristischen Literatur zuerst Ende der Sechziger/Anfang bis Mitte der Siebziger Jahre.[9] Sowohl hier als auch in den ersten Urteilen[10] wurde dieser Begriff benutzt, ohne Hinweise auf dessen Herkunft zu geben.

Vom Wortstamm her kommt der Ausdruck vom Lateinischen *patronus*, dem in mittelhochdeutscher Zeit und Sprache die Ausdrücke „Patron“ und

---

9 So zum Beispiel bei Kamprad, DB 1969, 327; Winden, Enzyklopädisches Lexikon (1967/68), S. 1080; Rümker, WM 1974, 990; Schraepler, ZKredW 1975, 215.

10 Vgl. LG Frankfurt, AG 1977, 321; BFH 1977, 362.

„Patronat" entlehnt worden sind.[11] Schon nach römischem Recht konnte der Herr seinen Sklaven mittels eines förmlichen Rechtsaktes, der Freilassung (*manumissio*), die Freiheit geben. Die Freigelassenen waren dann zwar aus der Sklaverei entlassen, standen aber den Freigeborenen sozial und rechtlich nach. Privatrechtlich waren sie der Patronatsgewalt ihres Freilassers, des *patronus*, unterworfen. Mit der fortschreitenden Verselbständigung bildete sich die Herrschaftsgewalt des *patronus* mehr und mehr zurück und bedeutete später (seit dem Ende der späten Republik) nur noch die Summe einzelner sittlicher und rechtlicher Beschränkungen, denen verschiedene Schutzpflichten des Patrons gegenüberstanden.[12]

In Deutschland ist der Patronat als neues Rechtsinstitut im auslaufenden 12. und 13. Jahrhundert entstanden. Zuvor, im 11. und im beginnenden 12. Jahrhundert, wurde im Zuge einer Reformbewegung von kirchlicher Seite das Eigentum von Laien an Kirchen in Frage gestellt. Als Reaktion hierauf wurde das Patronatsrecht geschaffen. Statt Eigentum und Nutzungsrechte entstand einerseits eine Fürsorge- und Schutzpflicht des weltlichen Patrons für die Kirche und die Erhaltung bestimmter Patronatsgebäude. Andererseits bestand unter anderem ein Recht des Patrons gegenüber der Kirche auf Unterhalt in Notsituationen.[13]

In der Literatur zu Patronatserklärungen wird der Begriff zumeist ohne Begründung als aus dem französischen Sprachkreis stammend angesehen.[14] Das mag damit zu erklären sein, daß als weltweit erster Fall, der eine Patronatserklärung betraf, ein Rechtsstreit vor dem Pariser Handelsgericht gilt. Hierüber wurde auch in der deutschen Presse berichtet.[15] Eine Entscheidung des *Tribunal de Commerce* in Paris gilt auch als das weltweit erste Urteil, das eine Patronatserklärung zum Inhalt hatte.[16] Es ist vor diesem Hintergrund anzunehmen, daß der Wortstamm „Patronat" über die französische Bezeichnung *lettre de patronage*[17] in Deutschland Verbreitung gefunden hat.

---

11 Lat. patronus = Schutzherr, Schirmherr, rechtlicher Vertreter (insbesondere der schutzbefohlenen Freigelassenen und Klienten); vgl. zur Wortbedeutung und Entstehung auch: Duden, Etymologie, S. 514; Duden, Wörterbuch der deutschen Sprache, S. 2502.

12 Kaser, S. 115, 118 f. u. S. 298.

13 Erler/Kaufmann, S. 1558 ff.

14 Patronner (frz.) = eintreten für; le patron (frz.) = Schutz-, Schirmherr; vgl. Gerth, S. 29; Hoffmann, S. 6; Seiler, S. 3.

15 Vgl. Handelsblatt vom 11. Juli 1978 und 23. April 1979; der Rechtsstreit wurde schließlich außergerichtlich beigelegt. Vgl. Seiler, S. 1 f.; Gerth, RIW 1982, 477.

16 Vgl. Handelsblatt vom 20. Januar 1982; Gerth, RIW 1982, 477 f.

17 Vgl. Rippert, S. 1.

## 2. Der *„letter of comfort"*

Im englisch-amerikanischen Sprachgebrauch werden Patronatserklärungen zumeist als *letters of comfort* beziehungsweise *comfort letters* bezeichnet. Daneben haben aber auch vielfältige andere Bezeichnungen verschiedentlich Verwendung gefunden; so zum Beispiel: *letters of responsibility, letters of awareness, letters of patronage, letters of assurance* und *letters of intent*. Diese Bezeichnungen stehen zumeist als Synonyme.[18] Der Ausdruck *comfort letter* hat sich schließlich nach mehreren englischen Gerichtsentscheidungen Ende der 80er Jahre als Sammelbegriff im gesamten englischsprachigen Raum durchgesetzt. Er soll in dieser Arbeit ausschließlich benutzt werden, auch wenn ironisch teilweise der Ausdruck *„letter of discomfort"* als zutreffender erachtet wird.[19]

Der englische Ausdruck *„comfort letter"* und die deutsche Bezeichnung „Patronatserklärung" werden sowohl in der englischen als auch in der deutschen Literatur wie Synonyme behandelt.[20] Dem soll auch in dieser Arbeit gefolgt werden.

## 3. Begriffsinhalt

Sowohl der englische als auch der deutsche Ausdruck sind keine Rechtsbegriffe oder Begriffe für Rechtsinstitute in dem Sinne, daß sie die Rechte und Pflichten der Beteiligten bestimmen.[21] Vielmehr handelt es sich um Sammelbezeichnungen für eine Vielzahl von Erklärungen über eine Schirm- und Schutzherrschaft mit unterschiedlichem Verpflichtungsgehalt. Sie umfassen eine Bandbreite von Erklärungen, die von einer garantieähnlichen Zusage der Muttergesellschaft bis lediglich zu der Aussage reichen können, man habe von der Kreditgewährung Kenntnis genommen.[22] Aus diesem

---

18 Vgl. Parsons, BJIBFL, Sept. 1986; Böhlhoff, IBL 1978, 288; Wittuhn, McGillLJ 1989/90, 490; Herzfeld, SJ 1988, 1549; Davidson/Jonathan/Daniel, JBFLP 1992, 8; Schollen, RDAI/IBLJ 1994, 793.

19 Vgl. Pierce, S. 218.

20 So z.B.: Wood, S. 307; Sacasas/Wiesner, BLJ 1987, S. 334 Fn. 62; Hermann, Financial Times v. 4.2. 1988, S. 13; Dilger, RIW 1988, 908 u. RIW 1989, 573; Wittuhn, RIW 1990, 495.

21 So aber fälschlicherweise LG München I, WM 1998, 1285 = DB 1998, 1457, 1458.

22 Vgl.: Herzfeld, SJ 1988, 1549; Sacasas/Wiesner, BLJ 1987, 315; Tyree, JCL 1989, 279; Stoakes, Euromoney Dezember 1986, 181; Gibbens, BFLR 1989, 22 (jew. aus englischer Sicht) u. Mosch, S. 1; Rümker, WM 1974, 990; Bordt, WPg 1975, 285; IdW-Stellungnahme, WPg 1976, 528 f.; Michalski, WM 1994, 1229 f (aus deutscher Sicht).

Grund haben die Begriffe „Patronatserklärung" und „*comfort letter*" nur sehr bedingt einen Auslegungswert,[23] auch weil oftmals bewußt mehrdeutige Formulierungen gewählt werden.[24] Dementsprechend stellte das OLG Köln in einer Entscheidung fest: „Eine mit ‚Patronatserklärung' überschriebene Vereinbarung, in der ‚die gesetzliche Haftung' für die Schulden eines anderen übernommen wird, ist eine Bürgschaft."[25] Unverständlich ist vor diesem Hintergrund dagegen die Aussage des LG München I, dem Patron werde „– schon durch die Überschrift ‚Patronat' wahrheitswidrig suggeriert, daß eigentlich nur Fürsorge für die Tochter erwartet wird."[26]

### *a) Überblick über die verschiedenen Arten von Patronatserklärungen*

Im internationalen Wirtschaftsleben hat eine große Anzahl unterschiedlicher Varianten von Patronatserklärungen Verwendung gefunden. So unterscheidet Mosch 26 Erklärungsarten allein in Deutschland.[27] Dabei kann seine Aufzählung aufgrund des Erfindungsreichtums der Praxis nicht als abschließend angesehen werden. Dies gilt insbesondere vor dem Hintergrund, daß in der Regel eine Kombination von mehreren Erklärungsarten verwendet wird.[28]

Inhaltlich entsprechen sich die in den verschiedenen Ländern verwendeten Erklärungsarten größtenteils. Denn sie sind oftmals von international tätigen Kreditgebern und Konzerngesellschaften im Rahmen internationaler Kreditfinanzierungen und losgelöst von traditionellen nationalen Sicherungsmitteln geschaffen und verwendet worden. Im folgenden soll daher zur Veranschaulichung ein erster, kurzer Überblick über einige international häufig verwendete Erklärungsarten gegeben werden:[29]

- In einer sogenannten Kenntnisnahme-Klausel oder auch *statement of awareness of financing* erklärt die Muttergesellschaft, sie habe von der Kreditaufnahme durch die Tochtergesellschaft Kenntnis genommen. Er-

---

23 Vgl. Schröder, ZGR 1982, 554; Stecher, S. 68; Kohout, 107 f.; Egon Schneider, EWiR § 765 BGB 2/86, 567.

24 IdW-Stellungnahme, WPg 1976, 529; Stecher, S. 7; Köhler, WM 1978, 1342.

25 OLG Köln, EWiR § 765 BGB 2/86, 567.

26 LG München I, WM 1998, 1285, 1287 = DB 1998, 1457, 1459.

27 Mosch, S. 8 ff.

28 Vgl. nur Obermüller, S. 90 ff.; Wood, Comparative Law, S. 346 ff.; Elland-Goldsmith, RDAI/IBLJ 1994, 533 ff.

29 Vgl zu allen Erklärungsarten nur: Scholz/Lwowski, Rnn. 401 ff.; Westphalen, S. 386 ff.; Obermüller, Rnn. 10 ff.; Gerth, S. 31 ff.; Wood, Comparative Law, S. 346 ff.; Elland-Goldsmith, RDAI/IBLJ 1994, 529 ff.; Davidson/Wohl/Daniel, JBFLP 1992, 9 ff.; Wittuhn, McGillLJ 1989/90, 491 ff.; Böhlhoff, IBL 1978, 288 ff.

klärt sie sich auch mit der Kreditaufnahme einverstanden, wird die Klausel im Deutschen regelmäßig als Einverständniserklärung bezeichnet.

- Eine Erklärung, in der die Muttergesellschaft aussagt, die Aktien oder Geschäftsanteile befänden sich zu ...% in ihrer Hand, wird als Kapitalsanteils-Klausel oder auch *statement of ownership* bezeichnet.
- In einer Vertrauensklausel erklärt die Muttergesellschaft, die Leitung der Tochtergesellschaft genieße ihr volles Vertrauen.
- Unter einer Managementklausel beziehungsweise einem *undertaking to exercise its influence* oder auch *statement of management* versteht man eine Erklärung der Muttergesellschaft, ihren Einfluß gegenüber der Tochtergesellschaft insofern geltend zu machen, daß diese ihren Verpflichtungen vereinbarungsgemäß nachkomme.
- Eine Geschäftspolitikklausel oder auch ein *statement of policy* ist die Erklärung der Muttergesellschaft, es sei ihre Geschäftspolitik, dafür zu sorgen, daß ihre Tochtergesellschaft jederzeit ihren Verbindlichkeiten nachkommen könne.
- Unter einer Beteiligungsklausel beziehungsweise einem *statement to maintain ownership interest, statement of shareholdings* oder auch *declaration of intent to participate* versteht man die Erklärung der Muttergesellschaft, sie werde ihre derzeitige Beteiligung an der Tochtergesellschaft aufrechterhalten.
- In einer Ausstattungsverpflichtung oder auch einem *statement to provide funding* verpflichtet sich die Muttergesellschaft, dafür zu sorgen, daß ihre Tochtergesellschaft stets finanziell so ausgestattet wird, daß diese ihren Verbindlichkeiten nachkommen kann.

### *b) Erklärungen gegenüber der Tochtergesellschaft*

Nicht als Patronatserklärungen begriffen werden teilweise Erklärungen, die gegenüber der Tochtergesellschaft statt dem Kreditgeber abgegeben werden.[30] Das ist jedoch in einer solchen Absolutheit nicht gerechtfertigt. Unmittelbarer Adressat ist der Kreditgeber zwar nicht, aber mittelbar kann die Patronatserklärung ihm doch zugute kommen: Entweder tritt die Tochter ihre Rechte aus der Erklärung mit Zustimmung der Mutter an den Kreditgeber offen ab, oder die Erklärung wird nach deutschem Recht als Vertrag zugunsten Dritter, nämlich des Kreditgebers ausgestaltet, wobei sich die

---

30 Vgl. Lwowski, S. 59; Bordt, WPg 1975, 286 u. 290 ff. (Bspl. 2); Fischer/Schaffland, Gen.-For. 1976, Nr. 2, 36, 39 f. (Bspl. 2); vgl. auch IdW-Stellungnahme, WPg 1976, 259.

Muttergesellschaft gegenüber dem Kreditgeber verpflichtet, die gegenüber der Tochter gemachte Zusage während der Dauer des Kreditverhältnisses nicht zu ändern oder aufzuheben.[31] Dies muß aber auch tatsächlich geschehen. Isolierte Erklärungen gegenüber der Tochtergesellschaft stellen tatsächlich keine Patronatserklärungen dar: Wegen der fehlenden Drittwirkung auf den Kreditgeber könnten sie ansonsten ihren Zweck als Kreditsicherungsmittel nicht erfüllen.[32]

### c) *Erklärungen gegenüber der Allgemeinheit*

In jüngerer Zeit wurden im Schrifttum auch Erklärungen ohne unmittelbaren Adressaten, sogenannte „Patronatserklärungen gegenüber der Allgemeinheit" oder „gegenüber einem unbestimmten Personenkreis", begrifflich den Patronatserklärungen zugeordnet.[33] Als Beispiele hierfür werden Erklärungen gegenüber dem Träger eines Einlagensicherungsfonds bei Kreditinstituten[34] oder gegenüber einer ausländischen Aufsichtsbehörde[35] genannt, sowie Erklärungen der Obergesellschaften auf Pressekonferenzen oder in Geschäftsberichten.[36]

Die Besonderheit dieser Erklärungen ist, daß nicht ein einzelner Gläubiger angesprochen wird, sondern beispielsweise alle gegenwärtigen und künftigen Gläubiger.[37] Zwar ist der Regelfall, daß eine Willenserklärung bezie-

---

31 Mosch, S. 2; IdW-Stellungnahme, WPg 1976, 529; Scholz/Lwowski, 6. Aufl., S. 400; Michalski, WM 1994, 1230; Hellner/Steuer-Wittig, Rn. 4/2873 u. Rnn. 4/2910 ff., der diese Form der Patronatserklärungen auch als „Liquiditätsgarantie" bezeichnet. Für das englische Recht so wohl auch: Parsons, BJIBFL 1986, 7.

32 So auch Michalski, WM 1994, 1230; Hellner/Steuer-Wittig, Rn. 4/2873. Vgl. auch: Kohout, S. 6.

33 Schneider, ZIP 1989, 619; Hellner/Steuer-Wittig, Rnn. 4/2893 ff. Vgl. auch Wagner, S. 28.

34 So verlangt § 5 Abs. 10 Statut des Einlagensicherungsfonds des Bundesverbandes deutscher Banken e.V. (i.d. Fassung v. Juli 1988) bei Mehrheitsbeteiligungen oder Abhängigkeitslagen eine Patronatserklärung. Vgl. dazu ausführlich Gerth, S. 284 ff., der allerdings vom Regelungscharakter auf eine Ausfallbürgschaft schließt (S. 260 ff.).

35 So fordern z.B. die Bank of England und die Bankenaufsichtsbehörde von Luxemburg von ausländischen beherrschenden Kreditinstituten Patronatserklärungen für die ihrer Aufsicht unterstehenden Tochtergesellschaften; vgl. Schneider, ZIP 1989, 619 u. Brestel, FAZ v. 12.11.1977.

36 Z.B.: Geschäftsbericht der Deutschen Bank AG für das Jahr 1995, S. 72; Geschäftsbericht der Dresdner Bank für das Jahr 1995, S. 94. Vgl. auch Habersack, ZIP 1996, 257 ff.; Schneider, ZIP 1989, 619 u. 623; Hellner/Steuer-Wittig, Rn. 4/2893 u. Rn. 4/2896.

37 Schneider, ZIP 1989, 623.

hungsweise ein Angebot an einen bestimmten Empfänger gerichtet wird. Möglich ist aber auch, ein Angebot an einen unbestimmten Personenkreis (sogenanntes Angebot „ad incertas personas") zu richten.[38] Maßgebend bei diesen sogenannten „kollektiven Patronatserklärungen"[39] ist, daß überhaupt eine Fördermaßnahme in Aussicht gestellt wird. Da das bei den genannten Beispielen der Fall ist, sind auch sie den Patronatserklärungen begrifflich zuzuordnen.[40]

### d) *Der „letter of intent"*

Besonderer Beachtung bedarf der im englischen Sprachgebrauch verwendete Begriff *„letter of intent"*.

Zum einen wird dieser Ausdruck als Synonym für eine bestimmte Art von *comfort letters* gebraucht, in denen die Muttergesellschaft die Absicht äußert, etwas bestimmtes zu tun oder zu unterlassen, so zum Beispiel die Absicht, die Beteiligung an einer Tochtergesellschaft nicht zu reduzieren oder aufzuheben.[41]

Zum anderen wird mit diesem Ausdruck, in der deutschen Praxis teilweise als „Absichtserklärung" übersetzt, eine vorvertragliche schriftliche Erklärung bezeichnet, die vorherige Vereinbarungen oder das Verständnis einer oder mehrerer Personen hinsichtlich eines zukünftig abzuschließenden Vertrages wiedergibt.[42] Ein so verstandener *letter of intent* kann nicht als Patronatserklärung eingeordnet werden und soll dementsprechend nicht Gegenstand dieser Arbeit sein.

---

38 Für das deutsche Recht: Larenz, Allgemeiner Teil, S. 518; Palandt-Heinrichs, § 145 Rn. 7; für das englische Recht vgl.: Chitty/Treitel, S. 92.

39 Vgl. zu diesem Ausdruck Schneider, ZIP 1989, 620 u. 623 ff.

40 So auch ausführlich: Hellner/Steuer-Wittig, Rnn. 4/2893 ff.; Habersack, ZIP 1996, 257 ff.; Hachenburg/Barz (7. Aufl.), Anh. II zu § 13 GmbHG, Rn. 50; a.A.: AG Frankfurt a.M., AG 1977, 321 wg. unbestimmten Adressatenkreises.

41 Vgl. z.B. Seiler, S. 105 ff.; Wittuhn, McGillLJ 1989/90, 490; Lutter, S. 12 f.

42 Lake/Draetta, S. 5; Siebourg, S. 230 ff.; Lutter, S. 10 ff. Lutter gibt auf Seite 4 in der 1. Auflage seines Werkes als Beispiel, daß, als die ehemalige „France" in Bremerhaven ankam und dort zur „Norway" umgebaut werden sollte, lediglich ein *letter of intent* vorgelegen habe. Dennoch wurde sofort mit den Arbeiten begonnen – bei einem veranschlagten Auftragsvolumen von DM 90 Millionen.

*2. Kapitel*

# Patronatserklärungen im *common law*

## I. Vorbemerkung

Die wichtigste Quelle des *common law*, insbesondere des englischen und des australischen Rechts ist auch heute noch das Fallrecht als das von Richtern gesetzte Recht durch Präzedenzfälle. Dieses *case law* wird häufig, als *common law* bezeichnet, dem Gesetzesrecht, dem *statutory law*, gegenübergestellt.[1]

Die Rechtsquellen des *case law* finden sich hauptsächlich in der *ratio decidendi* obergerichtlicher Urteile. Für deren Bestimmung ist maßgebend, welcher Rechtssatz das Urteil trägt. Nach *Goodhart*, der eine der einfachsten und prägnantesten Beschreibungen gab, ist die *ratio decidendi* „*found by taking account of the facts treated by the judge as material, and his decision based on them*".[2]

Von der *ratio decidendi* scharf zu trennen sind die *obiter dicta*, jene Ausführungen des Richters, die zur Entscheidung des Rechtsstreits nicht unbedingt notwendig und deswegen auch nicht normbildend sind. Sie können in einem späteren Verfahren durchaus wieder in Frage gestellt werden.[3] Allerdings kann von ihnen für spätere Entscheidungen eine gewisse Überzeugungskraft (*persuasive authority*) ausgehen.

Die aufgrund einer *ratio decidendi* begründete *legal rule* ist keine abstrakte Rechtsnorm. Sie bezieht sich ganz auf den konkreten Fall, aus dessen Anlaß und zu dessen Lösung sie gefunden und formuliert wurde. Ihre Abstraktion würde dem Wesen des englischen Rechts widersprechen.[4]

Die Frage nach der *ratio decidendi* ist verwandt mit der *doctrine of stare decisis*. Diese Doktrin baut auf dem Grundsatz auf, daß im Rahmen eines souveränen Jurisdiktionsbereichs alle Gerichte durch die Entscheidungen höherer Gerichte gebunden werden. Die Entscheidungen „*are binding on the courts*". Das heißt, sie müssen befolgt werden; ohne Rücksicht darauf, ob ein Untergericht die Entscheidung für falsch oder richtig hält. Die Entscheidung beziehungsweise die in ihr enthaltene Rechtsregel ist solange

1 David/Grasmann-Will, Rn. 335; Triebel/Hodgson/Kellenter/Müller, Rn. 24.

2 Goodhart, S. 1 ff., S. 25; vgl. auch: Cross/Harris, S. 39 ff., S. 63 ff.; Blumenwitz, S. 33 ff.

3 Vgl. David/Grasmann-Will, Rn. 335; Cross/Harris, S. 75 ff.

4 Vgl. David/Grasmann-Will, Rn. 335.

bindend, wie sie nicht außer Kraft gesetzt wird. *Overruled* werden kann sie sowohl durch eine spätere Entscheidung des erkennenden Gerichts, soweit jenes nicht an seine eigenen Entscheidungen gebunden ist, als auch durch die Entscheidung eines höheren Gerichtes oder durch die Gesetzgebung.[5]

Aus dem Vorstehenden ergibt sich, daß den englischen und australischen Gerichtsentscheidungen, die einen comfort letter betreffen, eine vorrangige Bedeutung zur Bestimmung der Rechtslage zukommt. Insbesondere ihre *ratio decidendi* ist im Hinblick auf eine Bindungswirkung herauszuarbeiten. Aber auch das vom Gericht „am Rande Gesagte" ist im Hinblick auf eine faktische Bindungswirkung aufgrund einer möglichen *persuasive authority* darzustellen.

Aufgrund der *doctrine of stare decisis* ist bei der Auseinandersetzung mit dem *case law* eine Grundkenntnis der Gerichts- und Entscheidungshierarchie notwendig. Dementsprechend soll eingangs zu den Ausführungen zur Rechtslage nach englischem beziehungsweise australischem Recht auf jene Spruchkörper eingegangen werden, die sich wegen ihrer Zuständigkeit mit Patronatserklärungen auseinandersetzen können. Bei der Untersuchung der Gerichtsentscheidungen selbst soll grundsätzlich chronologisch vorgegangen werden, um die Rechtslage zur Zeit der jeweiligen Entscheidung bestimmen zu können. Lediglich wenn es sich um Urteile mehrerer Instanzen zur selben Sache handelt, werden diese zur besseren Übersicht unmittelbar hintereinander behandelt.

## II. Der *comfort letter* in englischen Gerichtsentscheidungen

### 1. Der Gerichtsaufbau in England

In England wird zwischen den *superior courts* und den *inferior courts* unterschieden.[6] Die Entscheidungen der *superior courts* sind insoweit von größerer Bedeutung, als sie unter bestimmten Voraussetzungen Präzedenzfälle darstellen, denen künftig zu folgen ist, und die Aufschluß über den jeweiligen Zustand des englischen Rechts geben.[7]

Im Zentrum des englischen Gerichtsaufbaus steht der *Supreme Court of Judicature*, der aus drei Abteilungen besteht: dem *High Court of Justice*

---

5 Cross/Harris, S. 97 ff.; Blumenwitz, S. 25; Henrich, S. 15 f.

6 Vgl. zum folgenden: Cross/Harris, S. 97 ff.; Henrich, S. 7 ff.; Blumenwitz, S. 26 ff.; David/Grasmann, Rnn. 481 ff.; Triebel/Hodgson/Kellenter/Müller, Rnn. 30 f.

7 David/Grasmann-Will, Rn. 342; Henrich, S. 7 ff.

(für Zivilsachen), dem *Crown Court* (für Strafsachen) und dem *Court of Appeal*. Über dem *Supreme Court* steht das *House of Lords*, unter ihm die *inferior courts*.

Der *High Court* mit seiner allumfassende Zuständigkeit in Zivilsachen hat seinen Sitz in London, hat aber zahlreiche „Zweigstellen", sogenannte *District Registries*, über ganz England und Wales verteilt. Er ist in drei Abteilungen unterteilt: in die *Queen's Bench Division*, die *Chancery Division* und die *Family Division*. Die Fälle werden nach praktischen Gesichtspunkten zugewiesen, da von Rechts wegen jede Abteilung sämtliche Rechtssachen entscheiden kann, die in die Zuständigkeit des *High Court of Justice* fallen.

Die *Queen's Bench Division* ist vorwiegend erstinstanzliches Gericht, teilweise aber auch Rechtsmittelinstanz. In ihren Bereich als erste Instanz fallen insbesondere alle Klagen aus Vertrag und unerlaubter Handlung. Zwei Unterabteilungen sind der *Admiralty Court* und der *Commercial Court*. Letzterer ist für Rechtsstreitigkeiten aus dem Wirtschaftsleben zuständig, wie zum Beispiel für internationalen Kreditverkehr, internationalen Speditionsverkehr, Versicherungen, Auslegung und Durchführung gewerblicher Verträge.[8]

Die *Chancery Division* ist ebenfalls sowohl erstinstanzliches Gericht als auch Rechtsmittelinstanz. Als erste Instanz ist sie Nachfolgerin des früheren *Court of Chancery*. Dieses entschied in Sachen der *equity*, des englischen Billigkeitsrechts. Das englische Recht unterscheidet historisch bedingt zwischen dieser und dem *common law*, wobei der Begriff „*common law*" in diesem Zusammenhang eine andere Bedeutung hat, als wenn er dem Gesetzesrecht gegenübergestellt wird. Ursprünglich war das *common law* das Recht der Königsgerichte, während die *equity* das vom Gericht des Kanzlers, dem *Court of Chancery*, gesprochene Recht war. Zu diesem Gericht und damit zu einem eigenständigen Normenkomplex kam es unter anderem, weil das *common law*, wie auch schon das römische Recht, starr an einem Aktionensystem festhielt und die Klageform über das subjektive Recht stellte. Der Kanzler, bis in das 16. Jahrhundert ein Geistlicher, versuchte, ungerechte Urteile der Königsgerichte auszugleichen. Sein Billigkeitsrecht, die *equity*, entwickelte sich im Laufe der Zeit zu einem eigenen Rechtssystem. Es trat neben das *common law* und korrigierte dies. Die Grundsätze der *equity* wurden bis 1873 ausschließlich in den *Courts of Chancery* angewendet. Erst durch die *Judicature Acts* 1873-1875 wurde bestimmt, daß die Grundsätze der *equity* von allen Gerichten anzuwenden seien. Nunmehr besteht der Un-

8 Vgl. James, S. 36 ff.

terschied zwischen den Gerichten nur noch in der Kompetenz. Das jeweilige Recht, das sie anwenden, ist dasselbe.[9] Der *Chancery Division* werden insbesondere Erbschaftssachen, Ausführungen von *trusts* und Entscheidungen über spezielle Rechtsmittel der *equity* (z.B. *specific performance*) zugewiesen.[10] Teil der *Chancery Division* ist zudem der *Companies Court*, der über gesellschaftsrechtliche Fälle entscheidet.

Die Entscheidungen des *High Court* binden die sogenannten *inferior courts*, also diejenigen Gerichte, die sich in der Hierarchie unterhalb des *High Court* befinden und deren Entscheidungen keine Bindungswirkung entfalten. Hierzu gehören die *County Courts*, die über zivilrechtliche Streitigkeiten minderer Bedeutung entscheiden.[11] Die Richter des *High Court* sind an die Entscheidungen ihrer Richterkollegen desselben Gerichts nicht gebunden, wenngleich sie diese auch nicht aufheben können. Jeder Richter kann allerdings die Entscheidung eines anderen Richters mißbilligen (*disapprove*).[12]

Der *Court of Appeal* bildet innerhalb des *Supreme Court of Judicature* die zweite Instanz. In der Nachprüfung beschränkt er sich grundsätzlich auf Rechtsfragen. Sie muß auf Rechtsgründe gestützt werden, neue Tatsachen können nur vorgetragen werden, falls diese unverschuldet in der ersten Instanz nicht haben vorgebracht werden können. Seine Entscheidungen binden den *High Court* und die *inferior courts*. Ob der *Court of Appeal* die Befugnis hat, von eigenen Entscheidungen abzuweichen, ist zweifelhaft und bislang nicht entschieden.[13] Dem Grundsatz nach ist das Gericht in Zivilsachen an seine Entscheidungen gebunden.[14] Besteht zwischen zwei Urteilen ein unauflösbarer Widerspruch, kann der *Court of Appeal* jedoch aus eigenem Recht einer der vertretenen Ansichten folgen.

Gegen Entscheidungen des *Court of Appeal* und unter gewissen Umständen auch schon gegen Entscheidungen des *High Court* kann ausnahmsweise und nur, wenn es zugelassen worden ist, ein Rechtsmittel zum *Appellate Committee* des *House of Lords* eingelegt werden. Dieses trifft keine Sachentscheidungen. Eine Appellation wird entweder *dismissed* oder *allowed*.

---

9 Vgl. zur equity und zur Unterscheidung zum common law: Triebel/Hodgson/Kellenter/Müller, Rn. 26; Henrich, S. 5 f.; Blumenwitz, S. 6 ff.; David/Grasmann-Will, Rnn. 315 ff.

10 Vgl. James, S. 35 ff.

11 Vgl. James, S. 44 ff.

12 Vgl. Blumenwitz, S. 28, Triebel/Hodgson/Kellenter/Müller, Rn. 31.

13 Vgl. Triebel/Hodgson/Kellenter/Müller, Rn. 31.

14 Vgl. Blumenwitz, S. 27.

Die Entscheidungen des *House of Lords* binden alle englischen Gerichte. 1966 erklärte das *House of Lords*, daß es sich nicht mehr an seine eigenen Entscheidungen gebunden fühle.[15] Es kann also von den eigenen *rationes* abweichen, „*when it appears right to do so*“.

Das *House of Lords* ist oberste Rechtsprechungsinstanz über England und Wales hinaus für das gesamte Königreich, also auch für Nordirland und Schottland. Außerdem gibt es für einige Gebiete des einstigen britischen Kolonialreichs eine gleichrangige Instanz, gebildet aus den Richtern des *House of Lords*, allein oder zusammen mit Richtern aus Übersee: das *Judicial Committee of the Privy Council*. Dieses befindet vorwiegend über Rechtsbehelfe gegen Urteile der obersten Gerichtshöfe der britischen Überseegebiete und jener *Commonwealth*-Staaten, die diesen Rechtszug noch nicht abgeschafft haben. Das Besondere an den Entscheidungen des *Judicial Committee of the Privy Council* ist, daß es neben dem englischen Recht das Recht anwenden muß, das in dem betreffenden Teil des *Commonwealth* gilt. Deswegen können die Entscheidungen des *Privy Council* für die englischen Gerichte auch keine bindenden Präjudizien darstellen.[16]

Auch dann, wenn keine rechtliche Bindungswirkung besteht, vor allem bei den *obiter dicta* und den Entscheidungen des *Judicial Committee of the Privy Council*, können Rechtssätze aufgrund ihrer Argumentation, der hochrangigen Stellung des Gerichts und des Respekts gegenüber dem einzelnen Richter überzeugen und insoweit faktisch binden. Man spricht dann davon, daß sie eine *persuasive authority* haben.[17]

## 2. Der *comfort letter* nach *Wood*

Regelmäßig geht die Rechtsentwicklung im *case law* des englischen Rechts von den Gerichten und nicht von der Rechtslehre aus. Die Rechtsprechung behandelt neue rechtliche Probleme zuerst. Die Rechtslehre setzt sich normalerweise dann erst in Reaktion auf die Gerichtsentscheidungen mit den entschiedenen Sachverhalten und den geschaffenen *legal rules* auseinander.[18]

---

15 Ankündigung des Lordkanzlers vom 26.7.1966, [1966] 3 AllER 77.

16 Vgl. zum Judicial Committee of the Privy Council und seiner Bindungswirkung: Philipp, S. 117 ff. u. 136; Henrich, S. 14 f.; David/Grasmann-Will, Rn. 345.

17 Vgl. Schlüchter, S. 78, S. 80; Triebel/Hodgson/Kellenter/Müller, Rn. 32.

18 Vgl. zu dieser Reihenfolge der Auseinandersetzung mit einem neuen rechtlichen Problem im englischen Recht: David/Grasmann-Will, S. 436; S. 459 f.; S. 473.

Im Hinblick auf *comfort letters* erfolgte eine Ausnahme von dieser Reihenfolge. So wurde 1978 im Rahmen eines internationalen Symposiums auch ein Bericht über die Rechtslage in England im Hinblick auf Patronatserklärungen erstellt und veröffentlicht,[19] der allerdings in England selbst keine Beachtung fand. Eine solche fand dagegen die Auseinandersetzung mit den *letters of comfort* durch *Philip R. Wood* in der ersten Auflage seines 1980 erschienen Werkes über internationale Finanzierung: *Law and Practice of International Finance.*[20] Das betreffende Kapitel war Ausgangspunkt für zahlreiche diesbezügliche Arbeiten im englischen Recht. Auch die Rechtsprechung bezog sich anfänglich ausführlich auf *Wood.*[21] Dies ist in England zwar ungewöhnlich. Es erklärt sich aber aus der Anerkennung und dem Bekanntheitsgrad von *Wood*, Seniorpartner und Leiter des Bereiches *Banking and Capital Markets* der internationalen Rechtsanwaltskanzlei *Allen & Overy* sowie *Visiting Professor* am *Queen Mary & Westfield College, University of London*, sowie seiner zahlreichen Veröffentlichungen in dem Bereich finanzrechtlicher Problemkreise, wobei insbesondere sein 1980 erschienenes Buch und dessen Nachfolgerwerke zu nennen sind.[22]

*Wood* beginnt seine Darstellung[23] mit einer allgemein gehaltenen Beschreibung des *comfort letter* und mit einer Skizzierung der zugrundeliegenden Interessenlage. Er macht deutlich, daß grundsätzlich Zweifel hinsichtlich der verpflichtenden Natur von *comfort letters* wegen des Fehlens eines Rechtsbindungswillen bestünden. Er hebt jedoch den im englischen Recht allgemeingültigen Grundsatz hervor, daß eine geschäftliche Vereinbarung rechtlich verpflichtend ist, wenn nicht etwas anderes deutlich gemacht wurde.[24] Die Parteien haben jedoch die Möglichkeit darzulegen, daß eine Vereinbarung lediglich moralisch verpflichtend sein soll.[25] Dritten gegenüber gilt eine solche Vereinbarung allerdings als nicht bestehend. Nach der Ansicht von *Wood* ist selbst eine rechtlich verpflichtende Patronatserklä-

---

19 Smart, IBL 1978, 295 ff.

20 Wood, Law and Practice of International Finance, S. 307; vgl. dazu sogleich.

21 So z.B. Staughton J in Chemco Leasing SpA v Rediffusion plc, QBD vom 19. Juli 1985 (unveröffentlicht), zitiert nach Kleinwort Benson Ltd v Malaysia Mining Corp Bhd, QBD, [1988] 1 AllER, 714, 720; Hirst J in Kleinwort Benson Ltd v Malaysia Mining Corp Bhd, QBD, [1988], ebenda; Gibson LJ in Kleinwort Benson Ltd v Malaysia Mining Corp Bhd, CA, [1989] 1 AllER, 785,790.

22 Vgl. zur Anerkennung von Wood auch: Stoakes, Euromoney October 1997, 33.

23 Wood, Law and Practice of International Finance (1980), S. 307 f. und Comparative Law (1995), S. 346 ff.

24 Edwards v Skyways Ltd [1964] 1 AllER 494.

25 Jones v Vernon's Pools Ltd [1938] 2 AllER 626.

rung in der Praxis regelmäßig vom Inhalt her so mehrdeutig und die Verpflichtungen haben eine solch geringfügige Wirkung, daß sie keine substantiellen Rechte begründen und dementsprechend keine Sicherheit darstellen könne. Dies gelte für die normalerweise durch einen *comfort letter* abgedeckten Punkte. Diese sollen danach sein: eine Aussage über die Kenntnis der Finanzierung, eine Verpflichtung, Gesellschaftsanteile zu behalten (*to maintain ownership interest*) und die vom Kreditgeber gewünschte Unterstützung (*support*). Die diesbezüglichen Erklärungsinhalte seien sehr unterschiedlich und ihre rechtliche Wirkung richte sich nach den allgemeinen Voraussetzungen für einen Vertrag. Eine weitreichende Haftung würden sie regelmäßig jedoch nicht begründen.[26]

### 3. *Re Augustus Barnett & Son Ltd, Chancery Division* vom 2. Dezember 1985[27]

Das erste veröffentlichte Urteil in England, das eine Patronatserklärung zum Inhalt hatte, war zugleich die erste rechtskräftige Entscheidung diesbezüglich. Der Rechtsstreit kam in *Re Augustus Barnett & Son Ltd* vor die *Chancery Division* des *High Court*, da sein Gegenstand eine Konkurssache war. Konkurssachen sind durch Gesetz der *Chancery Division* zugewiesen, obwohl *bankruptcy*-Fälle eigentlich seit jeher zum *common law* gehörten.[28] Die Bezeichnung des Falles als „*Re Augustus Barnett ...*" ergibt sich daraus, daß es sich bei einer Konkurssache um eine nichtstreitige Angelegenheit (*non-adversary proceeding*) handelt.[29]

#### *a) Sachverhalt/ Entscheidungsgründe*

Die Konkursverwalter der Firma *August Barnett & Son Ltd* klagten gegen *Rumasa SA* wegen betrügerischer Geschäftstätigkeit zum Nachteil der Gläubiger.

*A. Barnett* war eine Tochtergesellschaft des spanischen Unternehmens *Rumasa* und hatte mehrere Jahre lang Verluste erwirtschaftet. Ihre Wirtschaftsprüfer hatten ihren Jahresabschlüsse auf der Basis eines funktionierenden Unternehmens (*on a going concern basis*) lediglich unter der Voraussetzung bestätigt, daß ihre Muttergesellschaft *Rumasa* zu ihren Gunsten

---

26 Wood, Law and Practice of International Finance (1980), S. 307 f. und Comparative Law (1995), S. 346 ff.

27 [1986] BCLC 170.

28 Vgl. Henrich S. 11; David/Grasmann-Will, Rn. 323.

29 Vgl. Blumenwitz, S. 78.

Patronatserklärungen abgab, die daraufhin dann auch in die Bilanzen aufgenommen wurden. Der letzte dieser *comfort letters*, datiert vom 1. Juni 1982, hatte eine Ausstattungsverpflichtung *Rumasas* gegenüber *A. Barnett* zum Inhalt. Der Original-Wortlaut war:

> *„Rumasa ... undertakes to provide such additional working capital as is necessary to enable (A. Barnett) to trade at its current level of activity for a period not less than 12 months from this date and also to provide such long term finance as is necessary."*

Die Geschäftslage *A. Barnetts* verschlechterte sich zunehmend, woraufhin sie sich von einer anderen Tochter *Rumasas* zusätzliche Mittel lieh. Zulieferer, die zögerten, ihre gegenüber *A. Barnett* bestehenden Kredite zu erhöhen, wurden von *Rumasa* beruhigt; so auch auf einer Pressekonferenz im April 1983. Trotz der zusätzlichen Mittel verbesserte sich die Situation jedoch nicht, so daß sich die Gesellschaft im September 1983 aufgrund eines Gesellschafterbeschlusses freiwillig selbst liquidierte.

Die Konkursverwalter begehrten in dem Gerichtsverfahren unter anderem Feststellung, daß *Rumasa* sich wissentlich an der Weiterführung ihrer Untergesellschaft beteiligt habe, um die Gläubiger zu hintergehen. Damit habe sie gegen *Section* 322 des *Companies Act* von 1948[30] verstoßen. Diese Vorschrift bestimmt die persönliche Haftung der Gesellschafter, wenn diese während der Liquidation mit dem Willen handeln, die Gesellschaftsgläubiger oder andere Personen zu betrügen (sog. *fraudulent* trading). Die Haftung der Gesellschafter enthält deren persönliche Verpflichtung, solche Einlagen in das Gesellschaftsvermögen zu leisten, die das Gericht zur Befriedigung der Gläubiger für angemessen erachtet. *Section* 322 des *Companies Act* von 1948 hatte folgenden Wortlaut:

> *„If in the course of the winding up of a company it appears that any business of the company has been carried on with intent to defraud creditors of the company or creditors of any other person or for any fraudulent purpose, the court, on the application of the official receiver, or the liquidator or any creditor or contributory of the company, may, if it thinks proper so to do, declare that any persons who were knowingly parties to the carrying on of the business in the manner aforesaid shall be personally responsible, without any limitation of liability, for all or any of the debts or other liabilities of the company as the court may direct ..."*

Für das Gericht stellte sich also die Frage, ob eine Konzernobergesellschaft, die zugunsten ihrer Untergesellschaft einen *comfort letter* erteilt hat, sich an einer (behaupteten) betrügerischen Geschäftstätigkeit zum

---

30 Jetzt *Section* 213 Insolvency Act 1986.

Nachteil der Gläubiger ihrer Tochtergesellschaft beteiligt.[31] Die *Chancery Division* verneinte dies: *comfort letters* alleine stellten keine rechtsmißbräuchlichen Akte in Sinne von *Section* 322 Companies Act 1948 dar.[32] Im übrigen wurde die Klage abgewiesen, weil das Parteivorbringen über die Absicht von *A. Barnett* und *Rumasa*, die Gläubiger durch betrügerische Geschäftstätigkeit zu benachteiligen, unzureichend war.[33] Richter *Hoffmann* deutete jedoch in diesem Zusammenhang an, daß *comfort letters* grundsätzlich aufgrund einer unerlaubten Handlung durch arglistige Täuschung (*action for fraud/ deceit*) einen Anspruch begründen könnten: „*The promises contained in the comfort letter may give rise to liability in deceit or some other cause of action ...*".[34]

Auf die einzelnen Patronatserklärungen eingehend stellte das Gericht folgendes fest:[35] Die Erklärung von 1982, den Geschäftsbetrieb aufrechtzuerhalten, habe aufgrund ihrer Befristung im Juni 1983 die Wirksamkeit verloren. Zu diesem Zeitpunkt existierte *A. Barnett* aber noch. Die Zusage, nötigenfalls „*additional working capital*" zur Verfügung zu stellen, sei vor dem Hintergrund der Kenntnis, daß die Gesellschaft nicht überleben könne, bedeutungslos geworden. Schließlich seien die auf der Pressekonferenz abgegebenen Aussagen lediglich als Absichtserkärungen ohne rechtliche Wirkung zu verstehen.

### *b) Bewertung der Entscheidung*

Auf den Inhalt der Patronatserklärungen kam es in *Re Barnett* nicht an. Eine Haftung *Rumasas* aufgrund der *comfort letters* war unabhängig von ihren Verpflichtungsinhalten ausgeschlossen. Dementsprechend sind die Patronatserklärungen nicht Gegenstand der *ratio decidendi* der Entscheidung. Dennoch lassen sich Folgerungen hinsichtlich der Einschätzung der Verpflichtungsinhalte beziehungsweise der Rechtsfolgen durch das Gericht ziehen.

Vor dieser Entscheidung galt der tatsächliche Wert von Patronatserklärungen, wie bei *Wood* gesehen, als fragwürdig. Sie wurden lediglich erteilt, um zu beruhigen (*to comfort*), ohne daß rechtliche Verpflichtungen be-

---

31 Vgl. hierzu Marshall, IL&P 1988, 154.

32 Vgl. Hoffmann J in: Re Barnett [1986] BCLC 170, 175 f.

33 Vgl. Hoffmann J in: Re Augustus Barnett [1986] BCLC 170, 172 ff.; Marshall, IL&P 1988, 154; Ivison/Naccarato, BLR 1989, 312; Forte, JML&C 1990, 101.

34 Hoffmann J in: Re Augustus Barnett, [1986] BCLC 170, 170 u. 175 f.

35 Re Augustus Barnett [1986] BCLC 170.

gründet werden sollten.[36] Anders erscheint jedoch die Einschätzung des Gerichts in *Re Barnett*, auch wenn es auf die Patronatserklärungen letztendlich nicht ankam. Richter *Hoffmann* schien anzunehmen, daß *comfort letters* grundsätzlich einen Anspruch begründen können. Als Haftungsgrundlage wurde jedoch, wie gesehen, nicht so sehr ein Vertrag erwogen, sondern vielmehr eine unerlaubte Handlung aufgrund arglistiger Täuschung (*action for fraud/ deceit*). Der erste Schritt in Richtung Anerkennung eines *comfort letter* als Haftungsgrundlage war damit getan.

## 4. *Chemco Leasing SpA v Rediffusion Ltd*

Der Fall *Chemco Leasing SpA v Rediffusion Ltd* betrifft die Auswirkungen zweier Patronatserklärungen, die von *Rediffusion* gegenüber *Chemco Leasing* in Hinblick auf *Rediffusion*s Tochtergesellschaft *CMC Italia* erteilt wurden. Die Klage von *Chemco Leasing* aus den Patronatserklärungen wurde in der ersten Instanz vor der *Queen's Bench* abgewiesen. Diese unveröffentlichte Entscheidung vom 19. Juli 1985 war das erste bekannte englische Urteil, das einen *comfort letter* zum Gegenstand hatte. Das erstinstanzliche Urteil wurde in der Rechtsmittelinstanz vom *Court of Appeal* bestätigt, wenn auch teilweise mit einer anderen Begründung.[37]

### *a) Sachverhalt der Entscheidungen*

*CMC Italia* produzierte und vertrieb Computer. Sie war eine Tochtergesellschaft eines französischen Unternehmens, der *CMC France*, die wiederum eine Tochtergesellschaft von *Rediffusion* war.

Im Juni 1979 trafen *Chemco Leasing* und *CMC Italia* eine Vereinbarung, nach der *CMC Italia* finanzielle Mittel erhalten sollte. Daraufhin übersandte *Rediffusion* im Dezember 1979 und August 1980 zwei Briefe an *Chemco Leasing*, die unter anderem folgende Passagen enthielten:[38]

> *„We confirm to you that the share capital of CMC Italia is owned 99,91% by CMC France which is in turn 100% owned by the under-signed Rediffusion Ltd. Therefore Rediffusion Ltd will be in a position to exercise sufficient control over the administration and management of CMC Italia to ensure that its obligations to Chemco Leasing are maintained.*

---

36 Marshall, IL&P 1988, 154; Wood, Comparative Law, S. 307 ff.

37 Zum ersten rechtskräftigen Urteil vgl. schon oben, S. 27.

38 Zitiert nach: Chemco Leasing SpA v Rediffusion Ltd, CA, [1987] FTLR 201, 203. Die Unterstreichungen erfolgten vom Verfasser.

*We assure you that we are not contemplating the disposal of our interest in CMC Italia and undertake to give Chemco Leasing prior notification should we dispose of our interest ... If we dispose of our interest we undertake to take over the remaining liabilities to Chemco Leasing of CMC Italia should the new shareholders be unacceptable to Chemco Leasing.*"

Am 16. Dezember 1981 verkaufte *Rediffusion* ihre Anteile an *CMC Italia. Rediffusion* selbst informierte *Chemco Leasing* über den Verkauf nicht. Allerdings erhielt *Chemco Leasing* am 14. Dezember 1981 eine vorausgehende Benachrichtigung von *CMC Italia.*

In der Folgezeit fanden mehrere Treffen zwischen Vertretern von *Chemco Leasing* und *Rediffusion* statt, in denen es um die Eignung der neuen Eigentümer von *CMC Italia* ging. Im Juli 1982 meldete *CMC Italia* Konkurs an. Am 3. September erklärte *Chemco Leasing* gegenüber *Rediffusion* formell, daß es die neuen Anteilsinhaber von *CMC Italia* nicht akzeptiere und aufgrund der Patronatserklärungen Begleichung der noch offenen Kreditverbindlichkeiten *CMC Italias* von Rediffusion fordere.

### *b) Entscheidungsgründe der erstinstanzlichen Entscheidung vor der Queen's Bench Division vom 19. Juli 1985*

Der mit dem Fall in der ersten Instanz befaßte Richter *Staughton* stellte den eigentlichen Entscheidungsgründen seine Vorgehensweise voran.

Nach einer umfangreichen Wiedergabe von *Woods* Ausführungen zum *comfort letter*[39] ging er auf die häufige inhaltliche Mehrdeutigkeit von Patronatserklärungen ein:[40] Es sei seines Wissens nicht unüblich, daß, wenn zwei Kaufleute ein Geschäft abschließen, sich aber über einen bestimmten Punkt nicht einigen können, sie sich oftmals bewußt doppeldeutig ausdrückten, damit der Vertrag zustande käme und der Hauptzweck erreicht werden könne. Zweifellos gingen sie davon aus, daß schon alles gutgehen werde („*all will go well*") und der fragliche Vertragsteil keine Bedeutung haben werde. Verläuft aber nicht alles zufriedenstellend, dann ist es nach Ansicht von Richter *Staughton* Aufgabe der (Schieds-)Richter, den in Frage stehenden Vertrag auszulegen. Das sei die gemeinsame Intention der Parteien, die seine Aufgabe in diesem Fall bestimme.

---

39 Vgl. dazu schon oben, S. 26 f.

40 Staughton J in: Chemco Leasing SpA v Rediffusion plc [1985], unveröffentlicht, zitiert nach: Kleinwort Benson Ltd v Malaysia Mining Corp Bhd, QBD [1988] 1 AllER 714, 720.

Zunächst war nach Meinung des Richters die Bedeutung des Abschnitts *„we undertake to take over the remaining liabilities to Chemco Leasing of CMC Italia“* in der Patronatserklärung zu bestimmen.[41] Richter *Staughton* verstand den Ausdruck *„to take over“* als verantwortlich werden (*„to become responsible for“*): *Rediffusion* werde entweder zum Bürgen oder zum Mitschuldner im Hinblick auf die Verbindlichkeiten *CMC Italias* gegenüber *Chemco Leasing* (*„Rediffusion would thereupon become either guarantors or co-principal debtors, with CMC Italy.“*).[42] Das Gericht nahm demnach an, daß der *comfort letter Rediffusion* zunächst einmal (*prima facie*) vertraglich verpflichte.[43]

Eine Haftung verneinte das Gericht dennoch: Der Vertrag enthalte eine stillschweigende Vertragsklausel,[44] die eine Obliegenheit *Chemco Leasings* begründe, nach Kenntnis über die Absicht des Eigentümerwechsels *Rediffusion* ihre Ablehnung mitzuteilen. Eine solche Mitteilung müsse innerhalb eines angemessenen Zeitraumes erfolgen, der im vorliegenden Fall vier Monate betragen habe. Da das nicht geschehen sei, sei eine Haftung der *Rediffusion* aus der Patronatserklärung letztlich ausgeschlossen.[45]

### c) *Entscheidungsgründe der zweitinstanzlichen Entscheidung vor dem Court of Appeal vom 11. Dezember 1986*

Der in der zweiten Instanz mit dem Fall befaßte *Court of Appeal* lehnte gleichfalls eine Haftung aus der Patronatserklärung ab. Auch wenn in dem Urteil Richter *Staughton* im Hinblick auf sein erstinstanzliches Urteil bescheinigt wurde, er sei *„plainly right“*, war die Begründung eine andere:

Inhalt des letzten Absatzes der Patronatserklärung sei ein Angebot, für die noch offenen Verpflichtungen einzustehen, falls *Chemco Leasing* neue Eigentümer nicht akzeptiere. Daraus folge, daß *Rediffusion* bei einer Nichtannahme des Angebots nicht hafte.[46]

Für das Berufungsgericht ergaben sich daraus drei Hauptprobleme:

---

41 Vgl. Marshall, IL&P 1988, 153.

42 Staughton J in: Chemco Leasing SpA v Rediffusion plc [1985], unveröffentlicht, zitiert nach: Sacasas/Wiesner, BLJ 1987, 319.

43 Vgl. Marshall, IL&P 1988, 153; Sacasas/Wiesner, BLJ 1987, 319; Brown, JBL 1990, 282.

44 Sog. „implied term“; vgl. hierzu: Henrich, S. 48 f.

45 Staughton J in: Chemco Leasing SpA v Rediffusion plc [1985], unveröffentlicht, zitiert nach: Sacasas/Wiesner, BLJ 1987, 319.

46 Chemco Leasing SpA v Rediffusion plc, CA, [1987] 1 FTLR 201, 206.

- Mußte das Angebot innerhalb eines angemessenen Zeitraumes angenommen werden?
- Falls ja, wie lange war dieser Zeitraum?
- Wurde das Angebot innerhalb des angemessenen Zeitraumes angenommen?[47]

*Lord Justice Parker* ging in seiner Begründung von dem Grundsatz aus, daß ein Angebot nach einiger Zeit seine Wirkung verliere.[48] Es sei wirtschaftlich undenkbar, daß die Parteien beabsichtigt hätten, *Chemco Leasing* könne noch nach Ablauf von vier Jahren die neuen Eigentümer ablehnen und von *Rediffusion* die Haftungsübernahme verlangen. Vielmehr hatten sie lediglich einen angemessenen Zeitraum zur Verfügung, um zum Ausdruck zu bringen, daß sie die neuen Anteilseigner nicht akzeptierten. Im vorliegenden Fall betrug dieser Zeitraum vier Monate. Innerhalb dieser Zeit erfolgte aber keine Ablehnung.[49] Mangels rechtzeitiger Annahme des Angebots, bei Nichtakzeptanz neuer Anteilseigner für die Verpflichtungen der Untergesellschaft einzustehen, komme eine Haftung von *Rediffusion* nicht in Betracht.

### *d) Bewertung der Entscheidungen*

In beiden Urteilen wurde nicht auf den ersten Teil der Patronatserklärung eingegangen, der eine Kapitalanteilsklausel enthält. Ebensowenig beschäftigte sich die Literatur, welche die beiden Urteile kommentierte, mit diesem Passus. Diese Nichtbeachtung läßt den Schluß zu, daß es für Gericht und Literatur fernlag, aus dieser Klausel eine vertragliche Haftung beziehungsweise eine Einstandspflicht herzuleiten.

Schwerpunkt der jeweiligen Betrachtungen war jener Teil der Patronatserklärung, in dem es heißt: „*... we undertake to take over the remaining liabilities ...*“. Eingangs- und Berufungsinstanz gingen in ihren Entscheidungen davon aus, daß diese Klausel zunächst einmal eine Einstandspflicht begründen könne. Das sahen auch die Beklagtenvertreter so.[50] Drei Bedeutungen wurden grundsätzlich als möglich erachtet:[51]

- Übergang der Verpflichtungen auf die beklagte *Rediffusion* und eine dementsprechende Schuldbefreiung von *CMC Italia*,

47 Ebenda.
48 Ebenda; vgl. auch Chitty/Treitel, S. 129.
49 Chemco Leasing SpA v Rediffusion plc, CA, [1987] 1 FTLR 201, 206 ff.
50 Siehe dazu Fisher, JIBL 1988, 217.
51 Chemco Leasing SpA v Rediffusion Ltd, CA, [1987] 1 FTLR 201, 205.

– *Rediffusion* wird neben *CMC Italia* mitverpflichtet,

– *Rediffusion* haftet als Bürge für die Verpflichtungen von *CMC Italia.*

Einen Schuldübergang lehnten jedoch beide Instanzen ab. Offengelassen wurde eine Entscheidung zwischen einer Mitverpflichtung und einer Bürgschaftsverpflichtung, da der Anspruch aus anderen Gründen verneint wurde.[52] Aus den erstinstanzlichen Urteilsgründen ergibt sich jedoch, daß Richter *Staughton* eher zu der Annahme einer Bürgschaft tendierte. Denn die Parteien hätten beabsichtigt, daß der Anspruch von *Chemco Leasing* gegen *CMC Italia* nach einer Zahlung durch *Rediffusion* auf diese übergehen sollte.[53]

Nach den Entscheidungsgründen des *Court of Appeal* begründet eine Patronatserklärung mit dem Inhalt „*we undertake to take over the remaining liabilities*" *prima facie* eine Einstandspflicht.

### 5. *Kleinwort Benson Ltd v Malaysia Mining Corp Berhad*

Der wohl berühmteste Fall, der Patronatserklärungen betrifft, ist der *Kleinwort Benson*-Fall. Er wurde nicht nur in der Literatur des gesamten englischsprachigen Rechtskreises kommentiert, sondern auch außerhalb.[54] Der Grund für das große Interesse ist sicherlich auch darin zu sehen, daß die haftungsbejahende Entscheidung der *Queen's Bench Division* vom *Court of Appeal* aufgehoben wurde.

#### *a) Sachverhalt der Entscheidungen*[55]

Ende 1983 gründete die beklagte *Malaysia Mining Corp Berhad* (*Malaysia Mining*) die *MMC Metals Ltd* (*Metals*) als 100%ige Tochtergesellschaft, damit diese an der Londoner Metallbörse mit Zinn handeln konnte. Hierfür benötigte *Metals* über ihr Eigenkapital hinaus finanzielle Mittel. Dementsprechend begann *Malaysia Mining* mit der klagenden *Kleinwort Benson,* einer der führenden Londoner Industriebanken, über einen Kredit in Höhe von £ 5 Mio zu verhandeln. Zunächst verlangte *Kleinwort Benson,* daß bei einer Kreditgewährung *Malaysia Mining* und *Metals* als Gesamtschuldner

---

52 Chemco Leasing SpA v Rediffusion Ltd, CA, [1987] 1 FTLR 201, 205 f.

53 Vgl. Staughton J in Chemco Leasing SpA v Rediffusion plc [1985], unveröffentlicht, zitiert nach: Chemco Leasing SpA v Rediffusion Ltd, CA, [1987] 1 FTLR 201, 205 f. sowie Marshall, IL&P 1988, 153.

54 Vgl. nur Dilger, RIW 1988, 908 u. 1989, 573.

55 Vgl. hierzu Kleinwort Benson Ltd v Malaysia Mining Corp Bhd, QBD, [1988] 1 AllER, 714, 716 ff. und CA [1989] 1 AllER, 785, 786 ff.

haften, wobei die Zinsmarge _ % p.a. betragen sollte. *Malaysia Mining* machte jedoch klar, daß es ihrer Geschäftspolitik widerspreche, eine solche Haftung oder eine Bürgschaft für eines ihrer Tochterunternehmen zu übernehmen; auch nicht vor dem Hintergrund, Kreditkosten einsparen zu können. *Kleinwort Benson* teilte daraufhin mit, daß sie eine Patronatserklärung akzeptiere, die Zinsmarge dann aber ½ % p.a. betragen würde.

Nachdem *Kleinwort Benson* der *Malaysia Mining* einen Entwurf für eine Patronatserkärung zugesandt hatte, schickte *Malaysia Mining* einen *comfort letter* mit folgendem, auszugsweise wiedergegebenem Inhalt zurück:

> „*We refer to your recent discussion with [Metals] as a result of which you propose granting [Metals]: a) banking facilities of up to £ 5 million; and b) spot and forward foreign exchange facilities with a limitation that total delivery in cash will not on any day exceed £ 5 million.*
>
> *(1) We hereby confirm that we know and approve of these facilities and are aware of the fact that they have been granted to [Metals] because we control directly or indirectly [Metals].*
>
> *(2) We confirm that we will not reduce our current financial interest in [Metals] until the above facilities have been repaid or until you have confirmed that you are prepared to continue the facilities with new shareholders.*
>
> *(3) It is our policy to ensure that the business of [Metals] is at all times in a position to meet its liabilities to you under the above arrangements.*“[56]

*Kleinwort Benson* verlangte für die Kreditgewährung in der Folgezeit eine Zinsmarge von ½ % p.a.

Einige Monate später wurde der Kredit auf £ 10 Mio erhöht. *Malaysia Mining* übersandte daraufhin *Kleinwort Benson* einen neuen Brief, der den alten ersetzen sollte. Inhaltlich waren die Erklärungen, bis auf die Höhe der Summe, identisch. In der neuen Erklärung wurde klargestellt, daß der Brief den vorherigen „*letter of awareness*“ ablösen sollte.

Im Oktober 1985 brach weltweit der Zinnmarkt zusammen. Zu diesem Zeitpunkt hatte *Metals* den Kredit von *Kleinwort Benson* in voller Höhe ausgeschöpft. Der Kredit wurde nicht zurückgezahlt und *Metals* wurde kurze Zeit später liquidiert. *Kleinwort Benson* verlangte die Kreditsumme von *Malaysia Mining* mit dem Hinweis auf eine Haftung aus dem *comfort letter*.

*Malaysia Mining* bestritt ihre Haftung: Ihrer Ansicht nach begründete Absatz (3) der Patronatserklärung keine vertragliche Verpflichtung für sie, *Metals* zu unterstützen, was die Parteien auch nicht gewollt hätten. Die in

---

56 Die Numerierung der Absätze wurde vom Richter in der ersten Instanz vorgenommen.

Absatz (3) genannte Geschäftspolitik bestand zu dem Zeitpunkt, als die Erklärung abgeben wurde. Es wurde jedoch keine Versicherung gegeben, daß sie bei einer Änderung der Umstände nicht geändert werden könne. Daher, so *Malaysia Mining*, könne nicht angenommen werden, daß sie erklärt hätte, *Metals* würde für immer in der Lage sein, ihren Verbindlichkeiten *Kleinwort Benson* gegenüber nachkommen zu können.

Mit ihrer Klage vor der Queen's Bench Division verlangte *Kleinwort Benson* Schadenersatz wegen Vertragsbruchs beziehungsweise Nichteinhaltung außervertraglicher Zusicherungen: *„damages arising from breach of a warranty and/or representation“*.[57]

### *b) Entscheidungsgründe der erstinstanzlichen Entscheidung, Queen's Bench Division vom 21. Dezember 1987*[58]

Richter *Hirst*, der den Fall erstinstanzlich zu entscheiden hatte, begann die Begründung des Urteils mit der Einordnung des Falles in den Bereich des Vertrags- beziehungsweise Rechtsbindungswillens. Er zitierte aus dem Lehrbuch *Chitty on Contracts* und aus zwei Entscheidungen, woraus sich folgender Grundsatz des englischen Vertragsrechts ableiten ließe:[59] Ein rechtsverbindlicher Vertrag setzt unter anderem den Willen voraus, eine rechtliche Verpflichtung eingehen zu wollen (*intention of creating legal relations*).[60] Ein solcher liegt bei einer kaufmännischen Vereinbarung grundsätzlich vor. Es steht den Parteien aber offen, auf einen Rechtsbindungswillen zu verzichten und zu vereinbaren, daß die von ihnen getroffene Vereinbarung *„binding in honour only“* sein soll.[61] Behauptet eine Partei im Rahmen einer kaufmännischen Vereinbarung, daß es an einem solchen Rechtsbindungswillen fehle, trägt sie hierfür die Beweislast, die allerdings regelmäßig nur schwer zu erbringen ist.[62]

Nach Ansicht des Gerichts konnte die beklagte *Malaysia Mining* diesen Beweis nicht erbringen. Sie versuchte dies unter drei Gesichtspunkten:

---

57 Vgl. Kleinwort Benson Ltd v Malaysia Mining Corp Bhd, QBD, [1988] 1 AllER 714, 715.

58 Kleinwort Benson Ltd v Malaysia Mining Corp Bhd, QBD, [1988] 1 AllER 714, 715.

59 Kleinwort Benson Ltd v Malaysia Mining Corp Bhd, QBD, [1988] 1 AllER 714, 718.

60 Siehe nur Chitty/Treitel I, Rnn. 129 ff.

61 Vgl. Rose & Frank Co v J R Crompton & Bros Ltd [1923] 2 KB 261.

62 So die Entscheidungsgründe in: Edwards v Skyways Ltd [1964] 1 AllER 494, 500. Vgl. auch: Chitty/Treitel I, Rnn. 129 ff.; Wood, Comparative Finance, S. 346.

Die Beklagte vertrat erstens die Ansicht, der maßgebliche Wortlaut der Patronatserklärung sei mehrdeutig und müsse dementsprechend *contra proferentem* zum Nachteil des Klägers als Verwender ausgelegt werden.[63]

Richter *Hirst* folgte dieser Argumentation nicht: Der Erklärungswortlaut sei nicht mehrdeutig. Selbst wenn das der Fall wäre, könnte eine Auslegung zum Nachteil von *Kleinwort Benson* nicht vorgenommen werden, da sie nicht als Verwender angesehen werden könne. Nach dem Parteivorbringen sei der Text unter Beteiligung beider zustande gekommen.[64]

Zweitens trug die Beklagte vor, daß sich der fehlende Verpflichtungsgehalt des maßgeblichen dritten Absatzes der Klausel schon aus dem Wortlaut ergebe: Der zweite Absatz, dem – von den Parteien unbestritten – eine vertragliche Natur zuerkannt wurde, beginnt mit der Formulierung: „*We confirm*". Demgegenüber sei die anfängliche Wendung des dritten Absatzes, „*It is our policy to ensure*", schwächer. Dies zeige, daß dieser Absatz keine vertragliche Wirkung entfalten sollte.[65]

Auch dieses Vorbringen konnte das Gericht nicht überzeugen: Der Ausdruck „*we confirm*" habe keine besondere Bedeutung; wäre er dem streitgegenständlichen Absatz vorangestellt gewesen, hätte auch er ihm keine weitergehende Wirkung geben können. Vielmehr spreche die unstreitige Einordnung der vorherigen Absätze als vertragliche Vereinbarungen dafür, daß auch der letzte eine solche sei.[66]

Schließlich und drittens trug die Beklagte vor, die Umstände des Zustandekommens der Klausel schlössen eine vertragliche Haftung aus: In den Vorverhandlungen habe sie, *Malaysia Mining*, gegenüber *Kleinwort Benson* deutlich gemacht, sie lehne es ab, zugunsten ihrer Tochter eine Bürgschaft oder Garantie zu übernehmen. Statt dessen sollte lediglich ein *comfort letter* erteilt werden. Wolle man nun der konkret abgegebenen Erklärung einen rechtsgeschäftlichen Charakter beimessen, käme das aber einer solchen abgelehnten Haftung gleich. Eine derartige Auslegung stände dann im Widerspruch zu den in den Vorverhandlungen zum Ausdruck gebrachten Absichten der Parteien.[67]

Richter *Hirst* lehnte auch diese Rechtsauffassung der Beklagten ab: Zum einen laufe die Argumentation von *Malaysia Mining* Gefahr, gegen den Grund-

63 Kleinwort Benson Ltd v Malaysia Mining Corp Bhd, QBD [1988] 1 AllER 714, 721.
64 Ebenda, 722.
65 Ebenda, 721.
66 Ebenda, 722.
67 Ebenda, S. 721 f.

satz zu verstoßen, daß bei der Auslegung einer schriftlichen Vereinbarung die Umstände des Zustandekommens nicht berücksichtigt werden dürfen.[68]

Zum anderen bestehe eine grundlegende Verschiedenheit einer Bürgschafts- oder Garantieverbindlichkeit im Gegensatz zur hier abgegebenen Patronatserklärung. Aufgrund ersterer habe sich der Sicherungsgeber verpflichtet, dem Begünstigten bei Ausfall Zahlung der Kreditsumme zu leisten. Dagegen sei die durch eine Patronatserkärung begründete Leistungspflicht auf Schadenersatz gerichtet.[69]

Schließlich könne auch der Annahme, daß nach Ablehnung einer Bürgschaftsverpflichtung kein Raum mehr für eine vertragliche Haftung aufgrund einer Patronatserklärung sei, nicht zugestimmt werden. Das eine folge nicht automatisch aus dem anderen: Nachdem die Verhandlungen über die Gewährung einer Bürgschaft oder Garantie gescheitert waren, stand es den Parteien immer noch frei, eine weniger weitreichende Verpflichtung vertraglich zu vereinbaren.[70]

Der Beklagten *Malaysia Mining* gelang es vor der *Queen's Bench* nicht zu beweisen, daß ihr bei Abgabe der Patronatserklärung der Rechtsbindungswille fehlte. Zusätzlich führte das Gericht weitere Gesichtspunkte an, deren Vorliegen die Annahme einer vertraglichen Haftung unterstützte:

*Kleinwort Benson* habe im Vertrauen auf die erteilte Erklärung gehandelt, als sie zunächst £ 5 Mio und dann £ 10 Mio zur Verfügung stellte. Es sei außerdem bei der Kreditvergabe für *Kleinwort Benson* von größter Bedeutung gewesen, daß *Malaysia Mining* jederzeit für eine ausreichende Liquiditätsausstattung von *Metals* sorgen würde. Schließlich habe auch *Malaysia Mining* die Erklärung für sehr wichtig erachtet, was sich aus einem Beschluß des Verwaltungsrates in dieser Sache ergebe.[71]

Der rechtsgeschäftliche Charakter einer kaufmännischen Vereinbarung könne nur verneint werden, wenn das Gegenteil so eindeutig sei, daß Außenstehende keine Schwierigkeiten haben dürfen, das tatsächlich Gemeinte zu

---

68 Ebenda, S. 722; vgl auch allgemein zur sog. parol evidence rule: Chitty/Guest I, S. 600 ff.

69 Kleinwort Benson Ltd v Malaysia Mining Corp Bhd, QBD, [1988] 1 AllER 714, 722 f.; vgl. auch Dilger, RIW 1988, 909.

70 Kleinwort Benson Ltd v Malaysia Mining Corp Bhd, QBD, [1988] 1 AllER 714, 723 f. m.w.N.; so auch Ahdar, AustralBLR 1988, 402.

71 Kleinwort Benson Ltd v Malaysia Mining Corp Bhd, QBD, [1988] 1 AllER 714, 724.

erkennen.[72] Dieser Voraussetzung werde die hier in Frage stehende Erklärung nicht gerecht: Aus ihrem Wortlaut ergibt sich nicht, daß lediglich eine moralische Verpflichtung gewollt sei.

Nachdem das Gericht dem fraglichen Abschnitt rechtsgeschäftlichen Charakter beigemessen hatte, wandte es sich der Auslegung des Inhalts zu. Für Richter *Hirst* war dieser *„cristal clear without embellishment"*: Der *comfort letter* enthalte eine Verpflichtung, daß, solange *Metals* gegenüber *Kleinwort Benson* aus dem Kreditvertrag verpflichtet sei, es die Geschäftspolitik von *Malaysia Mining* sei und sein werde (*now and at all times in future*), für eine ausreichende Liquiditätsausstattung zu sorgen.[73] Im Anschluß an den Zusammenbruch des Zinnmarktes habe die Beklagte dadurch, daß sie ihre Tochtergesellschaft *Metals* nicht unterstützte, eine Änderung ihrer Geschäftspolitik zum Ausdruck gebracht. Mithin habe sie ihre Vertragspflichten gegenüber der Klägerin schuldhaft verletzt und sei zur Schadenersatzleistung in Höhe der offenen Kreditverbindlichkeiten plus Zinsen verpflichtet.

### c) *Behandlung der erstinstanzlichen Entscheidung in der Literatur*

Die Entscheidung von Richter *Hirst* wurde im Schrifttum sehr unterschiedlich aufgenommen.[74] Vereinzelt wurde sie als Schritt des *common law* in eine neue Richtung bezeichnet.[75] Das Urteil fand große Beachtung, die sich nicht nur auf England erstreckte,[76] sondern auch auf den ganzen englischsprachigen Raum.[77] Sogar in Deutschland wurde das Urteil besprochen.[78]

---

72 Richter Hirst bezog sich hier auf Lord Justice Scrutton in Rose & Frank Co v J R Crompton & Bros Ltd [1923] 2 KB 261.

73 Kleinwort Benson Ltd v Malaysia Mining Corp Bhd, QBD, [1988] 1 AllER 714, 724.

74 Das Urteil wurde mit den verschiedensten Attributen bedacht; vgl. nur: „surprising": Tettenborn, CambridgeLJ 1988, 346; Reynolds, LQR 1988, 355 u. Ayres/Moore, LMCLQ 89, 283; „discomforting": McGee, Company Lawyer 1988, 133; „caused sleepless nights": Hermann, Financial Times v. 4.2.1988 S. 13 bzw. „causes shivers to run down the spine of anyone who has ever sent such a document": Davenport, LMCLQ 1988, 290.

75 Wittuhn, McGillLJ 1989/90, 495; vgl. auch Reynolds, LQR 1988, 353; Fisher, JIBL 1988, 215.

76 Genannt seien an dieser Stelle nur: Dickens, IL&P 1988, 13; Wood, IFLR 1988, 21.

77 Australien: Ahdar, AustralBLR 1988, 399; Gulson, AustralLJ 1988, 814; USA: Sacasas, BLJ 1989, 173; Kanada: Wittuhn, McGillLJ 1989/90, 490; Gibbens, BFLR 1989, 222.

78 Dilger, RIW 1988, 908.

Hinsichtlich der Bewertung hielten sich die positiven und negativen Kritiken ungefähr die Waage, wobei teilweise mit Hinblick darauf, daß Berufung eingelegt worden war, zurückhaltend argumentiert wurde.

Als positiv wurde erachtet, daß das Urteil der *Queen's Bench* für Rechtssicherheit hinsichtlich der Bewertung von Patronatserklärungen sorgen werde.[79] Auch sei begrüßenswert, daß das Urteil die Gefahren bewußt mache, die Umstände des Zustandekommens eines Patronatsvertrages in die Auslegung zu stark einzubeziehen.[80] Schließlich sei die Entscheidung vor dem Hintergrund befriedigend, daß die Beklagte ihre Haftbarkeit hätte voraussehen können und müssen: Die Beklagte selbst habe die sehr detaillierte Erklärung mitzuverantworten, deren Angaben die Klägerin zu einer Kreditvergabe bewegen sollte. Mithin habe sie auch die Konsequenzen mitzutragen, die daraus entstanden, daß die Klägerin wunschgemäß handelte.[81]

Kritik richtete sich vorwiegend gegen folgende Argumente von Richter *Hirst:* Die vorgenommene Abgrenzung von Bürgschaft und von Garantie zur hier konkret abgegebenen Patronatserklärung sei unbefriedigend. Faktisch, nämlich in ihren wirtschaftlichen Folgen, entsprächen sie einander. Nicht verständlich sei außerdem die Argumentation des Richters, die Rechtsnatur eines Vertrages solle davon abhängig sein, ob der Wortlaut eindeutig oder mehrdeutig sei.[82]

Der Wortlaut des dritten Absatzes der Patronatserklärung unterscheide sich offensichtlich von dem des zweiten, dem übereinstimmend ein vertraglicher Charakter zugesprochen wurde: „*We confirm that we will not reduce our current interest in Metals.*“ Lege man den in Frage stehenden Abschnitt in der von Richter *Hirst* vorgenommenen Weise aus, würde man den Ausdruck „*it is our policy …*“ vernachlässigen.[83]

Außerdem, so wurde kritisiert, habe es sich das Gericht mit der Auslegung des *comfort letter* zu einfach gemacht: Die äußeren Umstände, insbesondere die Bedeutung, die solchen Erklärungen üblicherweise in der wirtschaftlichen Praxis beigemessen worden sind, seien nicht berücksichtigt worden, obwohl diesbezüglich ein Handelsbrauch erkennbar sei. Insoweit

---

79 Tettenborn, CambridgeLJ 1988, 347; Dilger, RIW 1988, 909; vgl. auch Schmitthoff, JBL 1988, 112.

80 Tettenborn, CambridgeLJ 1988, 347.

81 Vgl. Dickens, IL&P 1988, 14; Sacasas, BLJ 1989, 181 f.

82 Vgl. McGee, CL 1988, 133 f.; Davenport, LMCLQ 1988, 292 ff.

83 Davenport, LMCLQ 1988, 293 f.

setze sich die Entscheidung in Widerspruch zu den allgemein in der Praxis vorherrschenden Ansichten.[84]

### d) *Entscheidungsgründe der Berufungsinstanz, Court of Appeal, vom 2. Februar 1989*[85]

Die vor der *Queen's Bench* unterlegene *Malaysia Mining* legte beim *Court of Appeal* Berufung ein. Ihre Kritik richtete sich dabei nicht gegen die Annahme des Gerichts, daß bei Vereinbarungen in einem wirtschaftlichen Umfeld grundsätzlich ein Rechtsbindungswille vorliege. Vielmehr wandte sie sich vor allem dagegen, daß in solchen Fällen automatisch die Regel aus *Edwards v Skyways*[86] über das Vorliegen einer *intention of creating legal relations* zur Anwendung komme. Aus dem wirtschaftlichen Zusammenhang dürfe nicht automatisch gefolgert werden, daß die Parteien der Vereinbarung mehr als nur einen moralischen Verpflichtungsgehalt beimessen wollten.[87]

Der *Court of Appeal* folgte dieser Argumentation und hob die erstinstanzliche Entscheidung auf, wobei er keine der rechtlichen Würdigungen von Richter *Hirst* unbeschadet ließ.[88] Vielmehr sah das Gericht, dessen Entscheidungsgründe von *Lord Justice Gibson* mitgeteilt wurden, den in Frage stehenden Abschnitt lediglich als informative Aussage über die momentane Geschäftspolitik an.

*Lord Justice Gibson* vertrat die Ansicht, daß die Klausel „*It is our policy ...*" keine Verpflichtung rechtsgeschäftlicher Natur bedeute. Mithin entstehe das Problem gar nicht, das Vorliegen eines Rechtsbindungswillens zu widerlegen. Die Regel aus *Edwards v Skyways* greife nur dort ein, wo eine eindeutige Verpflichtung vorliege und das Vorliegen eines Rechtsbindungswillens nicht widerlegt werden könne.

Die maßgebliche Frage für das Gericht war eine Auslegungsfrage: ob die Klausel vom Wortsinn her als vertragliche Verpflichtung ausgelegt werden könne.

---

84 Vgl. Bright, NLJ 1988, 366 f.; Gulson, AustralLJ 1988, 816.

85 Kleinwort Benson Ltd v Malaysia Mining Corp Bhd, CA, [1989] 1 AllER 785 = 1 WLR 379 = 1 LloydsRep 564.

86 Edwards v Skyways Ltd [1964] 1 AllER 494; vgl. zu dieser Entscheidung schon oben im Rahmen der erstinstanzlichen Entscheidung, S. 31.

87 Kleinwort Benson Ltd v Malaysia Mining Corp Bhd, CA, a.a.O., 790 f.; vgl. auch Forte, JML&C 1990, 106.

88 Vgl. Brown, JBL 1990, 286.

*Lord Justice Gibson* bewertete *Richter Hirsts* Auslegung, es sei die Geschäftspolitik von *Malaysia Mining*, *„now and at all times in future“* für eine ausreichende Liquidität ihrer Tochtergesellschaft zu sorgen, als unzutreffend: Es fehle an einem in die Zukunft gerichteten Versprechen, das eine vertragliche Verpflichtung begründen könne. Vielmehr enthalte die Klausel lediglich eine Aussage über gegenwärtige Tatsachen, nämlich die Geschäftspolitik der Patronin (*Malaysia Mining*). Im Unterschied zum zweiten Absatz der Erklärung, der nach übereinstimmender Ansicht der Beteiligten vertraglichen Charakter hatte, sei der Ausdruck *„It is our policy“* anders als *„we will not“* nicht in die Zukunft gerichtet.[89]

Mit Hinweis auf den Fall *Esso Petroleum v Mardon* hielt das Gericht zwar grundsätzlich auch ein schlüssig abgegebenes Versprechen für möglich:[90] Dort hatte im Rahmen eines Pachtvertrages über eine Tankstelle die von einem Sachverständigen abgegebene Aussage, daß *Esso* *„estimated that the throughput of the Eastbank Street site, in its third year of operation, would amount to 200,000 gallons a year“*, eine bedeutende wirtschaftliche Bedeutung für einen zukünftigen Pächter. Und tatsächlich schloß der Beklagte einen Pachtvertrag im Vertrauen auf diese Aussage ab. Das Gericht sah in der Aussage eine rechtsverbindliche Zusicherung (*warranty*). Diese sicherte zwar nicht den bezeichneten Umsatz zu, dafür aber, daß die Aussage sorgfältig auf der Basis von Informationen gemacht wurde, die *Esso* vorlagen.

Nach Ansicht des Gerichts gaben im konkreten Fall die Umstände allerdings nichts darüber her, daß ein solches Versprechen vorliege. Vielmehr sei aus mehreren Gründen das Gegenteil der Fall:[91]

Das Gericht führte zunächst aus, daß,

> *„if para 3* [die Geschäftspolitikklausel] *in its original or its final form was intended to contain a binding legal promise by the defendants to ensure the ability of Metals to pay the sums due under the facility, there was no apparent need or purpose for the plaintiffs, as bankers, to waste ink on paras 1* [die Kenntnisnahmeklausel und Einverständniserklärung] *and 2* [Stillhalteklausel].“

Eine Verpflichtung von *Malaysia Mining*, für ausreichende Liquidität ihres Tochterunternehmens zu sorgen, hätte für *Kleinwort Benson* viel mehr Wert als die Verpflichtung, die Beteiligung nicht zu reduzieren. Eine überflüssige Verpflichtung wäre kaum eigens übernommen worden.

---

89 Kleinwort Benson Ltd v Malaysia Mining Corp Bhd, CA, a.a.O., 794.

90 Esso Petroleum Co Ltd v Mardon [1976] 2 AllER 5, 19.

91 Kleinwort Benson Ltd v Malaysia Mining Corp Bhd, CA, a.a.O., 795 ff.

Auch die Umstände des Zustandekommens sprächen für eine Bewertung der Patronatserklärung als lediglich moralische Verpflichtung. Das gelte insbesondere im Hinblick auf den Zeitpunkt. Die Patronatserklärung wurde erst abgegeben, nachdem eine weitreichende Haftung aufgrund einer Bürgschaft oder Garantie seitens der Beklagten abgelehnt worden war. Insoweit müsse auf eine weniger weitgehende Verpflichtung, nämlich lediglich moralischer Natur, geschlossen werden. Eine solche Bewertung verstoße auch nicht gegen die sogenannte *parol evidence rule* aus *Prenn v Simmonds.* Nach der *ratio decidendi* dieser Entscheidung dürften bei der Auslegung einer Willenserklärung die Umstände des Zustandekommens nur eingeschränkt berücksichtigt werden.[92] Diese Regel beziehe sich aber nicht auf solche Tatsachen, die – wie hier – beiden Parteien zugänglich seien.[93]

Der *Court of Appeal* sah in der Geschäftspolitikklausel lediglich eine Aussage über gegenwärtige Tatsachen, die keine rechtliche Verpflichtung begründen könne. Dementsprechend verneinte das Gericht einen Anspruch der klagenden *Kleinwort Benson.*

Das Urteil wurde rechtskräftig, da ein Rechtsmittel zur nächsten Instanz, dem *House of* Lords, nicht zugelassen wurde.[94]

#### *e) Behandlung der berufungsinstanzlichen Entscheidung in der Literatur*

Wie die Entscheidung der *Queen's Bench* fand auch das Urteil des *Court of Appeal* große Beachtung. Völlig überzeugen konnte es jedoch nicht: Die Zweifel der Literaturansichten hinsichtlich der rechtlichen Würdigung der Klausel aus dem *Kleinwort*-Fall hielten an.

Teilweise wurde das Urteil des Berufungsgerichts wegen seiner Klarheit gelobt: Es habe die Zweischneidigkeit von Patronatserklärungen aufgezeigt. Vor dem Hintergrund, daß nach englischem Recht die Haftung der Muttergesellschaft nur die Ausnahme darstelle – was *Kleinwort Benson* sicherlich wußte –, sei die Entscheidung gerecht.[95] Bei diesem Fall sei es um die Verteilung von Risiken gegangen. Diese sei sachgerecht erfolgt.[96] Insbesondere habe das Gericht die wirtschaftlichen Umstände zutreffend berücksichtigt.[97]

92 [1971] 3 AllER 237.
93 Kleinwort Benson Ltd v Malaysia Mining Corp Bhd, CA, a.a.O., 796.
94 Ebenda, 798; Dilger, RIW 1989, 573; Zayon/Schreiner, BLJ 1989, 407 Fn. 5.
95 Vgl. Prentice, LQR 1989, 348; Ayres/Moore, LMCLQ 1989, 284.
96 Clark, CanadianBR 1990, 755 u. 760.
97 Ayres/Moore, LMCLQ 1989, 284.

Von der ablehnenden, in ihrer Quantität überwiegenden Ansicht wurde gerade letzteres bezweifelt: Der *comfort letter* sei in einem kaufmännischen Vertragsdokument abgegeben worden und müsse dementsprechend als vertragliches Versprechen behandelt werden. Sonst würden die wirtschaftlichen Bedürfnisse vernachlässigt werden, da schließlich der Kredit im Vertrauen auf die Patronatserklärung gewährt worden sei.[98]

Unzufriedenheit rief auch die Auslegung der Geschäftspolitikklausel durch den *Court of Appeal* dahingehend hervor, daß kein auf die Zukunft gerichtetes Versprechen vorliege: Der im dritten Absatz enthaltene Passus „*at all times*" weise sehr wohl deutlich auf einen Zukunftsbezug hin, was völlig verkannt worden sei.[99]

Schließlich wurde verschiedentlich ausgeführt, daß die Entscheidung rechtspolitisch unerwünscht sei, weil rückständig: Die Hoffnung auf Verläßlichkeit beziehungsweise Rechtssicherheit in Bezug auf Patronatserklärungen sei zunichte gemacht worden.[100]

Kritiker und Befürworter der Entscheidung des *Court of Appeal* scheinen sich jedoch insoweit einig zu sein, daß das Gericht eine vertragliche Haftung aufgrund einer Patronatserklärung nicht grundsätzlich abgelehnt habe: Diesbezüglich seien die Entscheidungsgründe offen.[101] Und so wird denn auch einheitlich die Lehre aus der Berufungsentscheidung dahingehend gezogen, daß mehr Sorgfalt auf die Formulierung von Patronatserklärungen als Kreditsicherungsmittel zu legen ist, wenn denn eine vertragliche Haftung begründet werden soll.[102]

### *f) Bewertung der Entscheidung des Court of Appeal*

Trotz der ablehnenden Entscheidung des *Court of Appeal* kann aus ihr nicht gefolgert werden, daß im Anschluß an sie generell keine vertragliche Verpflichtung durch Patronatserklärungen begründet werden könne. Die

---

98 Zayon/Schreiner, BLJ 1989, 404; Brown, JBL 1990, 288 f.

99 Brown, JBL 1990, 288; Forte, JML&C 1990, 107 f., wobei letzterer allerdings vom Ergebnis her dem Court of Appeal Recht gibt, da der Ausdruck „policy" keine Auskunft über eine Tatsache darstelle.

100 Dilger, RIW 1989, 573; Brown, JBL 1990, 290; zurückhaltender: Wittuhn, RIW 1990, 495 f.

101 Schmitthoff, JBL 1989, 97; Watson, BJIBFL 1989, 130; Forte, JML&C 1990, 109.

102 Starke, AustralLJ 1989; 371; Ayres/Moore, LMCLQ 1989, 284; Ivison/Naccarato, BLR 1989, 312; Dilger, RIW 1989, 573; Schmitthoff, JBL 1989, 97; Gillespie/Harwood, JIBL 1989, N-72.

Ablehnung einer vertraglichen Haftung gilt nach den Entscheidungsgründen des *Court of Appeal* lediglich für eine Geschäftspolitikklausel mit einem vergleichbaren Wortlaut, jedenfalls, wenn sie unter ähnlichen Umständen erteilt wird.

Im Vordergrund der Entscheidung steht der dritte Abschnitt des *letter of comfort*: „*It is our policy ...*", der auch fast ausschließlicher Gegenstand der Besprechungen und Kommentierungen war. Dabei enthält die Erklärung noch weitere Klauseln, nämlich eine Kenntnisnahmeklausel („*... we know ...*"), eine Einverständniserklärung („*... and approve ...*") und eine Stillhalteklausel („*... we will not reduce our current financial interest in ...*"). Darüber hinaus war die kombinierte Kenntnisnahme- und Einverständnisklausel mit einer weiteren Erklärung verbunden, die einer Kapitalanteilsklausel vergleichbar ist („*... and are aware of the fact that they have been granted ... because we control directly or indirectly ...*"). Auf deren möglichen Verpflichtungsgehalt kam es zwar nach Ansicht des Gerichtes nicht an. Im Zusammenhang der Rechtsnaturbestimmung der Geschäftspolitikklausel stellte es aber am Rande fest, daß zumindest die Stillhalteklausel, auch nach einhelliger Ansicht der Beteiligten, vertraglichen Charakter hätte.[103] Das ergebe sich deutlich aus der Wortwahl „*we will not*", die ein in die Zukunft gerichtetes und damit vertragliches Versprechen begründe.[104]

Da es auf diese Einordnung jedoch nicht ankam und sie nur am Rande erfolgte, stellt sie lediglich ein nicht bindendes *obiter dictum* dar. Ein solches hat allerdings schon aufgrund der hohen Stellung des *Court of Appeal* in der englischen Gerichtshierarchie regelmäßig eine *persuasive authority*. So darf davon ausgegangen werden, daß in ähnlichen, nachfolgenden Entscheidungen in derselben Weise entschieden wird.

Offengelassen wurden sowohl vom *Court of Appeal* als auch der *Queen's Bench* die Rechtswirkungen, die aus der Anerkennung eines vertraglichen Charakters der Stillhalteklausel folgen.

Ein direkter Zahlungsanspruch wird sich aus der Klausel schon aufgrund des Wortlautes nicht herleiten lassen können. Möglich erscheint grundsätzlich jedoch ein Schadenersatzanspruch wegen eines *breach of contract*

103 Vgl. Kleinwort Benson Ltd v Malaysia Mining Corp Bhd, CA, [1989] 1 AllER 785, 794 f. u. 795 f.; vgl. auch: Gillespie/Harwood, JIBL 1989, N-72 u. Watson, BJIBFL 1989, 130.

104 Kleinwort Benson Ltd v. Malaysia Mining Corp Bhd, CA, [1989] 1 AllER 785, 795 f.

im Hinblick auf die Aussage: „*We confirm we will not reduce our current financial interest …*“. Eine diesbezügliche Vertragsverletzung läge beispielsweise bei einem Kapitalentzug vor. Rechtsfolge wäre Schadenersatz in Geld für erlittene Verluste: *Kleinwort Benson* müßte so gestellt werden, soweit das durch eine Geldzahlung möglich ist, als hätte sie keinen Schaden aufgrund einer Vertragsverletzung erlitten.[105]

Aber auch bei Vorliegen einer Vertragsverletzung kann das Geltendmachen eines Schadenersatzanspruches im Einzelfall schwierig sein: Der Anspruchsteller muß beweisen, daß der entstandene Schaden eine direkte Folge des vertragswidrigen Kapitalentzuges ist. Außerdem erscheint der Umfang eines etwaigen Schadenersatzanspruches ungewiß, insbesondere, ob der Anspruchsteller Ersatz in voller Höhe der Kreditsumme, mit der er ausgefallen ist, verlangen kann.[106]

Die Entscheidung des *Court of Appeal* hat im Rahmen eines *obiter dictum* lediglich mehr Klarheit hinsichtlich des vertraglichen Charakters einer Stillhalteklausel zur Folge. Hinsichtlich der Rechtsfolgen, die aus einer Vertragsverletzung einer solchen Klausel entsteht, hat auch *Kleinwort Benson Ltd v Malaysia Mining Corp Bhd* keine weiteren Erkenntnisse gebracht. Auf den Rechtscharakter der auch in dem *comfort letter* enthaltenen Kenntnisnahmeklausel und Einverständniserklärung, sowie der Aussage, die einer Kapitalanteilsklausel vergleichbar ist, geht das Gericht überhaupt nicht ein. Diese Klauseln werden, wie dargestellt, nur im Rahmen der Argumentation berücksichtigt, daß die Geschäftspolitikklausel keine vertragliche Verpflichtung darstelle, da ansonsten die Kenntnisnahme- und Stillhalteklausel überflüssig wären.

Für den *Court of Appeal* war es mithin eindeutig, daß die Klauseln im ersten Absatz keine vertragliche Verpflichtungen begründen konnten, wenn die Geschäftspolitikklausel das schon nicht kann.[107] Dies gilt insbesondere vor dem Hintergrund, daß das Gericht ansonsten an keiner Stelle auf den Charakter der Klauseln einging. Ein vertraglicher Charakter lag wohl fern.

Hauptgegenstand der Entscheidung war die Geschäftspolitikklausel. Aus den umfangreichen Erörterungen zum Wortlaut der konkreten Klausel er-

---

105 Vgl. allgemein zum breach of contract und seinen Voraussetzungen: James, S. 335; Chitty/Harries, Bd. 1, Rn. 1771.

106 Vgl. zum Umfang von Schadenersatzansprüchen: James, S. 336; Chitty/Harries, Bd. I, Rn. 1773.

107 Vgl. Kleinwort Benson Ltd v Malaysia Mining Corp Bhd, CA, [1989] 1 AllER 785, 796 f.

geben sich weitreichende Erkenntnisse über die Rechtslage hinsichtlich des Verpflichtungsgehalts im Anschluß an *Kleinwort Benson.* Die *ratio decidendi* des *Court of Appeal* besteht darin, daß eine Erklärung mit vergleichbarem Wortlaut, jedenfalls wenn sie unter ähnlichen Umständen zustande gekommen ist, keinen vertraglichen Charakter hat. Das Gericht legte besonderen Wert auf den Wortlaut: Die Wendung „*it is our policy*" sei im Gegensatz zu „*we will (not)*" nicht in die Zukunft gerichtet und mithin kein vertragliches Versprechen. Daran ändere auch die Formulierung „*at all times*" nichts.

Die Auslegung der Entscheidung läßt allerdings den Schluß zu, daß nach Ansicht des Gerichts bei folgender Erklärung eine vertragliche Natur gegeben sein müßte: „*We will ensure that the business of [our subsidiary] is at all times in a position to meet its ...*". Nicht ganz so eindeutig ist nach der Argumentation des *Court of Appeal* dagegen, ob die Erklärung „*it will be our policy to ensure that ...*" einen vertraglichen Charakter hätte. Zwar liegt ein in die Zukunft gerichtetes Versprechen vor. Es ist allerdings nicht zweifelsfrei, ob dem Ausdruck „*policy*" zwingend eine Bedeutung zuerkannt werden muß, die eine vertragliche Verpflichtung begründen kann. Eine Vereinbarung, die zu vage oder unvollständig ist, entfaltet keine Rechtsverbindlichkeit. Das Vorliegen der Verbindlichkeit hier bezweifelt beispielsweise *Forte*[108], dem auch zuzustimmen ist. Ein solcher Ausdruck dürfte zu unbestimmt sein, um ein vertragliches Leistungsversprechen zu begründen, da mit ihm keine festen, eindeutigen Pflichten verbunden werden können. Denn das englische Recht stellt an die Bestimmtheit des Leistungsinhalts (*certainty*) hohe Anforderungen.[109]

Auch hinsichtlich der nichtvertraglichen Rechtsfolgen, welche die hier in Frage stehende Geschäftspolitikklausel nach sich zieht, läßt das Urteil einige Folgerungen für die Rechtslage im Anschluß an *Kleinwort Benson* zu:

Ausgeschlossen ist im konkreten Fall eine Haftung wegen einer irreführenden beziehungsweise unzutreffenden Erklärung (*misrepresentation*)[110]

---

108 Vgl. Forte, JML&C 1990, 108.

109 Vgl. Chitty-Treitel, S. 149 ff.; Triebel/Hodgson/Kellenter/Müller, Rn. 87; Giesen, JZ 1993, 18 f.

110 Der Begriff „misrepresentation" wird im Deutschen unterschiedlich übersetzt: G. Müller spricht von einer „unzutreffenden" Erklärung (S. 23 und passim), Henrich von einer „Irreführung" oder einer „unrichtigen Angabe" (S. 49 u. S. 54 ff.), Zweigert/Kötz von einer „unrichtigen" Erklärung (Bd. II, S. 116 ff.), Giesen von der „Erregung falscher Vorstellungen beim Vertragspartner" (JZ 1993, 17) und Hobeck in seiner Arbeit von einer „fehlerhaften" Erklärung.

nach *Section* 2 des *Misrepresentation Act* 1967. Der erste Absatz dieser Vorschrift hat folgenden Inhalt:

„*Where a person has entered into a contract after a misrepresentation has been made to him by another party thereto and as a result thereof he has suffered loss, then, if the person making the misrepresentation would be liable to damages in respect thereof had the misrepresentation been made fraudulently, that person shall be so liable notwithstanding that the misrepresentation was not made fraudulently, unless he proves that he had reasonable grounds to believe and did believe up to the time the contract was made the facts represented were true.*"

Voraussetzung nach dieser Vorschrift ist unter anderem also, daß die irreführende Erklärung von der anderen Vertragspartei abgegeben wird. Das ist aber hier nicht der Fall. Denn der Vertrag, den *Kleinwort Benson* aufgrund der Erklärung von *Malaysia Mining* über ihre Geschäftspolitik einging, wurde nicht mit *Malaysia Mining* abgeschlossen.[111]

In den Entscheidungsgründen der zweitinstanzlichen Entscheidung betont *Lord Justice Gibson*, daß die Klägerin unter Umständen einen Anspruch wegen einer fahrlässig abgegebenen, irreführenden Erklärung (*negligent misrepresentation*) geltend machen könne gemäß den in Fall *Hedley Byrne & Co Ltd v Heller & Partners Ltd*[112] entwickelten Regeln.[113]

Die *Hedley Byrne*-Entscheidung ist dem Bereich der Haftung für unerlaubte Handlungen zuzuordnen; sie hat eine Haftung wegen Verletzung einer Sorgfaltspflicht (*duty of care*) im Rahmen der *negligence* (fahrlässige Schadenzufügung) aufgrund einer unzutreffenden Erklärung zum Inhalt.[114] In dieser berühmten Entscheidung entschied das *House of Lords*, daß eine fahrlässig erteilte unzutreffende Auskunft auch dann einen Schadenersatzanspruch begründen könne, wenn zwischen den Beteiligten keine vertragliche Beziehung besteht. Voraussetzung hierfür ist unter anderem das Bestehen einer Sorgfaltspflicht (*duty of care*) aufgrund einer *special relation. Lord Morris of Borth-y-Gest* führte dazu in den Entscheidungsgründen aus, daß wenn

„*in a sphere in which a person is so placed that others could reasonably rely on his judgement or his skill or upon his ability to make careful inquiry, a person takes it*

---

111 Kleinwort Benson Ltd v Malaysia Mining Corp Bhd, CA, [1989] 1 AllER 785, 790. Zur Misrepresentation nach dem Misrepresentation Act 1967 allgemein vgl. auch: James, S. 320 ff. u. S. 385.

112 [1963] 2 AllER 575 = [1964] AC 465.

113 Kleinwort Benson Ltd v Malaysia Mining Corp Bhd, CA, [1989] 1 AllER 785, 790.

114 Vgl. Clerk & Lindsell/Dias u. Tettenborn, Rnn. 10-18 ff.; James, S. 380 ff., S. 384; Henrich, S. 77 ff., S. 80.

*upon himself to give information or advice to be passed on to another person, who, as he knows or should know, will place reliance upon it, then a duty of care will arise.*"[115]

Ob ein solcher Anspruch wegen *negligent representation* im *Kleinwort Benson*-Fall tatsächlich gegeben wäre, bleibt in den Entscheidungsgründen allerdings offen. *Lord Justice Gibson* ging hierauf nicht weiter ein, da ein solcher Anspruch nicht geltend gemacht wurde.[116] Aber auch selbst wenn dies geschehen wäre, ist nicht eindeutig, ob ein solcher Anspruch bestanden hätte. Denn es ist unklar, ob die beklagte *Malaysia Mining* gegenüber *Kleinwort Benson* eine *duty of care* aufgrund eines *special relationship* hatte, wie in der *Hedley Byrne*-Entscheidung vorausgesetzt wurde.

Einiges spricht dafür; zum einen die – teilweise vertragliche – Verbundenheit aufgrund der Stillhalte- und Kenntnisnahmeklausel und zum anderen die Stellung von *Malaysia Mining* als Muttergesellschaft, die es ihr ermöglichte, sowohl die Kapitalausstattung zu kontrollieren, als auch sich Kenntnis über die wirtschaftlichen Tätigkeiten von *Metals* zu verschaffen. Auch die Tatsache, daß *Kleinwort Benson* die Kreditvergabe von einer „Sicherheit" seitens *Malaysia Mining* abhängig gemacht hatte, spricht dafür.

Gegen die Annahme einer *negligent representation* könnten allerdings die Modifizierungen sprechen, die das *Privy Council* bezüglich der Grundsätze des *Hedley Byrne*-Falles in *Mutual Life and Citizen's Assurance Co Ltd v Evatt*[117] vorgenommen hat. Nach dieser Entscheidung ist es nicht ausreichend, daß die fahrlässig fehlerhafte Erklärung im Rahmen einer geschäftlichen Tätigkeit abgegeben wird. Vielmehr muß es auch zum Beruf beziehungsweise zur Aufgabe des Erklärenden gehören, solche Erklärungen abzugeben.[118] Das aber war in *Kleinwort Benson Ltd v Malaysia Mining Corp Bhd* nicht der Fall.

Die durch *Mutual Life* geschaffenen Modifizierungen von *Hedley Byrne* haben im Vereinigten Königreich jedoch nur eine geringe Anerkennung

---

115 Hedley Byrne & Co Ltd v Heller & Partners Ltd, [1963] 2 AllER 575, 594.

116 Ebenda.

117 [1971] AC 793. Der Fall gelangte zum Privy Council vom High Court of Australia. Drei Mitglieder des House of Lords gehörten dem Spruchkörper sowohl in Hedley Byrne als auch in Mutual Life an. Nur einer von ihnen, Lord Hodson, stimmte mit der Mehrheit. Lord Reidel und Lord Morris, die in Mutual Life überstimmt wurden, fanden sich in der ungewöhnlichen Situation wieder, daß ihnen ihre eigenen Entscheidungsgründe erklärt wurden. Vgl. dazu auch Allen, S. 71.

118 Lord Diplock für die Mehrheit in Mutual Life and Citizen's Assurance Co Ltd v Evatt [1971] AC 793, 799 ff., 804, 809; vgl. dazu: Allen, S. 71 ff.; Clerk & Lindsell/Dias u. Tettenborn, Rn. 10-24.

erfahren. Wie bereits dargestellt, sind die Entscheidungen des *Privy Council* für dortige Gerichte nicht bindend.[119] Sie haben oftmals jedoch eine gewisse *persuasive authority*.[120] Hier war dies jedoch nicht der Fall. Die Modifizierungen des *Privy Council* haben in England nicht überzeugen können; die Entscheidung hat insoweit keine *persuasive authority* entwickelt. Tatsächlich neigt die englische Rechtsprechung zu einer Distanzierung von den engen Kategorien der Voraussetzungen einer Sorgfaltspflichtsbegründung; so zum Beispiel in den erst- und zweitinstanzlichen Entscheidungen zum Fall *Esso Petroleum Co Ltd v Mardon*.[121]

Dort ging Richter Lawson in der erstinstanzlichen Entscheidung der *Queen's Bench Division* zwar auf die Entscheidung des *Privy Council* in *Mutual Life* ein. Er lehnte aber die durch das Mehrheitsvotum vorausgesetzten engeren Kriterien ab und schloß sich der Auffassung des Minderheitenvotums an.[122]

In der zweitinstanzlichen Entscheidung zu diesem Fall nahm der *Court of Appeal* die Gelegenheit wahr, grundsätzlich auf die Frage der Anwendbarkeit des Grundsatzes der *Hedley Byrne*-Entscheidung auf fahrlässig abgegebene, irreführende Erklärungen einzugehen.[123] Er stellte fest, daß die Kriterien, die nach der *Hedley Byrne*-Entscheidung zu der Begründung einer „*special relationship*" erforderlich seien, vorlägen. Die strengeren Kriterien aus der Entscheidung *Mutual Life and Citizen's Assurance Co Ltd v Evatt* schloß er hingegen nicht in seine Betrachtung ein. Der Grund hierfür wird darin gesehen, daß der *Court of Appeal* die Entscheidung des *Privy Council* nicht als Autorität für sich ansah und dadurch mittelbar die Rechtsauffassung der Vorinstanz bestätigen wollte. Daraus wird allgemein geschlossen, daß die einschränkenden Modifizierungen der *Mutual Life*-Entscheidung keinen Eingang in die englische Rechtsprechung gefunden haben.[124] Dies hat sich auch in der neueren, viel besprochenen Entscheidung in *Caparo Industries Plc v Dickman and Ors* gezeigt:[125]

---

119 Vgl. dazu: Philipp, S. 117 ff. u. S. 136 m.w.N., Henrich, S. 14 f.; David/Grasmann-Will, Rn. 345.

120 Vgl. Schlüchter, S. 78, S. 80; Triebel/Hodgson/Kellenter/Müller, Rn. 32.

121 QBD, [1975] 1 AllER 203; CA, [1976] 2 AllER 5; vgl. dazu Allen, S. 73 ff.; Hobeck, S. 103 u. S. 112 ff.

122 Esso Petroleum Co Ltd v Mardon, QBD, [1975] 1 AllER 203, 219 f.

123 Esso Petroleum Co Ltd v Mardon, CA, [1976] 2 AllER 5, 14 f.

124 Vgl. Hobeck, S. 103 i.V.m. S. 114 f.; Allen, S. 73 ff.

125 [1989] 1 AllER 798 (Court of Appeal); [1990] 1 AllER 568 (House of Lords); vgl. auch Nicholson, ICLQ 1991, 551 m.w.N.

In jener Entscheidung des *House of Lords* wurde die Haftung eines Wirtschaftsprüfers für ein fahrlässig unzutreffendes Gutachten im Rahmen einer Firmenübernahme verneint. Dabei wurde als unbeachtlich angesehen, daß der eingetretene Schaden bei den Klägern vorhersehbar war und sie im Vertrauen auf das Gutachten handelten, so daß der Schaden eintrat. Nach Ansicht der *Law Lords* fehlte es an einem ausreichenden Näheverhältnis (*proximity*). *Lord Oliver* führte dazu aus:[126]

> *„... that the necessary relationship between the maker of a statement or giver of advice (the adviser) and the recipient who acts in reliance on it (the advisee) may typically be held to exist where*
>
> *(1) the advice is required for purpose, whether particulary specified or generally described, which is made known, either actually or inferentially, to the adviser at the time when the advice is given,*
>
> *(2) the adviser knows, either actually or inferentially, that his advice will be communicated to the advisee, either specifically or as a member of an ascertainable class, in order that it should be used by the advisee for that purpose,*
>
> *(3) it is known, either actually or inferentially, that the advice so communicated is likely to be acted on by the advisee for that purpose without independent inquiry and*
>
> *(4) it is so acted on by the advisee to his detriment."*

Im Hinblick auf das Vorliegen eines ausreichenden Näheverhältnisses steht die Entscheidung in in Tradition zu dem Urteil in *Hedley Byrne & Co Ltd v Heller & Partners Ltd*,[127] auf das sich die *Law Lords* in den Urteilsgründen des öfteren beziehen.[128] Die Voraussetzungen der dort zur Haftungsbegründung als notwendig erachtete *special relationship* werden für das Vorliegen eines ausreichenden Näheverhältnisses weiter konkretisiert.[129]

Selbst wenn man im Anschluß an *Hedley Byrne*, *Esso Petroleum* und *Caparo Industries Plc v Dickman and Ors* eine sogenannte *special relationship* zwischen *Malaysia Mining* und *Kleinwort Benson* annimmt, die eine *duty of care* begründet, so bestehen dennoch aus anderen Gründen Zweifel, ob ein Schadenersatzanspruch wegen *negligent misrepresentation* tatsächlich gegeben ist.

Eine irreführende Erklärung muß Tatsachen zum Gegenstand haben (*statements of facts*).[130] Eine Erklärung über Zukünftiges kann dement-

---

126 Caparo Industries plc v Dickman [1990] 1 AllER 568, 589.

127 [1963] 2 AllER 575 = [1964] AC 465.

128 Vgl. Caparo Industries plc v Dickman and others, HL, [1990] 1 AllER 568, 569, 573, 575, 577, 581, 582, 585 f., 588 f., 591 ff., 602 ff.

129 Vgl. dazu G. Müller, S. 58 f.

130 Hobeck, S. 35 u. S. 38; Allen, S. 12; Chitty/Beale. Rn. 414.

sprechend lediglich ein Versprechen begründen, aber nicht eine *representation* sein; insoweit muß eine Abgrenzung zu einem *statement of intention* (Absichtserklärung) erfolgen.[131] Zweifel hinsichtlich des Vorliegens einer Erklärung über gegenwärtige Tatsachen ergeben sich aus der Formulierung, daß es die Geschäftspolitik von *Malaysia Mining* sei, dafür zu sorgen, daß ihre Tochtergesellschaft zu jeder Zeit (*at all times*) liquide ist. Darin ist ein klarer Zukunftsbezug zu sehen. Der *Court of Appeal* erachtete diesen aber nicht als so gewichtig, daß er ein vertragliches Versprechen begründen könnte. Vielmehr ließ er die Formulierung ganz außer Betracht, was – wie dargestellt – erhebliche Kritik nach sich zog. Hier liegt der Schwachpunkt der Berufungsentscheidung: Will man den Passus „*at all times*" nicht ignorieren, so ist er entweder als Absichtserklärung in Form eines Versprechens oder als Erklärung über Tatsachen anzusehen. Ersteres verbietet die *ratio decidendi* der Entscheidung, letzteres der eindeutige Zukunftsbezug, der über eine reine Tatsachenerklärung hinausgeht.

Die Entscheidung des *Court of Appeal* schafft nach dem Vorstehenden keine klaren Anhaltspunkte hinsichtlich der Frage, ob eine Patronatserklärung in Form einer Geschäftspolitikklausel einen Schadenersatzanspruch wegen *negligent misrepresentation* begründen kann.

Im Vergleich zu dem Fall *Chemco Leasing SpA v Rediffusion plc* geht der *Court of Appeal* in *Kleinwort Benson* jedoch über das dort Entschiedene hinaus. Er bestätigt nicht nur, daß Patronatserklärungen eine vertragliche Haftung begründen können. Vielmehr setzt er sich mit einer bestimmten Erklärungsform auseinander, deren Wirkungen er untersucht. Insoweit schafft er bezüglich dieser und verwandter Formen mehr Rechtssicherheit. Bei Vereinbarung einer solchen Erklärung wissen die Verwender nach englischem Recht, woran sie sind.

### 6. *Walford and Others v Miles and Another*[132]

Mit *Walford v Miles* gelangte 1992 zum ersten und bislang einzigen Mal ein Fall, der einen *comfort letter* betraf, zum *House of Lords*. Die Patronatserklärung unterschied sich von den bisher behandelten allerdings dadurch, daß sie nicht in einem Konzernverhältnis abgegeben worden war. Außerdem hatte die Erklärung nur am Rande Bedeutung und fand dementsprechend lediglich geringe Berücksichtigung in den Urteilsgründen.

---

131 Vgl. Hobeck, S. 38; Chitty/Beale, Rn. 414; Clerk & Lindsell/Carty, Rnn. 18-04 ff.
132 QBD, [1990] 1 EGLR 212; CA, [1991] 2 EGLR 185; HL, [1992] 2 WLR 174.

Dem Fall lag folgender Sachverhalt zugrunde:

Die Kläger waren sehr daran interessiert, die Firma der Beklagten zu erwerben, und nahmen daher Verhandlungen mit diesen auf. In dem Wissen, daß ein weiterer Kaufinteressent existierte, erreichten die Kläger eine mündliche Zusage eines der Beklagten, keine Verkaufsverhandlungen mit Dritten zu führen beziehungsweise solche zu beenden. Im Gegenzug dazu versprach einer der Kläger, eine Erklärung ihrer Hausbank beizubringen, aus der hervorginge, daß die Kläger in der Lage seien, den geforderten Kaufpreis zu bezahlen. Ein solches Schreiben erhielten die Beklagten kurze Zeit später. In diesem bestätigte die Bank, daß sie den Klägern finanzielle Mittel in der notwendigen Höhe angeboten hätte, damit diese die Firma erwerben könnten. Die Erklärung erfolgte ausdrücklich unverbindlich (*without responsibility*).[133] Aus persönlichen Gründen beschlossen die Beklagten letztlich, die Firma an Dritte zu veräußern. Zu einem Vertragsabschluß mit den Klägern kam es daher nicht. Die Kläger verlangten daraufhin Schadenersatz wegenVertragsverletzung.

Richter *Bates* von der *Queen's Bench Division*, der den *Walford*-Fall in der ersten Instanz zu entscheiden hatte, sah das Schreiben der Bank als *comfort letter* an.[134] Die Richter des *Court of Appeal* und das *House of Lords* folgten ihm in dieser Bewertung.[135]

Der *comfort letter* war für die Entscheidung insofern von Bedeutung, als er eine ausreichende „*consideration*" darstellen mußte, damit die Zusage, keine Verkaufsverhandlungen mit Dritten zu führen, ein wirksames vertragliches Versprechen begründen konnte. Nach englischem Recht kommt einem formlosen Vertrag nämlich nur dann eine bindende Wirkung zu, wenn eine – im Deutschen zumeist grob mit „Gegenleistung" übersetzte – *consideration* vorliegt.[136] Ihr Erfordernis ist Folge der geschichtlichen Entwicklung des englischen Rechts: Ursprünglich war eine Klage auf Vertragserfüllung nur möglich, wenn der Kläger nachweisen konnte, daß er dem Beklagten etwas gegeben und ihn dadurch zu seinem Schuldner gemacht hatte oder daß ihm durch die Nichteinhaltung des Versprechens ein Schaden entstanden war.[137] In dieser Vertragsvoraussetzung kommt das

---

133 Vgl. Walford and Others v Miles and Another, CA, [1991] 2 EGLR 185, 187 u. HL, [1992] 2 WLR 174, 177.

134 Walford and Others v Miles and Another, QBD, [1990] 1 EGLR 212, 214.

135 CA, [1991] 2 EGLR 185, 187 u. HL, [1992] 2 WLR 174.

136 Vgl. Triebel, S. 37; Zweigert/Kötz II, S. 84.

137 Henrich, S. 40; Treitel, S. 63.

Prinzip der Gegenseitigkeit im englischen Vertragsrecht zum Ausdruck.[138] Dementsprechend wird *consideration* nach der vielzitierten Definition von Richter *Lush* im Fall *Currie v Misa* folgendermaßen verstanden:[139]

> *„A valuable consideration in the sense of the law may consist either in some right, interest, profit, or benefit accruing to one party, or some forbearance, loss or responsibility, given, suffered or undertaken by the other."*

Die *Queen's Bench Division* gab der Klage auf Schadenersatz wegen Vertragsverletzung in der ersten Instanz statt. Richter *Bates* sah die mündliche Zusage des einen Beklagten, keine Vertragsverhandlungen mit Dritten zu führen, als vertragliche Verpflichtung an, die nicht eingehalten wurde: Das Versprechen und das Zusenden des *comfort letter* sei als die notwendige, ausreichende *consideration* anzusehen. Dabei sei unerheblich, daß der *comfort letter* keine rechtliche Verpflichtung begründe; dadurch sei nicht ausgeschlossen, daß er eine ausreichende Gegenleistung begründen könne.[140]

Der *Court of Appeal* hob das erstinstanzliche Urteil in einer Mehrheitsentscheidung jedoch auf; die Klage wurde abgewiesen.[141] Die *Lord Justices Dillon* und *Stocker*, welche die Entscheidung trugen, befanden in ihrem Mehrheitsvotum, daß die mündliche Zusage des einen Beklagten keine rechtliche Verpflichtung darstelle. Allerdings folgten sie *Lord Justice* Bingham, der sich der Mehrheitsmeinung nicht anschloß, und Richter *Bates* insoweit, als aus dem mangelnden rechtlichen Verpflichtungsgehalt des *comfort letter* nicht auf eine unzureichende *consideration* schlossen; insoweit sei ein solcher *comfort letter* kein Nullum.[142]

Das *House of Lords* bestätigte die Entscheidung des *Court of Appeal*. Es stellte darüber hinaus im Hinblick auf den rechtlich nicht verpflichtenden *comfort letter* ausdrücklich fest, daß er eine ausreichende *consideration* darstellen könne.[143]

Die Entscheidung im Fall *Walford v Miles* betraf *comfort letters* lediglich am Rande. Im Anschluß an *Kleinwort Benson* brachte das Urteil keine neuen Erkenntnisse hinsichtlich der Rechtswirkungen von Patronatserklärungen, abgesehen von dem *dictum*, daß auch ein *comfort letter* ohne rechtlichen Verpflichtungsgehalt eine ausreichende *consideration* sein kann. Es ist nach englischem Recht, wie dargestellt, jedoch nichts neues,

---

138 Ebenda.

139 [1875] LR 10 Exch 153.

140 Walford v Miles, QBD, [1990] 1 EGLR 212, 215.

141 Walford v Miles, CA, [1991] 2 EGLR, 185.

142 Ebenda, S. 189.

143 Walford v Miles, HL [1992] 2 WLR 174, 182.

daß eine Erklärung, in der ausdrücklich eine vertragliche Haftung abgelehnt wird (*without responsibility*), eine solche auch nicht begründen kann. Es fehlt dann insoweit an einem Rechtsbindungswillen.[144]

Erwähnenswert ist, daß hier eine Erklärung, die von einer Bank abgegeben wurde und Informationen über die Liquidität ihres Kunden enthielt, als *comfort letter* verstanden wird. Denn es liegt kein für Patronatserklärungen typisches Konzernverhältnis vor. Allerdings ist die Situation eine vergleichbare: hier ist es die Bank, die durch ihre Entscheidung, Finanzmittel zu gewähren oder nicht, eine gewisse Macht- beziehungsweise Schutzstellung inne hat.

Schließlich stellt das Urteil des *Court of Appeal* klar, daß ein *comfort letter* entgegen seinem eigentlichen Bedeutungsgehalt auch mündlich erteilt werden kann. Insofern ist die Bezeichnung einer Patronatserklärung im Englischen als „*letter*“, die den Anschein erweckt, daß lediglich Erklärungen in Schriftform *comfort letters* darstellen können, mißverständlich.

## III. Der *comfort letter* in australischen Gerichtsentscheidungen

### 1. Der Gerichtsaufbau in Australien

Das Rechtssystem Australiens steht dem englischem aufgrund der geschichtlichen Entwicklung sehr nahe. Im Jahre 1770 landete der Engländer *James Cook* an der Ostküste Australiens. Zunächst wurden vorwiegend Sträflinge aus England nach Australien deportiert, später zogen zahlreiche Goldfunde weitere Einwanderer an. Von Beginn an galt in Australien das *common law*. Die Geltung des englischen *common law* in allen damals bestehenden britischen Kolonien in Australien wurde durch Gesetz des britischen Parlaments aus dem Jahre 1828 festgelegt. Heute ist Australien ein Bundesstaat, bestehend aus sechs Gliedstaaten,[145] die alle eine eigene Verfassung, eigene Regierungen, Parlamente und Gerichte besitzen.

Auch in Australien gilt mit dem *common law* das Fallrecht: Obergerichtliche Urteile binden hinsichtlich ihrer tragenden Gründe niedere und teil-

---

144 Vgl. Rose & Frank Co v J R Crompton & Bros Ltd [1923] 2 KB 261.

145 New South Wales, Victoria, South Australia, Queensland, Tasmania und Western Australia. Darüber hinaus gehören zu Australien einige selbstverwaltete Gebiete wie das Northern Territory, die Jervis Bay und das Australian Capital Territory um die Hauptstadt Canberra. Der Commonwealth of Australia Constitution Act von 1900 schuf diese Föderation und gab ihr den Namen Commonwealth of Australia.

weise gleichrangige Gerichte.[146] Die bundesstaatliche Struktur Australiens schlägt sich dabei auch auf die Hierarchien der Gerichte und mithin auf die Bindungswirkung von Präjudizien nieder. Der Gerichtsaufbau in Australien folgt denn auch eher US-amerikanischem als englischem Vorbild.

Aufgrund der Aufteilung der Gesetzeskompetenz gibt es sowohl Gliedstaaten- als auch Bundesgerichte. Dabei ist der Gerichtsaufbau in den verschiedenen Gliedstaaten der gleiche: Über den zwei Arten von Untergerichten (*inferior courts*), die in den einzelnen Gliedstaaten unterschiedlich bezeichnet werden, steht jeweils ein *Supreme Court* als höchstes Gericht des jeweiligen Gliedstaates. Die *Supreme Courts* haben jeweils sowohl eine erst- als auch eine zweitinstanzliche Zuständigkeit.[147] Urteile eines Gerichts in einem bestimmten Gliedstaat binden nur die rangniederen Gerichte desselben Gliedstaates, also nur solche, die sich in derselben Hierarchie befinden.[148] Urteile aus anderen Gliedstaaten können aber oftmals eine überzeugende Wirkung im Sinne einer *persuasive authority* haben.[149]

Auf Bundesebene besteht seit 1976 als Obergericht der *Federal Court* von Australien. Er hat sowohl erstinstanzliche als auch zweitinstanzliche Zuständigkeiten. Seine erstinstanzliche Zuständigkeit ist ziemlich weitreichend. Sie umfaßt Rechtssachen, die bestimmte Bundesgesetze und die Anwendung und Auslegung der *Commonwealth*-Gesetzgebung betreffen. Der *Federal Court* ist jedoch grundsätzlich weder in erster und in zweiter Instanz für Handelssachen zuständig noch in Rechtssachen, welche die Anwendung von Gesetzen der Gliedstaaten betreffen. Als zweite Instanz ist der *Federal Court* unter anderem zuständig in Rechtsmittelsachen gegen erstinstanzliche Entscheidungen von Einzelrichtern desselben Gerichts und gegen einzelrichterliche Entscheidungen der *Supreme Courts* der Länder, welche die Anwendung bestimmter Bundesgesetze betreffen. Der *Federal Court* ist nicht an eigene Entscheidungen gebunden.

Oberstes Bundesgericht und damit höchstes Gericht in Australien ist der *High Court of Australia* in Canberra. Er ist in der Hierarchie oberhalb der *Supreme Courts* und des *Federal Court* angesiedelt. Neben seiner erstinstanzlichen Zuständigkeit in Fällen, die ihm durch die Verfassung zuge-

---

146 Vgl. Derham/Maher/Waller, S. 36, S. 37, S. 103 ff.; Vermeesch/Lingren, S. 71; Enright, S. 43.

147 Vgl. Derham/Maher/Waller, S. 18 ff. u. Enright, S. 44. Lediglich in New South Wales ist der Court of Appeal als selbständige Einheit in Rechtsmittelsachen vom Supreme Court getrennt.

148 Derham/Maher/Weller, S. 107, S. 108; Vermeesch/Lingren, S. 71.

149 Vermeesch/Lingren, S. 73 f.

wiesen sind, ist der *High Court* Rechtsmittelinstanz auch in besonders bedeutsamen zivilrechtlichen Streitigkeiten. So ist er für Revisionen gegen Urteile der jeweiligen *State Supreme Courts* und des *Federal Court* zuständig. Außerdem kann er als Rechtsmittelinstanz gegen Entscheidungen jedes Bundesgerichts und jedes Gerichts, das Bundesrecht anwendet, angerufen werden. Der *High Court of Australia* ist nicht an seine eigenen, früheren Entscheidungen gebunden.[150]

Bis 1986 gab es in Zivilsachen vor den höchsten Ländergerichten das Rechtsmittel zum *Privy Council* in London, soweit nicht Bundesrecht betroffen war. Dieses Rechtsmittel wurde jedoch durch den *Australia Act* 1986 abgeschafft.[151]

Obwohl englische Urteile keine Bindungswirkung mehr in Australien haben, bedeutet das nicht, daß sie dort keine Beachtung finden. Das Gegenteil ist der Fall. Australische Richter studieren englische Gerichtsentscheidungen sehr genau, was als Anzeichen für die noch bestehende Verbundenheit des australischen mit dem englischen Recht zu werten ist. Die Entscheidungen der englischen Obergerichte, insbesondere des *House of Lords* und des *Court of Appeal* übten bislang in Australien oftmals eine *persuasive authority* aus.[152] Nur in Ausnahmefällen wichen australische Richter von den Urteilen ihrer englischen Kollegen ab. Von allen Rechtssystemen außerhalb Englands kommt das australische Recht dem englischen denn auch deswegen und aufgrund der Übernahme einer Anzahl von *statutes* – zusammen mit Neuseeland – am nächsten.[153]

Die Bindungswirkung von Präjudizien in Australien ist der in England vergleichbar. Das gilt jedenfalls insoweit, als sich die Gerichte in derselben Hierarchie befinden.

150 Vgl. zum Gerichtsaufbau in Australien insgesamt auch: Meek, S. 87 ff. u. S. 122 ff.; Derham/Maher/Waller, S. 20 ff.; Triebel/Hodgson/Kellenter/Müller, Rn. 1241.

151 Vgl. Derham/Maher/Waller, S. 21 ff.; Meek, S. 132.

152 Vgl. Meek, S. 90 f.; Zweigert/Kötz Bd. I, S. 257 f.

153 So auch Zweigert/Kötz, Bd. I, S. 259; Triebel/Hodgson/Kellenter/Müller, Rn. 1243.

## 2. *Commonwealth Bank of Australia v TLI Management, Supreme Court of Victoria* vom 29. Juni 1989[154]

### *a) Zugrundeliegender Sachverhalt*

In dem Fall *Commonwealth Bank of Australia v TLI Management Pty Ltd* mußte Richter *Tadgell* vom *Supreme Court of Victoria*[155] erstmals in Australien einen *comfort letter* auslegen. Folgender Sachverhalt lag der Entscheidung zugrunde:

1987 war *Hovercraft Australia*, eine 100%ige Tochtergesellschaft der *Hovertravel Ltd*, an die *Commonwealth Bank of Australia* herangetreten, da sie finanzielle Mittel benötigte. In Höhe von $A 125.000,– wurde ein Kredit gewährt, der aber nicht ausreichte. Vielmehr wurden Schecks von *Hovercraft Australia* auf die Bank gezogen, welche die vereinbarte Summe erheblich überstiegen. Die Bank verlangte zusätzliche Kreditsicherheiten, um den Kredit auf $A 250.000,– aufzustocken. Ein leitender Angestellter der Firma *TLI Management* informierte den Kreditsachbearbeiter der *Commonwealth Bank* daraufhin, daß *TLI Management* die *Hovertravel* zu übernehmen beabsichtige und $A 750.000,– in *Hovertravel* einbringen werde. Als Folge werde *TLI Management* sicherstellen, daß die Verbindlichkeiten von *Hovercraft Australia* gegenüber der Bank erfüllt würden.

Vor diesem Hintergrund wurde im Anschluß an einen Entwurf folgende an die *Commonwealth Bank* gerichtete Patronatserklärung von *TLI Management* verfaßt:

> *„We hereby acknowledge that the Commonwealth Bank of Australia has agreed to make temporary credit facilities totalling two hundred and fifty thousand Australian Dollars, $A 250,000 available to Hovertravel Australia Pty. Ltd. which represents payments for ongoing operating costs and salaries.*
>
> *We confirm that the company will complete takeover arrangements (subject to shareholders' approval) of Hovertravel Ltd. as soon as legally possible. These arrangements include the injection of sufficient capital to repay the temporary facility as mentioned above to takeover date or within 30 days of this date."*

Die *Commonwealth Bank* löste nach Erhalt der Patronatserklärung die Schecks ein.

In der Folgezeit erwies sich die Übernahme von *Hovertravel* durch *TLI Management* jedoch schwieriger als zunächst angenommen. Als sich die

154 [1990] VR 510.

155 Der Supreme Court war hier in erster Instanz zuständig. Die Rechtsstreitigkeiten entscheidet dann ein Einzelrichter.

Bank einen Tag vor Ablauf der in der Patronatserklärung festgelegten Zeitspanne an die beklagte *TLI Management* wandte, wurde sie gebeten, für einen weiteren Monat stillzuhalten. Dann sollte die Übernahme vollzogen sein. Tatsächlich erwarb *TLI Management* in der Folgezeit die Mehrheit an *Hovertravel.* Es stellte sich jedoch heraus, daß deren finanzielle Lage so angespannt war, daß der Handel mit *Hovertravels* Aktien ausgesetzt werden mußte. Entgegen ihrer ursprünglichen Absicht führte *TLI Management* daraufhin *Hovertravel* keine finanziellen Mittel zu.

Die *Commonwealth Bank of Australia* verklagte die *TLI Management* auf Schadenersatz wegen Vertragsbruches (*action for damages for breach of contract*). Die Bank war der Ansicht, die beklagte *TLI Management* habe das in der Patronatserklärung enthaltene Versprechen nicht eingehalten. Aufgrund dessen sei die beklagte *TLI Management* vertraglich verpflichtet gewesen, *Hovertravel Ltd* zu übernehmen. Darüber hinaus sei die Beklagte auch verpflichtet gewesen, entweder *Hovertravel Ltd* genügend finanzielle Mittel zu zuführen oder die Verbindlichkeiten ihrer Tochtergesellschaft gegenüber der Klägerin zu erfüllen.

*b) Entscheidungsgründe*[156]

Obwohl der Sachverhalt nicht vollständig aufgeklärt werden konnte, hatte Richter *Tadgell* keine Schwierigkeiten, die Klage abzuweisen: Er lehnte eine Haftung aufgrund der Patronatserklärung unter Berücksichtigung des Erklärungsinhaltes und der Umstände des Zustandekommens ab. Die Erklärung enthielt seiner Ansicht nach lediglich eine Aussage über die Absichten von *TLI Management.* Folgende Bewertungen lagen dieser Entscheidung zugrunde:

Der Erklärungsentwurf, der dem *comfort letter* vorausging und der von der Klägerin vorgeschlagen wurde, bezweckte nicht, gegenüber der Beklagten anzuzeigen, daß eine Haftung als Gegenleistung zur Kreditgewährung angestrebt werde.[157] Der zweite Abschnitt der Erklärung enthielt den Zusatz, daß die Übernahme noch von der Zustimmung der Aktionäre abhinge; eine Übernahme konnte dementsprechend gar nicht zugesagt werden.[158] Der Wortlaut der Erklärung lasse unter den gegebenen Umständen für die beklagte *TLI Management* nicht den Schluß zu, daß eine vertragliche Verpflichtung übernommen werden sollte. Die Parteien hätten nicht eindeutig

---

156 [1990] VR 514 ff.

157 Ebenda, S. 515.

158 Ebenda.

verpflichtende Ausdrücke wie *„we agree“*, *„we undertake“* oder *„we promise“* benutzt. Die gewählte Wendung *„we confirm“* widerspreche einer Einordnung als vertragliche Verpflichtung zwar nicht. Sie sei aber im Zusammenhang mit den Umständen des Zustandekommens zu sehen, die einer solchen Einordnung widersprächen. Davon abgesehen sei die Patronatserklärung vom Wortlaut her mehrdeutig.[159] Des weiteren sei kaum anzunehmen, daß die Beklagte, die kurz davor war, ein Übernahmeangebot abzugeben, sich gegenüber der klagenden Bank zu Schadenersatz verpflichten wollte, falls die Übernahme nicht zustande käme.[160]

Diese Gesichtspunkte zeigten nach Ansicht des Gerichts, daß es der Klägerin nicht gelungen sei, den Beweis für das Vorliegen einer vertraglichen Verpflichtung zu erbringen. Nach Richter *Tadgell* konnte der Ausdruck *„we confirm ...“* nur in der Weise ausgelegt werden, daß es sich um eine Aussage über Absichten handelte.[161]

Der Grundsatz aus *Edwards v Skyways Ltd*,[162] wonach ein Versprechen, das in einem kaufmännischen Zusammenhang abgegeben werde, grundsätzlich einen Rechtsbindungswillen vermuten lasse, greife wie bei *Kleinwort Benson Ltd v Malaysia Mining Corp Bhd*[163] nicht ein. Maßgebend sei vielmehr, ob die Erklärung vom Inhalt her als Verpflichtung ausgelegt werden könne. Das sei hier nicht der Fall.[164]

### *c) Bewertung der Entscheidung*

In seiner Vorgehensweise und Urteilsbegründung folgte Richter *Tadgell* dem *Court of Appeal* in *Kleinwort Benson Ltd v Malaysia Mining Corp Bhd*.[165] Für den Richter schien die Entscheidung des englischen *Court of Appeal* zumindest eine *„persuasive authority“* darzustellen. Allerdings setzte er sich mit den Gründen der englischen Entscheidung nur am Rande auseinander, nämlich im Zusammenhang mit der Entscheidung *Edwards v*

---

159 Ebenda, S. 515 f.

160 Ebenda, S. 516.

161 Ebenda.

162 [1964] 1 AllER 494; vgl. auch schon oben, S. 31, im Rahmen der Darstellung der erstinstanzlichen Entscheidung Kleinwort Benson Ltd v Malaysia Mining Corp Bhd, QBD, [1988] 1 AllER 714, 718.

163 CA, [1989] 2 AllER 785; siehe auch oben, S. 41 ff., im Rahmen der Entscheidungsgründe der zweitinstanzlichen Entscheidung.

164 Commonwealth Bank of Australia v TLI Management [1990] VR 510, 517.

165 Vgl. Pascoe, CSLJ 1990, 421; Allan/Hiscock, Rn. 902, Fn. 22: Starke, AustralLJ 1991, 566; Cheshire-Fifoot/Seddon, austral. Ausgabe, Rn. 312, S.180.

*Skyways Ltd.* Außerdem blieb Richter *Tadgell* in seiner Urteilsbegründung hinsichtlich der Bewertung des Wortlauts zurückhaltender als der englische *Court of Appeal*. Seine Entscheidung gründete er maßgeblich auf die Umstände des Zustandekommens in dem ganz konkreten Fall. Er deutete sogar vorsichtig an, daß bei anderen Umständen ein vergleichbarer Wortlaut eine andere Bewertung verlangen könnte. Das ist zum einen daraus zu folgern, daß sich der Richter ausschließlich mit dem Zustandekommen der Patronatserklärung und dem Entwurf auseinandersetzte. Zum anderen legte er viel Wert darauf, daß die Beklagte in derselben Erklärung erklärte, *Hovertravel* bei Zustimmung der Aktionäre zu übernehmen. Hieraus folgerte er, daß keine vertragliche Verpflichtung eingegangen werden sollte.[166]

### 3. *Banque Brussels Lambert SA v Australian National Industries, Supreme Court of New South Wales* vom 12. Dezember 1989[167] und vom 5. Oktober 1990[168]

Große Beachtung innerhalb und außerhalb Australiens fand der Fall *Banque Brussels Lambert SA v Australian National Industries*. Das lag unter anderem an der Ähnlichkeit des von *Chief Judge Rogers* zu bewertenden Sachverhalts mit dem in *Kleinwort Benson Ltd v Malaysia Mining Corp Bhd.*

Die Entscheidung des *Supreme Court of New South Wales* erfolgte in zwei Schritten: Am 12. Dezember 1989 befand *Chief Judge Rogers* über den grundsätzlichen vertraglichen Verpflichtungsgehalt, am 5. Oktober 1990 über die daraus erwachsenen Rechtsfolgen. Gegen das Urteil wurde Rechtsmittel eingelegt. Mündlicher Verhandlungstermin war der 1. März 1993. Eine Entscheidung des Berufungsgerichts erging jedoch nicht. Der Rechtsstreit wurde anscheinend außergerichtlich beendet.[169] Insoweit besteht eine Bindungswirkung der erstinstanzlichen Entscheidung.

#### a) *Zugrundeliegender Sachverhalt*[170]

1982 wandte sich *Spedley Securities Ltd* an die Klägerin, eine belgische Bank, wegen einer Kreditgewährung in Höhe von US $ 5 Mio. Die Klägerin war grundsätzlich zur Kreditgewährung bereit, verlangte aber eine Si-

166 Commonwealth Bank of Australia v TLI Management [1990] VR 510, 515 u. 516.
167 [1989] NSWLR 502.
168 Unveröffentlicht, zitiert nach: Freehill, Hollingdale & Page, IBL 1990, 481.
169 Buckley, JCL 1993, S. 58 Fn. 2; Cheshire-Fifoot/Seddon, austral. Ausgabe, Rn. 312; so auch die Auskunft von eingeschalteten australischen Rechtsanwälten.
170 Vgl. [1989] NSWLR 502 u. 507 ff.

cherheit. *Spedley Securities* war eine 100%ige Tochtergesellschaft von *Spedley Securities Holdings Ltd.* Deren Hauptaktionär war mit 45% Anteil die beklagte *Australian National Industries.*

*Australian National Industries* lehnte es ab, eine Bürgschaft beziehungsweise eine Garantie abzugeben. Nach längerer Korrespondenz und dem wiederholten Austausch von Entwürfen, gab *Australian National Industries* schließlich folgende Erklärung ab, worauf *Spedley Securities* den beantragten Kredit erhielt:

> *„We confirm that we are aware of the eurocurrency facility of US $ 5 million which your Bank has granted to Spedley Securities Limited, which is a wholly-owned subsidiary of Spedley Securities Holdings Limited.*
>
> *We acknowledge that the terms and conditions of the arrangements have been accepted with our knowledge and consent and state that it would not be our intention to reduce our shareholding in Spedley Securities Holdings Limited from the current level of 45% during the currency of this facility. We would, however, provide your Bank with ninety (90) days notice of any subsequent decisions taken by us to dispose of this shareholding, and furthermore we acknowledge that, should any such notice be served on your Bank, you reserve the right to call for the repayment of all outstanding loans within thirty (30) days.*
>
> *We take this opportunity to confirm that it is our practice to ensure that our affiliate Spedley Securities Limited, will at all times be in a position to meet its financial obligations as they fall due. These financial obligations include repayment of all loans made by your Bank under the arrangements mentioned in this letter."*

1989 verkaufte *Australian National Industries* ihre Anteile an *Spedley Securities Holdings*, ohne dies *Banque Brussels Lambert* mitzuteilen und ohne dafür zu sorgen, daß *Spedley Securities* ihren Verbindlichkeiten nachkam. Kurze Zeit darauf fiel *Spedley Securities* in Konkurs. Die klagende *Banque Brussels Lambert* wandte sich wegen der noch offenen Kreditverbindlichkeiten an *Australian National Industries.* Diese verweigerte aber die Zahlung mit der Begründung, daß die Patronatserklärung sie nicht zur Erfüllung verpflichte.

*Banque Brussels Lambert* klagte daraufhin auf Zahlung der noch bestehenden Kreditverbindlichkeiten. Zur Begründung[171] führte sie vorrangig an, daß *Australian National Industries* einen Vertragsbruch (*breach of contract*) dadurch begangen habe, daß sie ihren durch den *comfort letter* begründeten Verbindlichkeiten nicht nachgekommen sei. Zweitens machte *Banque Brussels Lambert* geltend, daß *Australian National Industries* die in der Patronatserklärung gemachten Zusagen nicht eingehalten habe

171 Ebenda, S. 505 f.

(*breach of warranties*) und bei Abfassung der Erklärung bereits wußte, daß diese nicht zuträfen. Drittens war die Klägerin der Ansicht, daß es der Beklagten verwehrt sei (*estopped*), sich auf die Unrichtigkeit der in der Patronatserklärung gemachten Zusagen zu berufen und die Nichtverbindlichkeit der gemachten Versprechen zu behaupten. Schließlich machte die Klägerin ihren Anspruch aufgrund ungerechtfertigter Bereicherung (*unjust enrichment*) und der allgemeinen Grundsätze der Sittenwidrigkeit (*unconscionability*) geltend.

Die Beklagte verteidigte sich hauptsächlich mit dem Argument, daß eine Haftung mangels eines Rechtsbindungswillens ausgeschlossen sei.[172] Lediglich eine moralische Verpflichtung sei von den Parteien gewollt gewesen. Sie behauptete außerdem, daß die Existenz der Patronatserklärung vergessen wurde. Ihr könne es auch nicht verwehrt sein, sich auf die Nichtverbindlichkeit der Versprechen zu berufen, da *Banque Brussels Lambert* nicht geltend gemacht habe, auf die abgegebenen Zusagen vertraut zu haben. Das Geltendmachen eines Anspruches aufgrund ungerechtfertigter Bereicherung beruhe schließlich auf einem falschen Verständnis dieser Anspruchsgrundlage.

### b) *Entscheidungsgründe*

#### aa) *Gründe hinsichtlich des grundsätzlichen Verpflichtungsgehalts*[173]

*Chief Judge Rogers* stellte den Entscheidungsgründen allgemeines über Patronatserklärungen voran. Dabei ging er auch kurz auf deren internationale Verwendung ein. Er betonte, daß es – wie in *Kleinwort Benson* festgestellt – keine allgemeinen Regeln für Patronatserklärungen und deren Rechtswirkungen gäbe.

##### (a) *Breach of contract*

Zunächst setzte sich der *Chief Judge* mit dem geltend gemachten Anspruch aufgrund einer Vertragsverletzung auseinander.[174] Zwei miteinander verbundene Fragen wurden von ihm als maßgebend für das Vorliegen eines Vertrages angesehen: zum einen, ob ein Rechtsbindungswille (*intention to create legal obligations*) vorlag, zum anderen, ob der Erklärung in ausreichender Weise ein Versprechenscharakter (*promissory nature*) innewohnte.

172 Vgl. zu diesem und den folgenden Argumenten, ebenda, S. 506.

173 [1989] NSWLR 502, 520 ff.

174 Ebenda, S. 521 ff.

Hinsichtlich ersterem bezog sich *Chief Judge Rogers* auf das Lehrbuch von *Greig* und *Davis*: Es sei auf die Erklärung als Ganzes vor dem Hintergrund der wirtschaftlichen Praxis des konkreten wirtschaftlichen Bereichs abzustellen.[175]

Der Richter akzeptierte, daß es sich bei der abgegebenen Erklärung nicht um eine Garantie beziehungsweise um eine Bürgschaft handelte. Daraus ließ sich seiner Ansicht aber nicht folgern, daß ein Rechtsbindungswille ganz fehle. Schließlich sei es in den Verhandlungen zwischen den Parteien um eine Kreditgewährung in Höhe von US$ 5 Mio gegangen. Außerdem habe die Klägerin dabei deutlich gemacht, daß es ihr auf einen „*strong letter*" ankomme. Mithin gehe es hier nicht um eine subsidiäre Haftung im Sinne eines Bürgen oder eines Garanten, sondern um einen Anspruch auf Schadenersatz wegen Nichteinhaltung bestimmter Zusagen. Hierbei allerdings bestünden erhebliche Probleme hinsichtlich der Kausalität.

In einer vielzitierten Passage[176] macht *Chief Judge Rogers* deutlich, weshalb hier letztlich ein Rechtsbindungswille anzunehmen sei:

> *„There should be no room in the proper flow of commerce for some purgatory where statements made by businessmen, after hard bargaining and made to induce another person to enter into a business transaction would, without any express statement to that effect, reside in a twilight zone of merely honourable engagement. The whole thrust of the law today is to attempt to give proper effect to commercial transactions. It is for this reason that uncertainty, a concept so much loved by lawyers, has fallen into disfavour as a tool for striking down commercial bargains. If the statements are appropriately promissory in character, courts should enforce them when they are uttered in the course of business and there is no clear indication that they are not intended to be legally enforceable."*

Die Vorgehensweise von *Chief Judge Rogers* entspricht vom Ansatz her derjenigen von Richter *Hirst* in der ersten Instanz vor der *Queen's Bench Division* in *Kleinwort Benson*. Der *Chief Judge* kritisiert dabei in diesem Zusammenhang die zweitinstanzliche Lösung des englischen *Court of Appeal* in *Kleinwort Benson*, in der auf eine genaue Berücksichtigung des Wortlauts Wert gelegt wird, heftig: „*... it is inimical to the effective administration of justice in commercial disputes that a court should use a finely tuned linguistic fork.*"

Die Auslegung der Patronatserklärung selbst stellte sich nach *Chief Judge Rogers* wie folgt dar:

175 Greig/Davis, The Law of Contract, S. 229 f.

176 Vgl. nur: Freehill, Hollingdale & Page, IBL 1990, 289; Ellinger/Havey, JBL 1991, 283.

Dem ersten Absatz der Erklärung („*We confirm that we are aware ...*“) wurde ein vertraglicher Verpflichtungsgehalt knapp und ohne Begründung abgesprochen.

In den Ausführungen zum zweiten Absatz unterteilte *Chief Judge Rogers* diesen in a): die erklärte Absicht (*intention*) von *Australian National Industries*, ihre Anteile an *Spedley Securities* nicht zu veräußern und b): für den Fall, daß dies doch geschehe, *Banque Brussels Lambert* 90 Tage vorher zu informieren.

Danach begründe jedenfalls Absatz b) eine vertragliche Verpflichtung. Entgegen der Ansicht der Beklagten schränke auch der Ausdruck „*however*“ diese nicht ein. Auch trotz dieses Wortes bedeute das Versprechen, innerhalb von 90 Tagen über einen Verkauf zu informieren, für die Klägerin einen klaren Vorteil. Dieser bestehe letztendlich darin, daß sie Erstattung der Kreditverbindlichkeiten verlangen könne.

Die Frage, ob auch der dritte Absatz einen vertraglichen Verpflichtungscharakter habe, war nach Ansicht des Richters eine sehr viel schwieriger zu beantwortende. Der vertragliche Charakter erschließe sich allerdings deutlicher, wenn man den dritten Absatz folgendermaßen umformulierte: „*It is our practice to ensure that Spedley Securities is at all times in a position to repay all loans made to it by your Bank.*“ Zwischen dieser Formulierung und „*We promise to ensure that ...*“ sei kein Unterschied zu sehen. Letztere sei eindeutig vertraglichen Charakters.

Mithin begründe der *comfort letter* eine vertragliche Verpflichtung, gegen welche die Klägerin verstoßen habe. Dementsprechend behandelte *Chief Judge Rogers* die weiteren vorgebrachten Anspruchsgrundlagen nur knapp.

### *(b) Breach of warranty*[177]

Das *common law* unterscheidet bei Zusagen, die Vertragsbestandteil geworden sind (*terms*), zwischen *warranties* und *conditions*. Der Unterschied zeigt sich in den Rechtsfolgen bei Nichteinhaltung (*breach*) des jeweiligen *term*. Wird eine *warranty* nicht eingehalten, so ist der Vertragspartner berechtigt, Schadenersatz wegen *breach of contract* zu verlangen. Er ist grundsätzlich jedoch nicht berechtigt, sich vom Vertrag zu lösen. Denn eine *warranty* wird nicht als ein so wesentlicher Vertragsbestandteil angesehen, daß ein Verstoß gegen sie eine Vertragauflösung möglich machen

177 Banque Brussels Lambert SA v Australian National Industries, [1989] NSWLR 502, 526

soll. Anders ist es, wenn eine *condition* nicht eingehalten wird, da sie für den Vertrag wesentlich ist, sie also die Grundlage des Vertrages ausmacht. In einem solchen Fall hat die andere Partei das Recht, sich vom Vertrag zu lösen. Ob eine *condition* oder nur eine *warranty* vorliegt, ist Sache der Vertragsauslegung.[178]

Hier machte die Klägerin geltend, daß die Beklagte schon bei Abgabe der Patronatserklärung vorgehabt habe, ihre Anteile zu reduzieren. Außerdem sei es schon zu diesem Zeitpunkt nicht die Geschäftspolitik der Beklagten gewesen, dafür zu sorgen, daß *Spedley Securities* immer in der Lage sei, ihren Verpflichtungen nachzukommen. Somit habe sie eine Zusicherung nicht eingehalten, die eine *warranty* darstellte. Deshalb sei ein Schadenersatzanspruch wegen eines *breach of warranty* gegeben.

*Chief Judge Rogers* folgte diesem Vortrag nicht: Es gebe keine Anhaltspunkte dafür, daß die Zusicherungen von Beginn an nicht eingehalten werden sollten. Insbesondere ergebe sich das entgegen der Ansicht der Klägerin nicht schon daraus, daß sich der Verwaltungsrat der Beklagten mit den beiden Zusicherungen nicht befaßt habe.

### *(c) Section 52 Trade Practices Act 1974 (Cth)*[179]

*Section* 52 des *Trade Practices Act* 1974 (*Cth*) lautet in Abs. 1: „*A corporation shall not, in trade or commerce, engage in conduct that is misleading or deceptive.*“ Die Vorschrift verbietet Gesellschaften ein Verhalten, das irreführend oder täuschend ist beziehungsweise wirken kann.[180] Ein Verstoß kann einen Schadenersatzanspruch des Geschädigten auslösen. Bei dem *Trade Practices Act* 1974 handelt es sich um ein Gesetz, das vom Commonwealth of Australia erlassen wurde. Daher kommt der Zusatz „(Cth)“.

Der auf diese Vorschrift gestützte Schadenersatzanspruch der Klägerin verursachte nach Ansicht des *Chief Judge* erhebliche Probleme. Auf Beklagtenseite wurde geltend gemacht, daß man im Laufe der Zeit die Existenz der Patronatserklärung vergessen und bei Verkauf der Anteile gar

---

178 Vgl. hierzu und allgemein zur Unterscheidung zwischen conditions and warranties: Treitel, S. 689 ff.; Allan/Hiscock, S. 302 ff. u. 322 ff.; Henrich, S. 46; Giesen, JZ 1993, 19 ff.; Triebel/ Hodgson/Kellenter/Müller, Rnn. 157 ff.

179 Banque Brussels Lambert v Australian National Industries [1989] NSWLR 502, 526 ff.

180 Vgl. zu dieser Auslegung: Banque Brussels Lambert v Australian National Industries [1989] NSWLR 503, 526 f. und Pugh-Thomas, JIBL 1990, 344.

nicht an sie gedacht habe. Es stellte sich mithin für das Gericht die Frage, ob das Nichtwissen und das damit einhergehende Schweigen ein irreführendes oder täuschendes Verhalten im Sinne von Sec. 52 *Trade Practices Act* darstellte:

Nach Ansicht des Gerichtes sei unter Berücksichtigung des zur Anspruchsbegründung wegen *breach of warranty* Gesagten festzustellen, daß eine Änderung der Absichten hinsichtlich des Anteilverkaufs stattgefunden habe. Maßgebend sei mithin, ob aufgrund Sec. 52 *Trade Practices Act* eine Pflicht der Beklagten bestanden habe, die Klägerin über eine solche Änderung zu informieren. Vor dem Hintergrund, daß der Klägerin schon aus anderen Gründen ein Anspruch zugesprochen wurde, ließ *Chief Judge Rogers* diese Frage letztendlich offen. Allerdings erscheint die Tendenz erkennbar, einen Anspruch auf Grundlage des *Trade Practices Act* – jedenfalls aus Gründen der Beweislast – zu verneinen.[181]

*(d) Estoppel*[182]

Erfolg hatte die klagende *Banque Brussels Lambert* dagegen mit dem Vorbringen, daß es der Beklagten verwehrt sein müsse, sich auf die Unrichtigkeit der in der Patronatserklärung gemachten Zusagen zu berufen und deren Nichtverbindlichkeit zu behaupten.

Dieses Vorbringen betrifft die Grundsätze des *estoppel*. Diese stehen im Zusammenhang mit der schon erwähnten *consideration*-Lehre des *common law*. Nach den Regeln der *consideration*-Lehre reicht für eine wirksame *consideration* eine in der Vergangenheit erbrachte Leistung nicht aus: *consideration must not be past.*[183] Neuere Entscheidungen, beginnend mit der englischen Entscheidung in *Central London Property Trust Ltd v High Trees House Ltd*,[184] haben jedoch deutlich gemacht, daß die Gerichte bestrebt sind, die unbilligen Ergebnisse der *consideration*-Lehre in diesem Zusammenhang einzudämmen. Danach kann sich, wer eine Tatsache in der Absicht behauptet, daß sich der Vertragspartner darauf verlassen kann, auf die Unwahrheit nicht berufen, wenn der andere tatsächlich im Vertrauen auf seine Erklärung zu seinem Nachteil gehandelt hat und diese sich später

---

181 Vgl. Banque Brussels Lambert v Australian National Industries [1989] NSWLR 503, 529; Cheshire-Fifoot/Seddon, austral. Ausgabe, Rn. 312.

182 Banque Brussels Lambert SA v Australian National Industries [1989] NSWLR 502, 529 f.

183 Roscorla v Thomas [1842] 3 QB 234; vgl. auch Chitty/Treitel, S. 180 ff.

184 [1947] KB 130.

als unwahr herausstellt.[185] Er ist insoweit nach dieser sogenannten *doctrine of promissory* oder *equitable estoppel* mit seinem Einwand ausgeschlossen (*estopped*).[186]

Nach englischem Recht berechtigt ein solches Versprechen den Versprechensempfänger allerdings nicht zu einer Klage. Er kann sich lediglich mit dem Einwand wehren (*shield*); ihm steht dagegen kein Anspruch zu (*sword*).[187] In Australien hat die *doctrine of promissory estoppel* dagegen keine dementsprechende Einschränkung erfahren. Durch die Entscheidung in *Waltons Stores (Interstate) Ltd v Maher*[188] wurde die *doctrine of promissory estoppel* in Australien vielmehr auch zu einem Anspruchsmittel.

In dem Fall *Waltons Stores (Interstate) Ltd* (*Waltons*) v *Maher* hatte *Waltons* mit *Maher* über den Bau eines Geschäftsgebäudes auf einem Grundstück von *Maher* und dessen Vermietung an *Waltons* verhandelt. Die Anwälte von *Waltons* informierten die Anwälte von *Maher* in der Folgezeit darüber, daß mit einer abschließenden Zustimmung ihrer Mandantin kurzfristig zu rechnen sei und sie mitteilen würden, falls Schwierigkeiten aufträten. Die Anwälte von *Maher* warteten einige Tage und schickten dann, als die Gegenseite sich nicht meldete, den von ihrer Seite unterzeichneten Mietvertrag an die Anwälte von *Waltons* „*by way of exchange*". Für zwei Monate hörten sie nichts von *Waltons*. Tatsächlich wurde der Vertrag nie unterschrieben, da *Waltons* kurzfristig ihre Vertriebspolitik änderte. In der Zwischenzeit riß *Maher* die alten Gebäude auf dem Grundstück ab und begann das neue Geschäft zu bauen. Zu diesem Zeitpunkt nahm *Waltons* vom Vertrag Abstand. *Maher* verlangte daraufhin im Wege einer Widerklage Feststellung, daß *Waltons* nicht einwenden dürfe, ein wirksamer Vertrag bestünde nicht, und hilfsweise auf Schadenersatz.

Die (Wider-)Klage war in allen Instanzen erfolgreich, ohne daß auch nur ein Richter eine abweichende Meinung veröffentlichte. Vor dem *New South Wales Supreme Court* und dem *Court of* Appeal hatte *Maher* Erfolg mit der Begründung, daß *Waltons* „*estopped* „sei, das Vorliegen eines wirksamen Vertrages nicht anzuerkennen. Der *High Court* ließ kein weiteres Rechtsmittel zu. *Waltons* wurde zu Schadenersatz verurteilt.

Aus den Urteilsgründen, die sich in den Ausführungen der einzelnen Richter teilweise unterscheiden, ergibt sich, daß nach australischem Recht

---

185 Central London Property Trust v High Trees House Ltd [1947] KB 130.

186 Vgl. James, S. 289; Triebel/Hodgson/Kellenter/Müller, Rn. 81.

187 Combe v Combe [1951] 2 KB 215; vgl. auch Chitty/Treitel, S. 219; Henrich, S. 42.

188 (1988) 164 CLR 387 = 76 AustralLR 513.

mit Hilfe des *estoppel* ein Versprechen durchgesetzt werden kann: Sinn der Doktrin sei es zu verhindern, daß *Waltons* die Vereinbarung in Abrede stellen und daß *Maher* dementsprechend aufgrund dieser klagen könne. Die *doctrine of promissory estoppel* wurde in Australien, im Anschluß an den englischen *High Trees*-Fall, aufgrund des *Waltons*-Falles zu einem Anspruchsmittel:[189]

> *„The foregoing review of the doctrine of promissory estoppel indicates that the doctrine extends to the enforcement of voluntary promises on the footing that a departure from the basic assumptions underlying the transaction between the parties must be unconscionable ... To express the point in the language of promissory estoppel the appellant is estopped in all the circumstances from denying its implied promise to complete the contract.“*

Insoweit geht das australische Recht weiter als das englische in der oben genannten Entscheidung *Combe v Combe*: Die *doctrine of promissory estoppel* kann im australischen Recht auch ein *sword* begründen.[190]

Die klagende *Banque Brussels Lambert* hatte in *Banque Brussels Lambert SA v Australian National Industries Ltd* Erfolg mit dem geltend gemachten Anspruch, daß es der Beklagten verwehrt sein müsse, sich auf die Unrichtigkeit der in der Patronatserklärung gemachten Zusage zu berufen und deren Nichtverbindlichkeit zu behaupten.[191] *Chief Judge Rogers* kam aufgrund der Beweisaufnahme zu der Auffassung, die Beklagte habe gewußt, daß die Klägerin glaubte, eine Kreditsicherheit in den Händen zu haben, die eine rechtliche Verpflichtung darstelle. Im Anschluß an die Entscheidung in *Waltons Stores (Interstate) Ltd v Maher* sei es unter den gegebenen Umständen seitens der Beklagten unredlich gewesen, die Klägerin nicht von ihrem Irrtum zu befreien. Das ergebe sich aus den dargestellten Grundsätzen des *promissory estoppel* im australischen Recht. Insoweit gebe das australische Recht eine weitere Anspruchsgrundlage, die dem englischen *Court of Appeal* in *Kleinwort Benson* nicht zur Verfügung stand.

### *(e) Unjust enrichment*[192]

Abschließend machte die Klägerin einen Anspruch aus ungerechtfertigter Bereicherung geltend. Dabei mußte sie einräumen, daß sie keine Gerichts-

---

189 Mason CJ und Wilson J in: Waltons Stores (Interstate) Ltd v Maher [1988] 164 CLR 387, 406.

190 Vgl. Pugh-Thomas, JIBL 1990, 344; Cheshire-Fifoot/Seddon, austral. Ausgabe, Rnn. 243 ff. u. Rn. 312; Ladbury/Paterson, IBL 1997, 32.

191 Banque Brussels Lambert SA v Australian National Industries Ltd [1989] NSWLR 502, 529 f.

192 Vgl. ebenda, 530 f.

entscheidungen zur Unterstützung ihrer Anspruchsbegründung vorlegen konnte. Die Begründung wurde in folgenden Schritten vorgetragen:

Die Zusage der Beklagten, die Klägerin 90 Tage vor einer anstehenden Veräußerung des Unternehmens zu informieren, sei nicht eingehalten worden. Daher sei die Veräußerung der Gesellschaftsanteile unrechtmäßig erfolgt. Aufgrund der unrechtmäßigen Veräußerung der Geschäftsanteile konnte ein Kaufpreis von A$ 14 Millionen erzielt werden. Wenn die Klägerin informiert worden wäre, hätten die Anteile gar nicht, jedenfalls nicht für diesen Preis veräußert werden können. Daher sei die Beklagte aufgrund ihres unrechtmäßigen Verhaltens auf Kosten der Klägerin rechtswidrig bereichert worden.

*Chief Judge Rogers* setzte sich nur sehr kurz mit einem Anspruch aus ungerechtfertigter Bereicherung auseinander: Da ein solcher Anspruch nach dem Klägervorbringen auf dem Vertragsbruch basiere, eröffne er keine neuen Aspekte. Der Klage wäre dann schon aus anderen Gründen stattgegeben worden, so daß dieser Anspruch zu vernachlässigen sei.

### *bb. Entscheidungsgründe hinsichtlich der Rechtsfolgen*[193]

Das zweite Teilurteil im Fall *Banque Brussels Lambert SA v Australian National Industries Ltd* hatte Fragen zur Kausalität und zum Schadenersatz zum Gegenstand, die in der ersten Entscheidung ausgeklammert worden waren. Die hierfür maßgebenden Teile der Patronatserklärung waren das Versprechen von *Australian National Industries*, *Banque Brussels Lambert* 90 Tage vor einen beabsichtigten Verkauf der Anteile an *Spedley Securities Holdings* zu informieren sowie die Zusage, es sei ihre Praxis, dafür zu sorgen, daß ihre Tochtergesellschaft jederzeit in der Lage sei, ihren Verbindlichkeiten nachzukommen.

Im Hinblick auf das erste Versprechen setzte sich *Chief Judge Rogers* mit der Frage auseinander, ob der Bruch des Versprechens ursächlich für den Verlust der *Banque Brussels Lambert* gewesen sei. Er bejahte dies: Aufgrund besonderer Umstände, die *Australian National Industries* betrafen, sei es für diese überaus wichtig gewesen, daß sie ihre Anteile an *Spedley Securities Holdings* vor dem 31. Januar 1989 verkaufte. Wenn *Australian National Industries* im Januar 1989 an die Existenz des *comfort letter* erinnert worden wäre, hätte sie Verhandlungen mit der Klägerin aufgenommen. Diese hätten in der Zahlung der noch offenen Kreditverbindlichkeiten resultiert. Dies begründe die maßgebliche Kausalität zwischen dem Versprechen gegenüber *Banque Brussels Lambert* und dem ihr entstandenen Schaden.

---

193 Unveröffentlicht, zitiert nach: Freehill, Hollingdale & Page, IBL 1990, 481 u. Cooper, JBFLP 1990, 287.

Dem Vorbringen der Beklagten, zum einen sei der Schaden zu entfernt sowie nicht vorhersehbar gewesen und zum anderen hätten die Parteien bei Vertragsschluß an einen solchen nicht gedacht, folgte der *Chief Judge* nicht: Es sei nicht notwendig, daß an die genaue Art des Schadens von den Parteien bei Vertragsabschluß habe gedacht werden müssen. Auch sei der Schaden kein zu entfernter, denn die tatsächliche oder ernsthafte Möglichkeit eines Schadens aufgrund eines Anteilsverkaufs ohne vorherige Mitteilung sei sehr wohl bei Vertragsschluß berücksichtigt worden.

Hinsichtlich der Aussage über die Geschäftspolitik kam *Chief Judge Rogers* zu folgender Bewertung: *Australian National Industries* habe es unterlassen, dafür zu sorgen, daß *Spedley Securities* in der Lage war, ihren Verbindlichkeiten gegenüber *Banque Brussels Lambert* nachzukommen. Das Unterlassen löse zwar keine Sekundärhaftung aus, wie es bei einer Bürgschaft oder Garantie der Fall wäre. Allerdings begründe es eine Haftung in dem Sinne, daß *Australian National Industries* an *Banque Brussels Lambert* Ersatz für den Schaden zu leisten habe, den letztere durch die Versäumnis von *Australian National Industries* erlitten habe.

*Banque Brussels Lambert* wurde von *Australian National Industries* die Summe zugesprochen, die *Spedley Securities* ihr schuldete. Davon war allerdings der Betrag abzuziehen, den *Banque Brussels Lambert* aus der Konkursmasse von *Spedley Securities* erhalten hatte.

Im Ergebnis wurde der Klägerin als Schadenersatz ein Betrag zuerkannt, der in der Höhe einem Anspruch aufgrund einer seitens *Australian National Industries* eingegangenen Garantie- oder Bürgschaftsverplichtung entsprach.[194]

### c) *Bewertung der Entscheidung des Supreme Court*

Gegenstand der Kommentierungen in der australischen[195] und englischen[196] Literatur war fast ausschließlich der erste Teil des Urteils hinsichtlich des grundsätzlichen Verpflichtungsgehalts. Der zweite Teil wurde offenbar als logische Folge betrachtet.

Aus der Entscheidung des *Supreme Court of New South Wales* kann nicht gefolgert werden, daß jede Patronatserklärung notwendigerweise eine rechtliche Verpflichtung begründet. Die Bindungswirkung des Urteils bezieht sich nur auf den konkreten Fall. Lediglich im Hinblick auf eine Er-

194 Vgl. Freehill, Hollingdale & Page, IBL 1990, 481.
195 Z.B. Tyree, JCL 1989, 279; Howard, AustralBLR 1990, 188.
196 Z.B. Shirbin/Utz, JIBL 1990, N-62; Stumbles, BJIBFL 1990, 172.

klärung mit gleichem Wortlaut ist es daher möglich, auf einen rechtlichen Verpflichtungsgehalt zu schließen.[197]

In seinen Gründen unterscheidet sich das Urteil von *Chief Judge Rogers* in *Banque Brussels Lambert v Australian National Industries* erkennbar von denjenigen des *Supreme Court of Victoria* in *Commonwealth Bank of Australia v TLI Management*. Die Unterschiede beziehen sich nicht nur auf den Wortlaut der Patronatserklärungen, sondern auch auf die Begründung und auf das Ergebnis. Richter *Tadgell* vom *Supreme Court of Victoria* orientierte sich von der Begründung her an der Entscheidung des englischen *Court of Appeal* in *Kleinwort Benson v Malaysia Mining Corp.*[198] *Chief Judge Rogers* tat das nicht, weshalb er ohne Schwierigkeiten zu einem anderen Ergebnis als der englische *Court of Appeal* gelangen konnte. Vielmehr richtete er sich nach der erstinstanzlichen Entscheidung von Richter *Hirst*.

Die offene Divergenz des Ergebnisses von *Banque Brussels Lambert* zu *Kleinwort Benson* und die ausdrückliche Kritik des englischen *Court of Appeal* stehen im Mittelpunkt der gesamten Kommentierungen. Dabei wird die Entscheidung des *Supreme Court of New South Wales* der des englischen *Court of Appeal* fast durchgehend vorgezogen.[199]

Maßgebliches Unterscheidungsmerkmal sind die unterschiedlichen Lösungsansätze der Gerichte: Der englische *Court of Appeal* stellt primär auf den Wortlaut ab und wählt somit einen traditionell analytischen Ansatz. Dagegen berücksichtigt *Chief Judge Rogers* vom *Supreme Court of New South Wales* in erster Linie die wirtschaftlichen Bedürfnisse und folgt damit einem eher funktional-praktischen Ansatz.[200] Insoweit unterscheidet sich die Art und Weise des australischen Rechts festzustellen, ob ein rechtsgeschäftliches Versprechen vorliegt oder nicht, von der des englischen Rechts.[201]

In diesem Zusammenhang gehört auch das von *Chief Judge Rogers* im zweiten Teil der Entscheidung deutlich gemachte Selbstverständnis seiner Position, die einen freieren, praxis-orientierteren Umgang mit Erklärungen aus einem wirtschaftlichen Umfeld erlaubt:[202]

---

197 Vgl. auch: Freehill, Hollingdale & Page, IBL 1990, 289; Pascoe, CSLJ 1990, 422.

198 Vgl. dazu auch: Cheshire-Fifoot/Seddon, austral. Ausgabe, Rn, 312, S. 180.

199 Vgl. nur: Tyree, JCL 1989, 282; Howard, AustralBLR 1990, 192.

200 So auch: Tyree, JCL 1989, 282; Shirbin/Utz, JIBL 1990, N-63; Pascoe, CSLJ 1990, 422; Wittuhn, RIW 1990, 496.

201 Vgl. Pascoe, CSLJ 1990, 422.

202 Banque Brussels Lambert SA v Australian National Industries v. 5. Okt. 1990, unveröffentlicht, zitiert nach Freehill, Hollingdale & Page, IBL 1990, 481 u. Cooper, JBFLP 1990, 287 f.

*„To my mind, one rationale for having a specialist Commercial Division within the Court, is to provide, for the determination of commercial disputes, judges with experience and understanding of the ways and practices of commercial persons. This goes beyond understanding how insurance and banking work and rendering it unnecessary to explain the usual practices. Day in and day out the judges are exposed to the actions and reactions of people in commerce to the many problems which confront them. This exposure builds up a store house of experience on which the judges can draw cases such as the present ...“*

Oder an anderer Stelle:[203]

*„Courts will become irrelevant in the resolution of commercial disputes if they allow (minute textual analysis) to dominate their consideration of commercial (disputes).“*

Aus den vorstehend zitierten Ausführungen wird allgemein gefolgert, daß australische Gerichte eher dazu tendieren, Patronatserklärungen einen rechtsgeschäftlichen Verpflichtungsgehalt zuzuweisen.[204] Um eine vertragliche Haftung auszuschließen, soll es mithin ratsam sein, das Fehlen eines Rechtsbindungswillens ausdrücklich in der Erklärung zu vermerken.[205]

Diese Aussage kann jedoch nur mit einiger Vorsicht übernommen werden: *Banque Brussels Lambert SA v Australian National Industries* wurde ebenso wie *Commonwealth Bank of Australia v TLI Management* von einem Einzelrichter vor einem bundesstaatlichen Gericht entschieden. Insoweit hat das Urteil schon von vornherein eine beschränkte Rechtsbindung. Es ist jedoch insoweit der allgemeinen Ansicht zu folgen, daß eine Tendenz der australischen Gerichte zu existieren scheint, die größeren Wert auf die wirtschaftlichen Bedürfnisse legen. Deshalb kann jedenfalls von einer *persuasive authority* der Entscheidung ausgegangen werden. Das gilt insbesondere vor dem Hintergrund, daß die Entscheidung erhebliche, auch internationale Beachtung und Zustimmung gefunden hat.

Bemerkenswert an dem Urteil ist ferner, daß sich das Gericht als erstes überhaupt mit weiteren möglichen Anspruchsgrundlagen auseinandersetzte. Sogar ein Anspruch aufgrund Gesetzes, nämlich aufgrund *Section* 52 *Trade Practices Act* 1974 (*Cth*), wurde geprüft, wenngleich wegen der besonderen Umstände offengelassen.[206] Da der Richter der Klage schon wegen Vertragsbruches stattgab, behandelte er weitere Anspruchsgrundlagen nur am

203 Banque Brussels Lambert SA v Australian National Industries [1989] NSWLR, 502, 523.

204 Vgl. Stumbles, BJIBFL 1990, 173; Pugh-Thomas, JIBL 1990, 344; Pascoe, CSLJ 1990, 422; Cooper /Fox, JBFLP 1990, 67 u. 71.

205 So Shirbin/Utz, JIBL 1990, N-63; Pascoe, CSLJ 1990, 422.

206 Vgl. dazu oben, S. 66 f. Die besonderen Umstände lagen darin, daß die Mitarbeiter der Beklagten vortrugen, die Existenz des comfort letter vergessen zu haben.

Rande. Dementsprechend sind die Bewertungsmöglichkeiten dieser *obiter dicta* beschränkt.

Erwähnenswert ist ferner, daß der Klägerin auch ein *estoppel*-Anspruch zugestanden wurde. Aufgrund der diesbezüglichen Grundsätze ist eine Haftung im außervertraglichen Bereich grundsätzlich ohne Schwierigkeiten möglich.[207] Dies bedeutet, daß gegebenenfalls auf dieser Grundlage ein *comfort letter* sogar dann eine Haftung begründen kann, wenn die Parteien ausdrücklich ihre Absicht niedergelegt haben, keine vertragliche Verpflichtung zu begründen.[208] Insoweit kann angenommen werden, daß es neben der ausdrücklichen Klarstellung, eine vertragliche Haftung sei nicht gewollt, notwendig ist, in der Erklärung eindeutig jeglichen Verpflichtungsgehalt und -willen abzulehnen.[209] Eine solche Patronatserklärung dürfte dann aber wohl kaum vom Empfänger akzeptiert werden. Es obliegt mithin dem Erfindungsreichtum potentieller Verwender, Formulierungen zu finden, die lediglich eine moralische Verpflichtung begründen, ohne daß dies ausdrücklich erklärt werden muß. Der Raum für Patronatserklärungen ohne Verpflichtungsgehalt wird dann aber geringer.[210]

Auch insoweit, als das Urteil weitere, grundsätzlich mögliche Anspruchsgrundlagen neben der Haftung aufgrund Vertragsbruchs aufzeigt, hat es einen besonderen Stellenwert.

Schließlich ist noch erwähnenswert, daß in dem Urteil zum ersten Mal in der Rechtsprechung des *common law* eine Unterscheidung von Patronatserklärungen nach ihren jeweiligen Verpflichtungsgehalten in „*strong*“ und „*weak*“ *letters of comfort* angedeutet wird.[211] Diese Bezeichnung und Abgrenzung hat sich in der Rechtspraxis allgemein mittlerweile durchgesetzt.[212] Dabei sollen unter den „*strong*“ *comfort letters* solche Erklärungen zu verstehen sein, die eine garantie- beziehungsweise bürgschaftsähnliche Haftung auslösen.[213]

---

207 Cheshire-Fifoot/Seddon, austral. Ausgabe, Rnn. 243 ff. u. Rn. 312.

208 Cooper/Fox, JBFLP 1990, 72.

209 So: Cooper/Fox, ebenda.

210 Ähnlich Cooper/Fox, JBFLP 1990, 73.

211 Vgl. Banque Brussels Lambert SA v Australian National Industries Ltd, [1989] NSWLR 502, 513, 521.

212 Vgl. Smart, IBL 1978, 296; Stoakes, Euromoney 1986, 181; Sacasas/Wiesner, BLJ 1987, 333; Sacasas, BLJ 1989, 180; Wittuhn, McGillLJ 1989/90, 491, 499; Elland-Goldsmith, RDAI/IBLJ 1994, 537.

213 Vgl. Banque Brussels Lambert SA v Australian National Industries Ltd, unveröffentlicht, zitiert nach: Freehill, Hollingdale & Page, IBL 1990, 48; Wood, Comparative Law, S. 348; Elland-Goldsmith, RDAI/IBLJ 1994, 528; Wittuhn, McGillLJ 1989/90, 504.

### 4. *Esanda Finance Corporation Ltd v Wordplex Information Systems Ltd, Supreme Court of New South Wales* vom 27. Februar 1990[214]

Das erste Teilurteil in *Banque Brussels Lambert* vom 12. Dezember 1989 zeigte schon nach zwei Monaten erste praktische Auswirkungen im Sinne einer Rechtsbindung: Wieder hatte sich der *Supreme Court of New South Wales* mit einem Fall zu beschäftigen, der eine Patronatserklärung zum Inhalt hatte. Allerdings war diese hier nur mittelbar von Bedeutung.

#### *a) Sachverhalt/Entscheidungsgründe*

Die Hintergründe des Falles waren folgende: *Esanda Finance Corporation Ltd* (*Esanda*), ein australisches Unternehmen mit Sitz in *New South Wales*, wollte die englische Firma *Wordplex Information Systems Ltd* (*Wordplex Information*) vor dem *Supreme Court of New South Wales* aus einer von *Wordplex Information* abgegebenen Patronatserklärung verklagen. Grund für Patronatserklärung und Klage war eine offene Summe aus einer Leasingverbindlichkeit von *Wordplex Australia*, der in Australien ansässigen (ehemaligen) Tochtergesellschaft von *Wordplex Information*. Die Klage wurde in England zugestellt. *Wordplex Information* bezweifelte die Zulässigkeit der Klagzustellung in England und die Zuständigkeit des *Supreme Court of New South Wales* hinsichtlich des Klagegegenstandes.

Beide Parteien waren offensichtlich bestrebt, den Fall von Gerichten ihres jeweiligen Heimatlandes entscheiden zu lassen. Sie versprachen sich davon offensichtlich, daß die jeweiligen Gerichte ihre Position unterstützen würden: Für *Wordplex Information* war das England aufgrund der restriktiven Rechtsprechung des englischen *Court of Appeal* bezüglich Patronatserklärungen, für *Esanda* wegen der Entscheidung in *Banque Brussels Lambert* der *Supreme Court of New South Wales* in Australien.[215]

Folgender Sachverhalt ging der Auseinandersetzung selbst voraus:[216]

Zwischen *Esanda* und *Wordplex Australia* wurden, unter anderem aufgrund einer Patronatserklärung der englischen Muttergesellschaft *Wordplex Information,* Leasingvereinbarungen getroffen, die eine Verschuldung von *Wordplex Australia* zur Folge hatten. Der von *Wordplex Information*

214 [1990] NSWLR 146.

215 Diese Beweggründe der Parteien sind aus den Urteilsgründen zu ersehen. Vgl. dort, S. 149 u. S. 156.

216 Vgl. Esanda v Wordplex International [1990] NSWLR, 146, 147 ff.

im Hinblick auf die von *Wordplex Australia* eingegangenen Verbindlichkeiten an *Esanda* gerichtete *comfort letter* besaß folgenden Inhalt:[217]

> *„We refer to the general facility of A$ 250,000 by our wholly owned subsidiary Wordplex Australia.*
>
> *This letter confirms that we, Wordplex Information, are aware of the facility and will support our subsidiary company in meeting any liability to your company properly incurred in connection with the operation of the facility.“*

Ende Juli 1989 ging *Wordplex Australia* in Konkurs. Zuvor, kurz vor Bestellung eines Konkursverwalters, veräußerte *Wordplex Information* ihre Anteile an ihrer Tochtergesellschaft. *Esanda* nahm daraufhin *Wordplex Information* wegen der noch offenen Verbindlichkeiten von *Wordplex Australia* aus der Patronatserklärung in Anspruch. *Wordplex Information* wies jedoch jede Verpflichtung von sich. Darauf wollte *Esanda* die englische *Wordplex Information* vor dem *Supreme Court of New South Wales* verklagen und stellte dieser eine dementsprechende Klagschrift in England zu.

Bezüglich der Klagezustellung und der Rechtszuständigkeit des *Supreme Court of New South Wales* berief sich *Esanda* auf *Part* 10 *rule* 1 (1) des *Supreme Court Rules Act* 1970: Danach sei die Zuständigkeit des angerufenen Gerichts jedenfalls dann gegeben, wenn geltend gemacht werden könne, daß die Patronatserklärung eine rechtliche Verpflichtung begründe. *Esanda*s materielle Klagebegründung ähnelte der in *Banque Brussels Lambert: breach of contract* hinsichtlich der Patronatserklärung, *estoppel*, Verstoß gegen den *Trade Practices Act* 1974 und *breach of a duty to take care.*

*Wordplex Information* trug dagegen vor, daß selbst wenn eine rechtliche Verpflichtung zunächst begründet worden sei, diese jedenfalls in dem Moment geendet habe, als sie ihre Anteile verkaufte. Dementsprechend könne *Esanda* keine Verpflichtung aufgrund des *comfort letter* mehr geltend machen, so daß es an einer Zuständigkeit des *Supreme Court of New South Wales* fehle und eine Klage nicht in England zugestellt werden könne.

Der *Supreme Court of New South Wales* hatte in diesem Verfahren lediglich über seine Zuständigkeit und die Zulässigkeit einer Klagzustellung in England zu entscheiden. Maßgebend war hierfür *Part* 10, *rules* 1, 2 und 6 A des *Supreme Court Rules Act* von 1970.

Nach *Part* 10, *rule* 1 (1) kann eine Klagschrift, um ein Verfahren vor einem Gericht in einem australischen Gliedstaat gegen einen ausländischen Beklagten einzuleiten, außerhalb von Australien zugestellt werden,

---

217 Ebenda.

„*(a) where the proceedings are founded on a cause of action arising in the State;*

*(b) where the proceedings are founded on a breach in the State of a contract wherever made ...;*

*(c) where the subject matter of the proccedings is a contract and the contract -*

*(i) is made in the State;*

...

*(iv) is one a breach of which was committed in the State;*

*(d) where the proceedings are founded on a tort committed in the State;*

*(e) where the proceedings, wholly or partly, are founded on, or are for the recovery of damages in respect of, damage suffered in the State caused by a tortious act or omission wherever occurring.*"

Der mit dem Fall befaßte Richter *Giles* war der Ansicht, daß das Vorbringen von *Wordplex Information* eine Klagezustellung in England zur Einleitung eines gerichtlichen Verfahrens vor dem *Supreme Court of New South Wales* in Australien erlaube:[218] Wenn der *comfort letter* eine vertragliche Verpflichtung begründe, die im Zusammenhang mit den Leasing-Verbindlichkeiten von *Wordplex Australia* stünde, seien entweder (a), (b) oder (c) der *rule* 1 (1) einschlägig. Wenn die Klage sich auf den Grundsätzen des *estoppel* gründe, dann wäre wahrscheinlich (a) einschlägig. Wenn die Klage sich auf eine unerlaubte Handlung gründe, dann wären (a), (d) oder (e) einschlägig.

Richter *Giles* folgte mithin dem Vorbringen von *Wordplex Information* nicht, eine etwaige vertragliche Haftung sei jedenfalls in dem Moment erloschen, als sie ihre Anteile verkauft habe. Er war vielmehr der Ansicht, daß ein Ende der Konzernbeziehung nicht unbedingt jede rechtliche Verpflichtung aufgrund der Patronatsbeziehung ausschließe. Zwar könne der Inhalt einer Klausel derart gestaltet sein. Aber auch eine gegenteilige Gestaltung sei denkbar.[219] Dies sei beispielsweise der Fall gewesen in *Chemco Leasing v Rediffusion*. Dort hatte der Patron dem Kreditgeber versichert, bei einer Beteiligungsveräußerung die noch offenen Verbindlichkeiten der Tochtergesellschaft übernehmen zu wollen, wenn der Kreditgeber sich mit den neuen Anteilsinhabern nicht einverstanden erklären würde.[220] In den Fällen *Kleinwort Benson v Malaysia Mining* und *Banque Brussels Lambert v Australian National Industries* hatte der Patron dem Kreditgeber jeweils zugesagt, die Beteiligung nicht ohne Zustimmung des Kreditgebers aufgeben zu wollen, und hatte diesem des weiteren das Recht eingeräumt,

218 Ebenda, S. 150.

219 Ebenda, S. 151.

220 Chemco Leasing SpA v Rediffusion Ltd, CA, [1987] FTLR 201, 203.

noch offene Forderungen fälligzustellen.[221] Richter *Giles* deutete an, daß bei Nichtberücksichtigung der Beendigung der Konzernbeziehung in der Erklärung grundsätzlich von einer Weitergeltung der Verpflichtungen ausgegangen werden müsse: Schließlich sei der Empfänger einer Patronatserklärung dann erst recht an einem Fortbestehen etwaig aus ihr entstehender Verpflichtungen interessiert. Verneine man dagegen grundsätzlich das Fortbestehen, könne jeder *comfort letter* durch Verkauf des Tochterunternehmens unterlaufen werden. Das könne aber kaum der Sinn einer solchen Erklärung sein.

Nach Meinung von Richter *Giles* hatte *Esanda* dementsprechend Möglichkeit einer Haftung aufgrund der Patronatserklärung für eine in England zulässige Klagezustellung im Hinblick auf die Einleitung eines Verfahrens in Australien die in ausreichender Weise dargelegt. Da ansonsten alle Umstände Bezug zu Australien hatten, sei das angerufene Gericht auch zuständig und eine Klagzustellung in England auch statthaft:[222] Der *comfort letter* wurde gegenüber einem australischen Kreditgeber im Zusammenhang mit Wirtschaftsaktivitäten in Australien von einer australischen Gesellschaft abgegeben. Es sei Zufall gewesen, daß die Muttergesellschaft eine ausländische Gesellschaft war. Dieser Gesichtspunkt sei zu vernächlässigen, da sie ihre Tätigkeiten durch eine australische Gesellschaft, ihre Tochtergesellschaft, hatte abwickeln lassen. Darüber hinaus fand eines der Ereignisse, das *Wordplex Information* zu seiner Verteidigung aufführte, nämlich die Veräußerung der Anteile, in Australien statt. Falls der *comfort letter* eine vertragliche Verpflichtung begründe, sei dieser Vertrag in Australien begründet worden. Außerdem müsse aus Gründen der Einheit die Zuständigkeit über die vertraglichen Ansprüche hinaus auch die anderen geltend gemachten Ansprüche umfassen.[223]

Richter *Giles* argumentierte des weiteren: Durch seine Entscheidung werde keine der Parteien benachteiligt oder bevorteilt. Sowohl in England als auch in Australien zögen *comfort letters* nicht automatisch eine Haftung nach sich. Vielmehr seien die Umstände eines jeden einzelnen Falles maßgebend. Insoweit sei durch seine Entscheidung eine Vorentscheidung hinsichtlich des Ausgangs des Rechtstreits nicht gefallen.

---

221 Vgl. Kleinwort Benson Ltd v Malaysia Mining Corp Bhd, QBD, [1988] 1 AllER, 714, 718 und Banque Brussels Lambert SA v Australian National Industries [1989] NSWLR 502.

222 Esanda v Wordplex International [1990] NSWLR, 146, 155.

223 Ebenda, S. 151 ff.

### *b) Bewertung der Entscheidung*

Bei der Bewertung der Entscheidung ist zu berücksichtigen, daß keine intensive Auseinandersetzung mit den Rechtswirkungen der hier in Frage stehenden Patronatserklärung erfolgte und erfolgen mußte. Für die Feststellung der Zuständigkeit des angerufenen *Supreme Court* war ausreichend, daß die Erklärung möglicherweise eine rechtliche Verpflichtung begründen konnte.

*Esanda v Wordplex Information* brachte jedoch insoweit neue Aspekte hervor, als auf die Frage der Fortgeltung von Patronatserklärungen nach Beendigung des zugrunde liegenden Konzernverhältnisses eingegangen wurde. Aus den Entscheidungsgründen kann gefolgert, daß aufgrund des Zwecks einer Patronatserklärung deren Rechtswirkungen nach Beendigung des Konzernverhältnisses grundsätzlich fortgelten müßten, soweit der *comfort letter* keine gegensätzliche Regelung enthält. Es steht den Partein offen, wie verschiedentlich geschehen, eine Klausel in die Erklärung hineinzunehmen, die den Verkauf des Unternehmens untersagt oder von der Zustimmung des Empfängers der Patronatserklärung abhängig macht. Eindeutige Rückschlüsse, wie die australischen Gerichte zukünftig in dieser Frage entscheiden werden, läßt das Urteil aber nicht zu. Es bestärkt allerdings die Rechtsansicht von *Chief Judge Rogers* in *Banque Brussels Lambert v Australian National Industries* hinsichtlich des Verpflichtungsgehaltes von *comfort letters.*

Über einen Fortgang des Rechtsstreits in der Hauptsache vor australischen Gerichten ist nichts bekannt.

## 5. *Australian Bridal Centre Pty Ltd v Dawes Corporation Pty Ltd and Ors, Supreme Court of New South Wales* vom 13. September 1990[224]

### *a) Sachverhalt*

Die *Australian Bridal Centre Pty Ltd* hatte Räumlichkeiten an die *Dawes Corporation Pty Ltd* vermietet. Für die Mietverbindlichkeiten hatten sich bei Vertragsabschluß neben der Mieterin deren damalige Geschäftsführer als Bürgen verpflichtet. Während der Laufzeit des Mietvertrages wurde die Muttergesellschaft der *Dawes Corporation* von einer 100%igen Tochtergesellschaft einer Gesellschaft namens *Hecron* erworben. Im Verlauf der Übernahme schieden die Geschäftsführer der *Dawes Corporation* aus. Wäh-

224 Unveröffentlicht, zitiert nach: Freehill, Hollingdale & Page, IBL 1990, S. 481 f. u. Cooper, JBFLP 1990, 288 ff.

rend der Übernahmeverhandlungen wurden Zusagen des *Managing Director* von *Hecron* gegenüber einem Teil der ehemaligen Geschäftsführer der *Dawes Corporation* dahingehend gemacht, daß *Hecron* aufgrund des Ausscheidens etwaige Verpflichtungen aufgrund der Bürgschaften abdecken würden („*we will cover*") und daß die Bürgschaften alsbald ersetzt werden sollen („*would be addressed in due course*"). Anschließend, nach Abschluß der Übernahme, versuchten die ehemaligen Geschäftsführer der *Dawes Corporation* gegenüber *Hecron*, aus ihren Bürgschaftsverpflichtungen entlassen zu werden, allerdings erfolglos.

In der Folgezeit hatte *Australian Bridal Centre* von der *Dawes Corporation* und deren bürgenden ehemaligen Geschäftsführern Zahlungen wegen noch offener Mietzinsverpflichtungen verlangt und schließlich durch Urteil zugesprochen bekommen. Außerdem erließ das Gericht aufgrund eines sogenannten *cross claim*[225] der ehemaligen Geschäftsführer der *Dawes Corporation* gegen die *Dawes Corporation* eine *order* mit dem Inhalt, daß die *Dawes Corporation* ihren ehemaligen Geschäftsführern den diesen entstandenen Schaden aus der Inanspruchnahme als Bürgen ersetzen müsse. Der Anspruch war allerdings nur von geringem Wert, da die *Dawes Corporation* als Tochtergesellschaft von *Hecron* kein nennenswertes Vermögen besaß.

Die ehemaligen Geschäftsführer der *Dawes Corporation* verklagten daraufhin im Rahmen des bereits anhängigen Verfahrens *Hecron* und dessen *Managing Director*. Sie verlangten Zahlung der in der vorerwähnten *order* festgelegten Summe auf Grundlage der ihnen gegenüber getätigten Zusagen nach *Section* 52 des *Trade Practices Act* 1974 (Cth)[226] als Schadenersatz. Der gegen den *Managing Director* persönlich gerichtete Anspruch gründete sich darauf, daß die ehemaligen Geschäftsführer der *Dawes Corporation* in Vertrauen auf dessen Aussage in Reaktion auf eine Bitte nach „*personal assurance*" gehandelt hätten. Insoweit gründete sich ihr Anspruch neben *Section 52* auch nach *Section* 87 (1A) des *Trade Practices Act* 1974. Danach kann ein Gericht

> „*... (make) such order ... as the Court thinks appropriate against the person who engaged in the conduct or a person who was involved in the contravention ... if the Court considers that the order ... concerned will compensate the (injured) party ... or reduce the loss or damage ...*".

225 „Cross claim" oder „cross complaint" ist eine Klage oder Widerklage gegen einen anderen als den unmittelbaren Prozeßgegner in demselben Verfahren.

226 Zu Sec. 52 Trade Practices Act 1974 und seinem Inhalt vgl. schon oben im Rahmen der Entscheidung zu Banque Brussels Lambert SA v Australian National Industries, S. 66 f.

### b) *Entscheidungsgründe*

Der mit dem Fall befaßte Richter *Cole* vom *Supreme Court of New South Wales* war der Ansicht, daß die ehemaligen Geschäftsführer der *Dawes Corporation* auf die Aussage „*we will cover you*“ von *Hecron* und dessen *Managing Director* vertraut hätten und dies auch durften:[227] Sie hätten dem Fortgang der Übernahme von *Dawes Corporation* durch *Hecron* im Vertrauen darauf zugestimmt, daß sie von ihren Bürgschaftsverpflichtungen befreit werden würden. Da dies nicht geschah, seien sie insoweit von *Hecron* und dessen *Managing Director* im Sinne von *Section* 52 des *Trade Practices Act* irregeführt beziehungsweise getäuscht worden. Sonst hätten sie sich anders verhalten, nämlich der Übernahme durch *Hecron* nicht zugestimmt. Wären die Anteile an *Dawes Corporation* auf ihr Hinwirken aber nicht veräußert worden, wären sie als Geschäftsführer weiterhin in der Lage gewesen, die Geschäftstätigkeit und das Vermögen der *Dawes Corporation* zu kontrollieren. Offensichtlich hätten sie dann die Firma in einer Weise geführt, daß auf die Bürgschaften nicht zurückgegriffen worden wäre und sie dementsprechend keinen Schaden erlitten hätten. Nur aufgrund der unzutreffenden Zusicherung durch *Hecron* sei es letztlich zu einer Inanspruchnahme der ehemaligen Geschäftsführer gekommen.

Richter *Cole* führte weiter aus, daß die gemachte Zusage als eine irreführenden Erklärung (*misrepresentation*) einzuordnen sei, welche arglistig erfolgte. Denn unmittelbar nach Übernahme der *Dawes Corporation* habe *Hecron* mit der Übertragung des Vermögens begonnen, so daß die *Dawes Corporation* ihren Mietverbindlichkeiten nicht mehr nachkommen konnte.

Das Gericht folgte dem Antrag und gab der Klage aufgrund *Section* 52 *Trade Practices Act* sowohl gegenüber *Hecron* als auch in Verbindung mit *Section* 87 (1A) *Trade Practices Act* gegenüber dem *Managing Director* statt. Nach Ansicht von Richter *Cole* hatte *Hecron* gegen *Section* 52 bei Abgabe der Zusicherungen gegenüber den ehemaligen Geschäftsführern von *Dawes Corporation* verstoßen. Die Entscheidung des Gerichts erstreckte sich auch auf den *Managing Director* von *Hecron* persönlich. Er sei derjenige gewesen, von dem die Zusicherung ausging und der sich aktiv an dem von *Hecron* ausgehenden Verhalten beteiligt hätte. Dementsprechend hätte er das Verhalten der ehemaligen Geschäftsführer von *Dawes Corporation* verursacht. Außerdem seien er wegen seiner herausragenden Stellung innerhalb von *Hecron* und des ganzen Konzerns persönlich heranzuziehen.

227 Vgl. zu den Entscheidungsgründen: Cooper, JBFLP 1990, 289 u. Freehill, Hollingdale & Page, IBL 1990, 482.

### c) *Bewertung*

Das Urteil *des Supreme Court of New South Wales* enthält mehrere Besonderheiten, die eine Haftung aufgrund einer Patronatserklärung erweitern.

Zunächst ist zu bemerken, daß es sich hier, wie bei dem schon erwähnten englischem Fall *Walford v Miles*, nicht um einen *comfort letter* im buchstäblichen Sinn handelt. Die maßgebliche Erklärung wurde mündlich abgegeben. Dies macht jedoch auch nach australischem Recht keinen Unterschied.

Des weiteren ist hervorzuheben, daß hier der Verpflichtungsgehalt einer Patronatserklärung ausschließlich aus einer gesetzlichen Vorschrift hergeleitet wird. Die Bejahung der Voraussetzungen von *Section* 52 *Trade Practices Act* 1974 (*Cth*), der in seiner Konstruktion einem Schadenersatzanspruch entspricht, machte es für den Richter entbehrlich, auf die Frage einzugehen, ob die abgegebene Patronatserklärung eine vertragliche Haftung nach sich ziehen würde.

Schließlich ist an dem Urteil in *Australian Bridal Centre* bemerkenswert, daß nicht nur das Unternehmen, in dessen Namen die Patronatserklärung abgegeben wurde, verpflichtet wurde, sondern auch der Erklärende, nämlich der *Managing Director* von *Hecron* selbst. Dies ermöglichte *Section* 87 (1A) *Trade Practices Act* 1974 (*Cth*).

Gegen das Urteil wurde zunächst Rechtsmittel eingelegt; über eine zweitinstanzliche Entscheidung ist aber nichts bekannt. Es ist davon auszugehen, daß der Rechtsstreit außergerichtlich beendet wurde.

## 6. *Capita Financial Group Ltd v Rothwells Ltd*

Der Fall *Capita Financial Group Ltd v Rothwells Ltd* betrifft neben der Auslegung von Patronatserklärungen auch die Ausgleichspflicht zwischen zwei durch diese nebeneinander Verpflichteten. In der ersten Instanz, vor dem *New South Wales Supreme Court*, wurde eine Ausgleichspflicht verneint. Insoweit wurde das Urteil vom *Court of Appeal* aufgehoben.

### a) *Sachverhalt der Entscheidungen*[228]

Die *Lucky Bay Holdings Pty* (*Lucky Bay*) war Eigentümerin eines Gebäudes, welches sie als Treuhänderin für einen *trust* verwaltete. Mitte der achtziger Jahre nahm *Lucky Bay* zur Finanzierung von baulichen Vorhaben ein Darlehen bei *Trans City Holdings Ltd* (*Trans City*) auf. Ein Teil des

---

228 Sachverhalt nach: Capita Financial Group Ltd v Rothwells Ltd [1993], CA, 30 NSWLR 619.

Darlehens wurde von *Trans City* erst bereitgestellt, nachdem sie von zwei mittelbar an dem *trust* Beteiligten getrennte Erklärungen in der Form von sogenannten *letters of comfort* und *letters of undertaking* erhalten hatte. Die Erklärenden sind die Parteien des Rechtsstreits, *Capita Financial Group Ltd* (*Capita*) und *Rothwells Ltd* (*Rothwells*).

Die abgegebenen Erklärungen waren im wesentlichen identisch. Die *comfort letters* hatten unter anderem zum Inhalt, daß[229]

> *„in consideration of (Trans City) agreeing to provide additional financial accomodation to (Lucky Bay) ... the Grantor undertakes to take whatever action required to ensure that ...*[230] *are maintained in a solvent and commercially viable condition ...“*

Der *letter of undertaking* besagte unter anderem, daß

> *„the Grantor irrevocably undertakes to ... maintain the solvency and commercial viabilty of Lucky Bay ...“*

*Capita* kam ihren Verpflichtungen gegenüber *Trans City* nach, indem sie weitere Anteile an dem zugrunde liegenden *trust* erwarb. *Rothwells* verweigerte sich einer wie auch immer gearteten Unterstützung. In der Folge erstrebte die klagende *Capita* eine Feststellung, daß sie berechtigt sei, von *Rothwells* die Hälfte der Leistungen zu verlangen, die sie aufgrund der Erklärungen erbracht habe.

### b) *Entscheidungsgründe der erstinstanzlichen Entscheidung vor Richter Giles, Supreme Court of New South Wales, vom 13. Oktober 1989*[231]

In der erstinstanzlichen Verhandlung machte die beklagte *Rothwells* geltend, eine Ausgleichspflicht könne schon deshalb nicht bestehen, weil die abgegebenen Erklärungen keine Verpflichtung begründeten; die Leistungen von *Capita* seien mithin freiwillig erfolgt.[232]

Dieser Argumentation folgte Richter *Giles* jedoch nicht: Vom Wortlaut her seien die Erklärungen offensichtlich weitergehend als die Erklärung in *Kleinwort Benson v Malaysia Mining Corp.*[233] Der Richter kam zu dem

---

229 Ebenda. Mit „Grantor“ ist der Unterzeichner gemeint, also Capita Financial Group Ltd beziehungsweise Rothwells Ltd.

230 Gemeint sind die verschiedenen am Vorhaben beteiligten Gesellschaften und *trusts*.

231 Unveröffentlicht, zitiert nach: Capita Financial Group Ltd v Rothwells Ltd, CA, [1993] 30 NSWLR 619; Pugh-Thomas, JIBL 1990, 341 f. u. Francis, NZLJ 1993, 187.

232 Capita Financial Group Ltd v Rothwells Ltd, CA, [1993] 30 NSWLR 619, 625.

233 Vgl. Pugh-Thomas, JIBL 1990, 342; Francis, NZLJ 1993, 187.

Schluß, daß eine rechtlich bindende Beziehung beabsichtigt gewesen sei. Er bezog sich dabei auf eine Aussage von Richter *Williams* in *York Air Conditioning and Refrigeration (Asia) Pty Ltd v The Commonwealth.*[234] In den Entscheidungsgründen zu diesem Fall hieß es, daß wenn ein Gericht

> *„comes to the conclusion that the parties intended to make a contract, it will if possible give effect to their intention no matter what difficulties of construction arise."*[235]

Diese Aussage beschreibt allgemein die Vorgehensweise australischer Gerichte bei der Bewertung von Patronatserklärungen: Wenn sie der Ansicht sind, daß ein Rechtsbindungswille vorliegt, wird in der Regel aufgrund der Erklärung eine weitgehende rechtliche Verpflichtung angenommen. Schwierigkeiten hinsichtlich der Auslegung und der Konstruktion des Verpflichtungsgehalts spielen dann nur eine untergeordnete Rolle.[236]

Dennoch wurde die Klage erstinstanzlich abgewiesen: Richter *Giles* war der Ansicht, daß *Rothwells* nicht verpflichtet sei, sich an den Aufwendungen von *Capita* zu beteiligen: Die Parteien seien nicht gleichrangig nebeneinander verpflichtet gewesen (*not under co-ordinate liabilities*) in dem Sinn, daß sie einander ausgleichspflichtig gewesen seien. Jede Partei konnte ihren Verpflichtungen für sich alleine nachkommen, ohne daß die andere Partei zur Erfüllung hätte beitragen müssen. Bei der Verpflichtung aufgrund der verschiedenen *letters* sei es nicht erforderlich gewesen, daß die Parteien gemeinsam handeln mußten. Die abgegebenen Erklärungen hätten den Parteien ausreichend Freiraum gelassen, in welcher Art und Weise sie ihren Pflichten nachkommen konnten und wollten. Aufgrund dieser Wahlmöglichkeiten könne zwischen ihnen keine gleichrangig nebeneinander bestehende Haftung gegeben sein.[237]

### c) *Entscheidungsgründe der zweitinstanzlichen Entscheidung vor dem Court of Appeal vom 2. Juni 1993*[238]

In der Rechtsmittelinstanz ging es lediglich um die Frage der Ausgleichspflicht. *Rothwells* wandte sich nicht mehr gegen die Einordnung der Erklärungen als vertraglich verpflichtend. Dies ist vor dem Hintergrund

234 [1949] 80 CLR 11.

235 York Air Conditioning and Refrigeration (Asia) Pty Ltd v The Commonwealth, [1949] 80 CLR 11, 26.

236 So auch: Pugh-Thomas, JIBL 1990, 342; Francis, NZLJ 1993, 187.

237 Vgl. zu dieser Argumentation: Capita Financial Group v Rothwells Ltd, CA, [1993] 30 NSWLR 619, 626 f.; Macindoe, JIBL 1994, N-96.

238 Capita Financial Group v Rothwells Ltd, CA, [1993] 30 NSWLR 619.

erklärbar, daß seit der erstinstanzlichen Entscheidung die bereits behandelten Urteile *Banque Brussels Lambert v Australian National Industries*, *Esanda Finance Corporation v Wordplex Information Systems* und *Australian Bridal Centre v Dawes Corporation* in *New South Wales* ergingen. Diese haben an einer Verpflichtung aufgrund von Erklärungen, wie sie hier Gegenstand sind, keinen Zweifel gelassen.

Hinsichtlich der Ausgleichspflicht selbst wurde der klagenden *Capita Financial Group* ein Anspruch gegenüber *Rothwells* zuerkannt. Im Rahmen der Auseinandersetzung über eine mögliche Ausgleichspflicht stellte der *Court of Appeal* dabei die allgemeinen Grundsätze des Mitbürgenausgleichs seinen eigentlichen Ausführungen voran:[239] Seit Jahrhunderten, nämlich seit den Erläuterungen von *Lord Chief Baron Eyre* in der Entscheidung *Dering v Earl of Winchelsea*,[240] in der auf das *Statute of Marlborough* (1267) Bezug genommen wurde, sei im *common law* anerkannt, daß, wenn sich zwei Personen unabhängig voneinander einem Kreditgeber gegenüber für die Schuld eines Dritten verbürgen, im Fall der Nichtleistung durch den Dritten folgendes gelte: Erstens, jeder Bürge ist verpflichtet, an den Kreditgeber die gesamte Summe zu zahlen, die der Schuldner diesem gegenüber schuldet. Zweitens, der Kreditgeber kann insgesamt nicht mehr verlangen, als der Schuldner ihm gegenüber schuldet. Drittens, falls einer der Bürgen dem Kreditgeber die gesamte Schuld leistet, kann dieser von dem oder den anderen Bürgen „*in equity*" den auf diesem/diese entfallende(n) Anteil(e) der gezahlten Summe als *contribution* (Ausgleich) ersetzt verlangen.[241] Ein solcher Ausgleichsanspruch besteht im Grundsatz sowohl bei getrennter (*several*) als auch bei gemeinsamer (*joint*) oder gesamtschuldnerischer Haftung (*joint and several liability*).[242] Dieser Grundsatz ist dem Ausgleichsanspruch unter Mitbürgen im deutschem Recht nach §§ 769, 774, 426 BGB vergleichbar.

Nach Ansicht des *Court of Appeal* sei eine derartige *contribution* zwischen Bürgen lediglich als ein Beispiel für eine Ausgleichspflicht zu gleichen Teilen der Mitschuldner untereinander anzusehen. Grundsätzlich müßten Personen, die gleichrangig nebeneinander verpflichtet seien, Verluste auszugleichen, diese Belastung gleichmäßig verteilen.[243] Dieser Grundsatz

239 Ebenda, S. 620 ff.

240 [1787] 1 Cox 318 = 29 ER 1184 = 2 Bos. & Pul. 270.

241 Vgl. auch Berensmann, S. 47 ff. m.w.N und Brink/Habel/Hartwig, Rn. 208.

242 Brink/Habel/Hartwig, Rn. 208.

243 Vgl. Capita Financial Group v Rothwells Ltd, CA, [1993] 30 NSWLR 619, 621 f. mit Hinweis auf: Albion Insurance Co Ltd v Government Insurance Office of New South Wales (1969) 121 CLR 342, 349 ff.

müsse dementsprechend auch dann gelten, wenn mehrere nebeneinander durch Patronatserklärungen verpflichtet seien.[244]

Zu der Ausgleichspflicht zwischen den Parteien zu gleichen Teilen führte das Gericht folgendes aus: *Rothwells*' Vorbringen, die Parteien hätten auf unterschiedliche Art und Weise ihre Verpflichtungen erfüllen können, so daß keine gleichwertige gemeinsame Haftung gegeben sei, könne nicht gefolgt werden. Beide Parteien seien verpflichtet gewesen, für die Solvenz von *Lucky Bay* zu sorgen. Ob sie das durch Zahlung an *Lucky Bay* oder die dahinter stehenden Gesellschaften beziehungsweise *trusts* erreichen wollten, sei allein ihre Sache gewesen und habe keinen Einfluß auf ihre Verpflichtung gegenüber *Trans City* gehabt. Die allein maßgebende Frage sei, ob die Erfüllung der Verpflichtung durch eine Partei gegenüber *Trans City* für die andere schuldbefreiend wirken würde. Dies bejahte das Gericht: Die Verpflichtung sei darin zu sehen, daß ausreichend Geld zur Verfügung gestellt werde, damit die Zahlungsfähigkeit von *Lucky Bay* gewährleistet sei. Der Begriff der Zahlungsfähigkeit sei auch ausreichend, um den Umfang der benötigten Mittel zu bestimmen. Diese Leistung sei allerdings nur einmal seitens der Parteien zu erbringen, soweit anschließend keine Solvenzprobleme mehr aufträten.[245] Dies war hier der Fall.

*d) Bewertung der Entscheidung*

Hinsichtlich der Zuerkennung eines vertraglichen Verpflichtungsgehalts bestimmter Patronatserklärungen erscheint die australische Rechtsprechung schon zu einem erheblichen Umfang gefestigt. Deshalb verzichtete die beklagte *Rothwells* in der Rechtsmittelinstanz darauf, die Entscheidung im Hinblick auf den Verpflichtungsgehalt anzugreifen.

Das Urteil des *Court of Appeal* ist insoweit bedeutsam, als es den Grundsatz der Ausgleichspflicht bei gleichrangigen, nebeneinander stehenden Verpflichtungen auf Patronatserklärungen mit einem Verpflichtungsgehalt ausweitet.[246] Auf den ersten Blick erscheint das als eine konsequente Entscheidung. Allerdings konnte das Gericht nur deshalb relativ unproblematisch zu diesem Ergebnis gelangen, weil es von vornherein davon ausging, daß die Solvenz von *Lucky Bay* mittels Geldleistung zu gewährleisten sei. Aus dem Wortlaut der Erklärungen ergibt sich dies jedoch nicht in solcher Eindeutigkeit. So ist auch eine Ausstattung durch Sachmittel oder Dienstleistungen im Rahmen des Bauvorhabens denkbar. Dann aber ist eine gleich-

---

244 Capita Financial Group Ltd v Rothwells Ltd, CA, [1993] 30 NSWLR 619, 627 ff.

245 Ebenda, S. 627 f.

246 Vgl. Macindoe, JIBL 1994, N-97.

rangige, nebeneinander bestehende Verpflichtung mangels eines bestimmten Leistungsinhalts problematisch.

Das Urteil wirft außerdem die Frage auf, ob *Capita* möglicherweise auch aufgrund eines Bereicherungsanspruches erfolgreich gewesen wäre. Möglich erscheint folgende Argumentation: *Rothwells* könnte „negativ" dadurch bereichert sein, daß sie keine Leistungen gegenüber *Lucky Bay* erbringen mußte. Das wäre ungerechtfertigt, da *Capita* dazu rechtlich verpflichtet war, *Rothwells* dieses wußte und dem auch zugestimmt hatte.[247] Hierauf ging das Gericht jedoch nicht ein.

*Rothwells* legte gegen die Entscheidung Rechtsmittel zum *High Court* ein. Eine gerichtliche Entscheidung erfolgte jedoch nicht. Es ist von einer außergerichtlichen Beendigung des Rechtsstreits auszugehen.

## IV. Tendenzen hinsichtlich der Bewertung von Patronatserklärungen in den verschiedenen Ländern des *common law*

### 1. Vergleich der Behandlung von Patronatserklärungen durch englische und australische Gerichte/Allgemeine Tendenzen

#### *a) Gemeinsamkeiten bei der Auslegung von Patronatserklärungen*

Folgt man der Literatur zur Behandlung von Patronatserklärungen durch englische und australische Gerichte, könnte man den Eindruck gewinnen, daß sich die Gerichte in England und Australien in ihren Bewertungen völlig unterscheiden. Das gilt insbesondere bei Gegenüberstellung der Urteile in *Kleinwort Benson* einerseits und *Banque Brussels Lambert* andererseits.[248] Tatsächlich ist das aber nicht der Fall. Vielmehr sind die Unterschiede überschaubar. Allerdings haben sie, soweit sie bestehen, zum Teil erhebliche Auswirkungen auf die Ergebnisse.

Sowohl englische als auch australische Gerichte verlangen dieselben Voraussetzungen zur Begründung eines vertraglichen Verpflichtungsgehalts eines *comfort letter*. Insbesondere die Entscheidungen in *Kleinwort Benson* und *Banque Brussels Lambert* zeigen, daß nur dann eine vertragliche Haftung begründet wird, wenn (neben anderem):

---

247 Vgl. dazu auch: Macindoe, JIBL 1994, N-97.

248 Vgl. dazu: Buckley, JCL 1993, 62; Wittuhn, McGillLJ 1989/90, 495; Francis, NZLJ 1993, 185 ff., die von „English Legal Principles" und einem „Australian approach" spricht; Pascoe, CSLJ 1990, 420 ff. spricht von „Southern Comfort – The Australian View"; Pugh-Thomas, JIBL 1990, 340 ff. titelt: „Letters of Comfort Revisited: Australia and England Diverge".

- Erklärender und Empfänger des *comfort letter* einen Rechtsbindungswillen (*intention to create legal relations*) haben und
- die Erklärung ein Versprechen enthält und nicht nur eine Wiedergabe von Tatsachen ist, die eine lediglich moralische Verpflichtung begründen.[249]

Auch bestehen dieselben Abgrenzungskriterien eines (rechtlich verbindlichen) *comfort letter* zu anderen Sicherungsmitteln, insbesondere zur *guarantee*. Nach *common law* wird die *guarantee* beziehungsweise der *contract of guarantee* als Vertrag beschrieben, in dem eine Person (*guarantor* oder *surety*) gegenüber dem Gläubiger einer dritten Person (*principal debtor*) verbindlich verspricht, für dessen gegenwärtige oder zukünftige Schuld ihm gegenüber aufzukommen.[250] Charakteristisch für die *guarantee* ist, daß die Haftung des *guarantor* eine sekundäre ist; primär haftet der Hauptschuldner. Eine Haftung des *guarantor* besteht erst, wenn der Hauptschuldner seinen Pflichten aus der Hauptschuld nicht nachkommt.[251]

Nach englisch-australischem Recht ist der eine vertragliche Verpflichtung begründende *comfort letter* in zweifacher Weise von einem *contract of guarantee* abzugrenzen: Zum einen kann eine Patronatserklärung als Rechtsfolge lediglich einen Schadenersatzanspruch begründen, während ein *contract of guarantee* einen genau bestimmten Zahlungsanspruch nach sich zieht. Daran ändert auch nichts, daß in der Regel der Schadenersatzanspruch dem direkten Zahlungsanspruch vom Umfang her entspricht. Denn im Einzelfall können beim ersteren erhebliche Kausalitätsprobleme auftreten.[252] Zum anderen begründet eine (verpflichtende) Patronatserklärung im Gegensatz zur *guarantee* keine sekundäre Verpflichtung sondern eine primäre: Sie ist dem Inhalt der Erklärung nach nicht von der Säumnis eines anderen abhängig.[253] Eine Gleichsetzung von Patronatserklärungen mit *guarantees* ist mithin nicht möglich.[254]

---

249 Vgl. auch: Davidson/Wohl/Daniel, JBFLP 1992, 3.

250 Vgl. Berensmann, S. 14; Andrews/Millett, S. 3; Phillips/O'Donovan, S. 8 mit Hinweisen auf die Rechtsprechung.

251 Andrews/Millett, S. 4; Phillips/O'Donovan, S. 9 ff. Insoweit entspricht der contract of guarantee begrifflich der Bürgschaft i.S.v. § 765 BGB; vgl. dazu: Berensmann, S. 15.

252 So auch: Hirst J in: Kleinwort Benson Ltd v Malaysia Mining Corp Bhd, QBD, [1988] 1 AllER 714, 723; Rogers CJ in: Banque Brussels Lambert SA v Australian National Industries Ltd [1989] NSWLR 502, 522; Francis, NZLJ 1993, 189.

253 Vgl. Rogers CJ in: Banque Brussels Lambert SA v Australian National Industries Ltd [1989] NSWLR 502, 522; Phillips/O'Donovan, S. 21 f.

254 So aber wohl: Wittuhn, McGillLJ 1989/90, 498.

In Betracht könnte da schon eher eine Vergleichbarkeit einiger Arten von Patronatserklärungen mit *contracts of indemnity* kommen.[255] Ein *contract of indemnity* im engeren Sinne ist eine persönliche Einstandsverpflichtung für die Schuld eines Dritten. Sie soll auch dann gültig sein, wenn die Schuld des Dritten nicht besteht. Darüber hinaus wird, weitergehend als aufgrund einer *guarantee*, durch einen solchen Vertrag eine primäre Haftung begründet. Allerdings hat der Begünstigte darzulegen und zu beweisen, daß der die Einstandspflicht auslösende Fall und die daraus resultierende Ursächlichkeit hinsichtlich des Schadenfalles eingetreten ist.[256] Ein *contract of indemnity* begründet von vornherein einen Zahlungsanspruch. Geschuldet ist primär eine Einstandspflicht als Erfüllungsanspruch. Ein (verpflichtender) *comfort letter* begründet dagegen zunächst eine primäre Haftung; vorrangig wird eine Ausstattung oder ähnliches geschuldet. Erst auf der sekundären Ebene, im Falle der Nichterfüllung, zieht ein *comfort letter* einen Schadenersatzanspruch nach sich.

Darüber hinaus ist zweifelhaft, ob die durch einen *comfort letter* begründete Haftung unabhängig von der Existenz der Hauptverpflichtung bestehen soll. Das nämlich ist bei einem *contract of indemnity* der Fall. Wegen der tatsächlichen Verbundenheit von Kredit und Erklärung dürfte dies bei einem *comfort letter* jedoch zu verneinen sein.

### *b) Unterschiede in der Auslegung von Patronatserklärungen*

Will man die gerichtliche Behandlung von Patronatserklärungen in England und Australien unterscheiden und daran allgemeine Tendenzen ausmachen, so sind, wegen ihrer Ausführlichkeit die Entscheidungen in *Kleinwort Benson* und *Banque Brussels Lambert* als Ausgangspunkte für eine Untersuchung heranzuziehen. Hier wird die unterschiedliche Art und Weise der Einordnung und Auslegung von sich inhaltlich weitgehend entsprechenden Erklärungen deutlich, insbesondere hinsichtlich ihres verpflichtenden Charakters.[257]

Die englischen Gerichte stellen bei der Auslegung von Patronatserklärungen überwiegend auf den Wortlaut der konkreten Erklärung ab. Maßgebend ist nicht, ob die Parteien subjektiv eine vertragliche Verpflichtung gewollt haben, sondern ob objektiv aus dem Wortlaut eine solche zu entnehmen ist. Da die Beteiligten in der Regel erfahrene Kaufleute sind – oft von Rechtsanwälten unterstützt –, soll angenommen werden können, daß

255 So jedenfalls: Miller, IBL 1978, 330.
256 Vgl. Berensmann, S. 115; Andrews/Millett, S. 9; Miller, IBL 1978, 330.
257 Vgl. Cooper/Fox, JBFLP 1990, 70.

sie sich klar und eindeutig in der von ihnen gewollten Weise ausgedrückt haben. Danach reicht nicht aus, wenn im konkreten Einzelfall eine Erklärung abgeben wurde, um die andere Partei zu veranlassen, im Vertrauen darauf zu handeln, und dies auch tatsächlich geschehen ist. Allein deshalb stellt die Erklärung keine vertragliche Verpflichtung dar.[258] Die englischen Richter legen insoweit Wert auf Formalia; sie wenden einen „*traditional analytical approach*“ an.[259] In den Worten von *Chief Judge Rogers* in *Banque Brussels Lambert* heißt das, die englischen Gerichte unterziehen „*the letters to minute textual analysis*“.[260]

Von den australischen Gerichten wird eine solche Vorgehensweise grundsätzlich abgelehnt:

> *„Courts will become irrelevant in the resolution of commercial disputes if they allow this approach to dominate their consideration of commercial documents.“*[261]

Ihr Ansatz ist denn auch ein anderer: Einerseits kann der Wortlaut bei der Auslegung ein wichtiges Indiz sein. Andererseits wird es im Hinblick auf handelsrechtliche Streitigkeiten als einer effektiven Rechtsanwendung abträglich angesehen, wenn ein Gericht ausschließlich eine „*finely tuned linguistic fork*“ benutzt.[262] Insbesondere die Umstände des Zustandekommens seien bei der Auslegung heranzuziehen.[263] Wenn

> *„statements are appropriately promissory in character, courts should enforce them when they are uttered in the course of business and there is no clear indication that they are not intended to be legally enforceable.“*[264]

Für die Auslegung nach australischem Recht sind dementsprechend die Bedürfnisse des Handelsverkehrs und deren richterliche Einschätzung maßgebend, wie sie vom Gericht unter Berücksichtigung des Parteienvortrages bewertet werden.[265]

Zusammenfassend ist hinsichtlich der Auslegung von Patronatserklärungen durch englische und australische Gerichte festzustellen, daß sich ein eher traditioneller analytischer (England) und ein funktional-praktischer Ansatz (Australien) gegenüberstehen: Die englischen Richter gehen regel-

---

258 Ebenda.

259 Tyree, JCL 1989, 282.

260 Banque Brussels Lambert SA v Australian National Industries, NSWLR 1989, 502, 523.

261 Chief Judge Rogers, ebenda.

262 Ebenda.

263 Vgl. Cooper/Fox, JBFLP 1990, 370.

264 Chief Judge Rogers in: Banque Brussels Lambert SA v Australian National Industries, NSWLR 1989, 502, 523.

265 So auch Wittuhn, RIW 1990, 496.

mäßig fast formalistisch vor und sprechen sich im Zweifel lieber gegen eine vertragliche Verpflichtung aufgrund einer Patronatserklärung aus. Sie orientieren sich an der Rechtssicherheit. Eine Ausnahme stellte hier lediglich Richter *Hirst* von der *Queen's Bench Division* in der erstinzlichen Entscheidung in dem Rechtsstreit *Kleinwort Benson Ltd v Malaysia Mining Corp Bhd* dar. Australische Richter argumentieren dagegen eher von einem wirtschaftlichen Ergebnis her. Im Zweifel soll eine Patronatserklärung als Vereinbarung unter Kaufleuten eine vertragliche Verpflichtung begründen. Zur Bestärkung der Richtigkeit ihres Ergebnisses und dessen Absicherung untersuchen die australischen Gerichte noch weitere Anspruchsgrundlagen. Vor dem Hintergrund, daß sich nach australischem Recht grundsätzlich ohne größere Probleme eine außervertragliche Haftung nach der *doctrine of promissory estoppel* begründen läßt, scheinen die Gerichte auch deshalb eher bereit zu sein, eine vertragliche Haftung zu bejahen.

### c) *Allgemeine Tendenzen hinsichtlich der Auslegung von Vereinbarungen im Anschluß an die Gerichtsentscheidungen englischer und australischer Gerichte zu Patronatserklärungen*

Die dargestellten Unterschiede in der Bewertung und Auslegung von Erklärungen in einem kaufmännischen Kontext durch die englische und australische Rechtspraxis betreffen nicht nur Patronatserklärungen. Deren unterschiedliche Behandlung steht nicht isoliert in zwei ansonsten sehr ähnlichen Rechtssystemen. Vielmehr sind in beiden Ländern in neuerer Zeit unterschiedliche Tendenzen im Hinblick auf die Auslegung und Bewertung sogenannter „*commercial agreements*" zu erkennen.[266] Australische Richter folgen jedenfalls in diesem Bereich den englischen Gerichtsentscheidungen nicht mehr in dem Maße, wie das bis 1986 teilweise der Fall war, als es in Zivilsachen von den obersten Ländergerichten noch das Rechtsmittel zum *Privy Council* in London gab.[267]

Zur Illustrierung der zunehmenden Entfernung der australischen von der englischen Rechtsprechung, jedenfalls in Wirtschaftssachen, lassen sich, von den Urteilen zu Patronatserklärungen abgesehen, weitere Entscheidungen heranziehen. Einige Beispiele sollen im folgenden losgelöst von den *comfort letter cases* dargestellt werden. Sie zeigen die Einbettung derjenigen Fälle, die Patronatserklärungen zum Inhalt haben, in eine allgemeinere Entwicklung.

266 Vgl. dazu auch Ladbury/Paterson, IBL 1997, 21 ff.

267 Vgl. hierzu schon oben im Rahmen der Darstellung des australischen Gerichtssystems, S. 57.

Besonders deutlich werden die entgegengesetzten Tendenzen in der schon in Bezug auf *comfort letters* dargestellten englischen Entscheidung des *House of Lords* in *Walford v Miles.*[268] In diesem Fall war, wie gesehen, nur am Rande eine Patronatserklärung betroffen. Primär ging es vielmehr darum, ob nach englischem Recht sogenannte *agreements to negotiate* und *lock-out agreements* durchsetzbar sind. Bei der Beurteilung der beiden Arten von Vereinbarungen handelt es sich um Fragen aus dem Bereich der ausreichenden Bestimmtheit des Erklärungsinhalts (*certainty*).[269]

Ein *agreement to negotiate* ist eine Vereinbarung, die zu Vertragsverhandlungen verpflichten soll.[270] Nach englischem Recht ist eine solche Vereinbarung zu vage und verpflichtet zu nichts:[271]

> *„If the law does not recognise a contract to enter into a contract (when there is a fundamental term yet to be agreed) it seems to me it cannot recognise a contract to negotiate: the reason is because it is too uncertain to have any binding force ... It seems to me that a contract to negotiate, like a contract to enter into a contract, is not a contract known to the law ... I think we must apply the general principle that where there is a fundamental matter left undecided and to be the subject of negotiation, there is no contract."*

Entsprechend dieser Entscheidung verneinte das *House of Lords* in *Walford v Miles* das Vorliegen eines wirksamen Vertrages für das *agreement to negotiate* aus Gründen der *uncertainty* (mangelnder Bestimmtheit).[272]

Ebenso lehnte das Gericht einen wirksamen Vertrag im Hinblick auf ein *lock-out agreement* ab.[273] Unter einem solchen ist ein Versprechen zu verstehen, für einen bestimmten Zeitraum keine Verhandlungen mit Dritten zu führen.[274] Zu einer Ablehnung der Vereinbarung als wirksamen Vertrag

268 [1992] 2 WLR 174; vgl. dazu auch oben, S. 52 ff., insbesondere hins. des Sachverhalts.

269 Vgl. Triebel/Hodgson/Kellenter/Müller, Rnn. 87 f.; Giesen, JZ 1993, 18 f.; Zur certainty vgl. auch schon die Ausführungen im Rahmen der Bewertung der Entscheidung des Court of Appeal in dem Rechtsstreit Kleinwort Benson Ltd v Malaysia Mining Corp Bhd, S. 42.

270 Zu dieser Bedeutung vgl.: Walford v Miles, HL, [1992] 2 WLR 174, 178 u. 180; Chitty/Treitel, S. 146 ff.; Triebel/Hodgson/Kellenter/Müller, Rn. 88.

271 Lord Denning MR in: Courtney and Fairbairn Ltd v Tolaini Brothers (Hotels) Ltd [1975] 1 WLR 297, 301 f. Vgl. auch Mallozzi v Carapelli SpA [1976] Lloyd's Rep 407.

272 Walford v Miles, HL, [1992] 2 WLR 174, 181.

273 Ebenda, S. 182 f.

274 Zu dieser Bedeutung vgl.: Walford v Miles, HL, [1992] 2 WLR 174, 178 u. 182 f.; Pitt v PHH Asset Management Ltd [1993] 4 AllER 961, 966 f.; Triebel/Hodgson/Kellenter/Müller, Rn. 88.

durch das Gericht kam es in dem konkreten Fall, weil die Parteien keinen Zeitraum vereinbart hatten, für den Verhandlungen mit Dritten untersagt sein sollten.[275] Das Gericht stellte in einem *obiter dictum* allerdings fest, daß ein *lock-out agreement* nach englischem Recht nicht schlechthin undurchsetzbar sei. Ein wirksamer Vertrag könne vielmehr dann vorliegen, wenn die Vereinbarung einen genauen Zeitraum bestimmt, währenddessen keine Verhandlungen mit Dritten geführt werden dürfen.[276] In dieser Bewertung folgte der *Court of Appeal* dem *House of Lords* in einer *ratio decidendi* ungefähr ein Jahr später und bewertete ein *lock-out agreement* mit zeitlicher Beschränkung grundsätzlich als durchsetzbaren Vertrag.[277]

Aus dem Urteil *Walford v Miles* können für das englische Recht insoweit zwei Rechtsgrundsätze hergeleitet werden: *Agreements to negotiate* sind generell undurchsetzbar; *lock-out agreements* sind mangels Bestimmtheit dann undurchsetzbar, wenn keine bestimmte Dauer vereinbart ist.

Nach australischem Recht ist ein durchsetzbares *agreement to negotiate* dagegen sehr wohl denkbar. Das ergibt sich beispielsweise aus der Entscheidung in *Coal Cliff Colleries Pty v Sijehama Pty Ltd.*[278] Richter *Kirby* führte in den Entscheidungsgründen dazu aus:[279]

> *„I do not share the opinion of the English Court of Appeal*[280] *that no promise to negotiate in good faith would ever be enforced by a court ...".*

Ebenso findet der einschränkenende englische Rechtsgrundsatz zu *lock-out agreements* wenig Zustimmung in Australien. Er wird als ‚Förmelei' und dem Willen der Parteien widersprechend angesehen. Die Bestimmung eines genauen Zeitraums ist dementsprechend nicht notwendig.[281]

Ein weiteres Beispiel für die allgemeine Zurückhaltung englischer Gerichte hinsichtlich der Anknüpfung von Haftungsfolgen an Erklärungen, die nicht ausdrücklich auf eine Haftung abzielen, ist das bereits angesprochene Urteil in *Caparo Industries Plc v Dickman and Ors.*[282] In der Entscheidung des *House of Lords* wurde die Haftung eines Wirtschaftsprüfers

---

275 Walford v Miles, HL, [1992] 2 WLR 174, 178 u. 182 f.
276 Ebenda, S. 182.
277 Pitt v PHH Asset Management Ltd [1993] 4 AllER 961, 966 f.
278 [1991] 24 NSWLR 1.
279 Ebenda.
280 Gemeint ist die oben erwähnte (S. 92) Entscheidung des Court of Appeal in Courtney & Fairbairn Ltd v Tolaini Brothers (Hotels) Ltd [1975] 1 WLR 297.
281 Vgl. nur Buckley, JCL 1993, 62.
282 [1989] 1 AllER 798 (Court of Appeal); [1990] 1 AllER 568 (House of Lords); vgl. auch schon oben, S. 51 f. Vgl. außerdem Nicholson, ICLQ 1991, 551 m.w.N.

für ein unzutreffendes Gutachten verneint, obwohl der eingetretene Schaden vorhersehbar war und die Geschädigten im Vertrauen auf das Gutachten gehandelt hatten. Nach Ansicht des Gerichts fehlte es an einem ausreichenden Näheverhältnis (*proximity*).

Aus australischer Sicht wird das Näheverhältnis, wie in dieser englischen Entscheidung entwickelt, in seiner Bedeutung überbewertet beziehungsweise als zu eng definiert. In vielfach praktischen, ergebnisorientierten Auseinandersetungen mit der Entscheidung wird von der australischen Rechtspraxis insbesondere kritisiert, daß vom *House of Lords* der Gesichtspunkt der *reliance* vernachlässigt worden sei. Gerade die Tatsache, daß im Vertrauen auf eine Erklärung gehandelt wurde, könne und müsse regelmäßig schon ein Näheverhältnis begründen.[283]

Vor dem Hintergrund der *reliance* beziehungsweise der *doctrine of promissory estoppel* in ihrer australischen Ausgestaltung sowie gesetzlicher Vorschriften, wie beispielsweise *Section* 52 des *Trade Practices Act*, aber auch der Überlegung, daß Investoren, die auf ein Wirtschaftsprüfergutachten vertraut haben, ein Anspruch zugestanden werden müsse, ist sehr zweifelhaft, ob australische Gerichte in der Weise wie das *House of Lords* in *Caparo v Dickman* entscheiden würden.[284]

Die dargestellten Entscheidungen zu Patronatserklärungen und anderen Erklärungen zeigen, daß australische Gerichte, im Gegensatz zur englischen Rechtsprechung, generell bestrebt sind, in einem wirtschaftlichen Umfeld getroffene Vereinbarungen (*commercial bargains*) möglichst aufrechtzuerhalten und durchzusetzen. Hierbei handelt es sich um einen allgemeinen Grundsatz, der seinen Niederschlag auch in den Lehrbüchern gefunden hat.[285] Es geht dem australischen Empfinden nach nicht so sehr um Dogmatik und um die Anwendung traditioneller Grundsätze, sondern um eine möglichst praktikable, interessengerechte Konfliktlösung im Einzelfall. Englische Gerichte orientieren sich dagegen im allgemeinen sehr viel enger an dem Wortlaut der einzelnen Erklärungen und an den Grundsätzen des englischen Vertragsrechts.

In der australischen Literatur ist in diesem Zusammenhang, insbesondere im Anschluß an die Entscheidungen *Banque Brussels Lambert v Austra-*

---

283 Vgl. Gay/Schelluch, CSLJ 1991, 61 mit Hinweis auf den australischen Fall San Sebastian Pty Ltd v Minister Administering Environmental Planning and Assessment Act [1986] 61 ALJR 41.

284 So auch Gay/Schelluch, CSLJ 1991, 61 f.

285 Vgl. nur: Cheshire/Fifoot-Seddan, austral. Ausgabe, Rn. 159 u. Rn. 162 m.w.N.; siehe auch Pugh-Thomas, JIBL 1990, 342 m.w.N.

*lian National Industries, Esanda Finance Corporation v Wordplex Information Systems* und *Australian Bridal Centre v Dawes Corporation* ein Begriff entstanden, der dem englischen Recht völlig fremd ist: *commercial morality*.[286] Hierunter ist kein Rechtsbegriff zu verstehen, vielmehr eine Tendenz: An einer Vereinbarung, die unter wirtschaftlichen Umständen zustandegekommen ist, sollen die Parteien sich hinsichtlich irgendwelcher Haftungsfolgen regelmäßig festhalten lassen. Das gilt insbesondere dann, wenn eine Partei im Vertrauen auf eine Aussage der anderen gehandelt hat. Gerade bei der Auslegung von Patronatserklärungen macht sich diese Tendenz bemerkbar. Offenbar entsprechen gerade die bei Patronatserklärungen regelmäßig bestehenden Interessenlagen den Gesichtspunkten der *commercial morality*.

Bei der Bewertung sogenannter *commercial agreements* entfernen sich das englische und australische Recht voneinander. Diese Tendenz kann die allgemein anerkannte Ähnlichkeit der Rechte langfristig erheblich verändern; auch im Hinblick auf Ergebnisse in konkreten Fällen. Dabei handelt es sich um eine Entwicklung, welche zu dem in neuerer Zeit erkennbaren Trend in Australien paßt, sich in vielfacher Hinsicht weiter vom Mutterland Großbritannien zu entfernen.[287] Wie der Verfasser sich insbesondere während seiner Tätigkeit in der Rechtsabteilung der Regionalzentrale einer deutschen Großbank im asiatisch-pazifischen Raum überzeugen konnte, hat diese Entwicklung ganz praktische Folgen: Kaufleute, jedenfalls diejenigen aus der dortigen Region, neigen immer häufiger dazu, australisches statt englisches Recht zu vereinbaren. Es ist teilweise der allgemeine Eindruck entstanden, daß australische Richter vorwiegend den wirtschaftlichen Zusammenhang berücksichtigen und dabei, jedenfalls aus kaufmännischer Sicht, praktikabler entscheiden als ihre englischen Kollegen.

## 2. Gerichtliche Behandlung von Patronatserklärungen in den USA

Schwerpunkt der Darstellungen zum *common law* sind in der vorliegenden Arbeit englische und australische Gerichtsentscheidungen. Grund hierfür ist insbesondere die enge Verbundenheit der beiden Rechtskreise und ihre Bedeutung bei internationalen Finanzierungen sowie die große internationalen Beachtung der in England und Australien veröffentlichten Entscheidungen. Eine Darstellung des *common law* wäre jedoch ohne einen Über-

286 Vgl. Freehill, Hollingdale & Page, IBL 1990, 482 f.; Cooper, JBFLP 1990, 289; Cooper/Fox, JBFLP 1990, 66.

287 Vgl. zu dieser Tendenz auch: Ladbury/Paterson, IBL 1997, 30 ff. m.w.N.

blick über die Behandlung von Patronatserklärungen durch die US-amerikanische Rechtspraxis unvollständig. Dies gilt vor allem vor dem Hintergrund der Bedeutung der USA und US-amerikanischer Unternehmen im internationalen Wirtschaftsverkehr.

In der US-amerikanischen Rechts- und Wirtschaftspraxis sowie -literatur finden *comfort letters*, jedenfalls unter dieser Bezeichnung, lediglich eingeschränkt Beachtung. Verschiedentlich finden sich zwar Konstellationen, für die Begriffe wie „*letter of comfort*", „*letter of responsibility*" oder „*letter of support*" verwendet werden.[288] Eine Auseinandersetzung mit Patronatserklärungen fand aber dennoch bislang nicht in einer solchen Ausführlichkeit statt wie beispielsweise im Zusammenhang mit *Kleinwort Benson v Malaysia Mining Corporation* in England und *Banque Brussels Lambert v Australian Industries* in Australien. Auch haben bislang veröffentlichte Urteile regelmäßig keine typischen *comfort letter* zum Inhalt beziehungsweise erwähnen solche nur am Rande.[289] Eine Entscheidung, bei der es auf eine Patronatserklärung ankam, ist nicht bekannt.[290] Das bedeutet jedoch nicht, daß eine Patronatserklärung im amerikanischen Recht keinerlei Auswirkungen zeigen würde.

Wie im englischen und australischen Recht stellt sich auch im US-amerikanischen Recht zunächst die Frage, ob der Patron mit seiner Erklärung überhaupt verbindlich haften will. Der genaue Verpflichtungsinhalt ist anhand der Erklärung zu bestimmen. Auch hier ist dabei maßgebend, ob der *comfort letter* als eine verbindliche oder eine unverbindliche Zusage des Einstehens für die Erfüllung einer Verbindlichkeit eines Dritten einzuordnen ist.[291]

Regelmäßig versuchen amerikanische Gerichte neuartige Kreditsicherungserklärungen anerkannten zur Kreditsicherung dienenden Vertragsarten zuzuordnen.[292] Als mögliches, der Konstellation einer Patronatserklärung entsprechendes Sicherungsmittel erscheint hierbei vor allem die

288 Vgl. dazu: Jander/Hess, RIW 1995, 736; Mühl, Rn. 630.

289 Vgl. mit Hinweisen auf Entscheidungen amerikanischer Gerichte, auf die im einzelnen sogleich noch einzugehen sein wird: Davidson/Wohl/Daniel, JBFLP 1992, 9 u. 14; Mühl, Rn. 630; Sacasas/Wiesner, BLJ 1987, 317 ff.; Wittuhn, McGillLJ 1989/90, 497 f. und Jander/Hess, RIW 1995, 736 ff.

290 So auch Jander/Hess, RIW 1995, 736; Davidson/Wohl/Daniel, JBFLP 1990, 9 u. 14; Mühl, Rn. 630.

291 Vgl. Jander/Hess, RIW 1995, 736; Mühl, Rn. 631.

292 So auch: Mühl, Rn. 630; Wittuhn, McGillLJ 1989/90, 496; Jander/Hess, RIW 1995, 736.

Übernahme einer *guaranty*.[293] Daneben kommt noch ein *suretyship* und eine Freistellungsvereinbarung (*indemnity*) in Betracht.[294]

Bei der Vereinbarung einer *indemnity* besteht, dem englischen Recht entsprechend, eine direkte Freistellungsverpflichtung des Patrons. Begünstigter ist hier derjenige, der die Verbindlichkeit eingegangen ist, auf die sich die Freistellungsvereinbarung bezieht. Dementsprechend handelt es sich nur um ein Zweipersonenverhältnis.[295] Ein *suretyship* im engeren Sinne ist eine Vertragsbeziehung, in der sich der *surety* zum Einstehen für eine Schuld oder für die nicht gehörige Erfüllung einer Leistungspflicht des Hauptschuldners (*principal*) verpflichtet. Das *suretyship* steht als primäre, direkte und unbedingte Verpflichtung auf gleicher Ebene neben der Hauptschuld. Daher kann der *surety* immer dann sofort in Anspruch genommen werden, wenn die Hauptschuld fällig ist.[296] In einer *guaranty* verpflichtet sich der Versprechende, wie nach englischem Recht, eine Geldschuld oder eine sonstige Leistungsverpflichtung des Hauptschuldners zu erfüllen, wenn dieser als primär Verantwortlicher nicht oder nicht rechtzeitig erfüllt.[297] *Guaran*ty und *suretyship* ist außer der typischen Drei-Personen-Konstellation gemeinsam, daß beide insofern akzessorisch sind, als sie das Bestehen einer Hauptforderung voraussetzen. Es bestehen weitgehende Übereinstimmungen zwischen den beiden Sicherungsmitteln.[298] Die beiden Vertragstypen unterscheiden sich in erster Linie dadurch, daß es sich bei dem *suretyship* um eine primäre Haftung des Versprechenden handelt, während die *guaranty* in der Regel lediglich eine Sekundärhaftung begründet.[299]

Eine *guaranty* ist im allgemeinen in der US-amerikanischen Rechtspraxis als Haftungserklärung am relevantesten.[300] Ob eine Patronatserklärung als solche eingeordnet werden kann, bestimmt sich auch im amerikanischen

---

293 Vgl. Texas Commerce Bank v Capital Bancshares Inc, 907 F 2d 1573 f (CA 5th, 1990); Barclays Bank of New York v Goldmann, 517 F Supp 403, 411 (SDNY 1981). Siehe auch: Jander/Hess, RIW 1995, 736; Wittuhn, McGillLJ 1989/90, 496; Mühl, Rn. 630.

294 Vgl. Jander/Hess, RIW 1995, 736.

295 Vgl. zum ganzen: AmJur 2d, Bd. 38, „Guaranty", § 17; Mühl, Rnn. 472 ff.; Bungert, Rnn. 6 ff.

296 AmJur 2d, Bd. 38, „Guaranty", §§ 14 f.; Bd. 74, „Suretyship", § 1; Mühl, Rn. 468; Bungert, Rn. 16.

297 AmJur 2d, Bd. 38, „Guaranty", § 2; Mühl, Rnn. 471 ff.; Bungert, Rn. 17.

298 Bungert, Rnn. 32 ff.; Jander/Hess, RIW 1995, 736.

299 AmJur 2d, Bd. 38, „Guaranty", §§ 3, 12, 15; Bungert, Rn. 16 u. Rn. 19 m.w.N.

300 Vgl. Wittuhn, McGillLJ 1989/90, 496; Jander/Hess, RIW 1995, 736; Sacasas/Wiesner, BLJ 1987, 315.

Recht nach dem Wortlaut der Erklärung. Allgemeine, unverbindliche Aussagen sind von Zusagen zu unterscheiden, die eine Verpflichtung des Erklärenden zum Einstehen für eine Schuld begründen sollen.[301]

Die folgenden Entscheidungen US-amerikanischer Gerichte haben *comfort letters* zum Gegenstand:

*a) Hernando Bank v Bryant Electric Company Inc, United States District Court, N.D. Mississippi vom 24. Januar 1973*[302]

In dem Fall *Hernando Bank v Bryant Electric Company Inc* hatte die Beklagte eine Firma teilweise übernommen, die erheblich bei der klagenden Bank verschuldet war. Die Beklagte teilte der Klägerin die neuen Eigentumsverhältnisse mit („*...which are wholly owned subsidaries of ...*") und fügte im Hinblick auf die bestehenden Verbindlichkeiten hinzu, daß sie „*would do everything possible to see that this is settled as per agreement*".[303]

Bei diesem Passus handelt es sich nach dem bislang in dieser Arbeit Erarbeiteten um einen *comfort letter*: Die Erklärung informiert über eine bestimmte Beteiligung an einem Unternehmen und über die Absicht, sich in einer bestimmten Art und Weise im Hinblick auf Verbindlichkeiten einer Tochtergesellschaft zu verhalten.[304]

Der mit dem Fall befaßte *United States District Court of Mississippi* führte zu einem etwaigen Verpflichtungsgehalt der Erklärung folgendes aus:[305] Für eine Haftung aus der Erklärung käme es maßgebend darauf an, ob der Wortlaut einen Hinweis auf eine Absicht seitens der Beklagten gebe, für die ausstehenden Verbindlichkeiten einzustehen. Dann wäre die Erklärung als *guaranty* anzusehen. Nach Ansicht des Gerichts war das jedoch nicht der Fall. Denn die Klägerin konnte aufgrund der konkreten Umstände nicht annehmen, daß die Beklagte für die Verbindlichkeiten ihrer neuen Tochtergesellschaft einstehen würde. Dies mußte sie daher auch nicht. Die Erklärung hatte dementsprechend keine rechtlich verpflichtende Wirkung.

---

301 Vgl. Jander/Hess, RIW 1995, 736 f.
302 357 FSupp 575 (DC Miss 1973).
303 Ebenda, S. 588 Fn. 3.
304 So auch Wittuhn, McGillLJ 1989/90, 497.
305 357 FSupp 575, 588.

### *b) Barclays Bank of New York v Goldman v Dankner Diamonds (Israel) Ltd and others, United States District Court, S. D. New York vom 22. Juni 1981*[306]

In dem regelmäßig als *Barclays Bank of New York v Goldman* zitierten Fall verklagte die *Barclays Bank* (*Barclays*) die Eheleute G. und R. *Goldman* (die „*Goldmans*") vor dem *United District Court* für den *Southern District of New York* als „*guarantors*" für Verbindlichkeiten von *Dankner Diamonds (Israel) Ltd* ihr (der *Barclays*) gegenüber. Die *Goldmans* waren leitende Angestellte der Schuldnerin gewesen, die Diamanten importierte und mit ihnen handelte. Sie (die *Goldmans*) verklagten daraufhin ihrerseits in dem gleichen Verfahren in einer sogenannten *third-party action* neben anderen *Dankner Diamonds (Israel) Ltd* als *third-party defendant* insoweit auf Entschädigung (*indemnity*).[307]

Zum Sachverhalt: *Barclays* hatte *Dankner Diamonds (Israel) Ltd* verschiedene Kreditlinien eingeräumt. Die *Goldmans* hatten für sämtliche Kreditverpflichtungen gegenüber *Barclays* eine persönliche Garantie abgegeben. Im Rahmen der Verhandlungen über eine Verlängerung und Erhöhung der Kreditlinien stellte *Barclays* gegenüber *Dankner Diamonds (Israel) Ltd* unter anderem als Bedingung, daß

> *„the Bank [has] to be provided with a ‚comfort' letter from the parent [of Dankner Diamonds (Israel) Ltd], M. Dankner & Sons Ltd, stating that should Dankner Diamonds (Israel) Ltd have financial difficulties and not be able to meet its liabilities, M. Dankner & Sons Ltd will ensure that the Bank will be repaid.*"[308]

Die *Goldmans* akzeptierten dies. Entgegen der Vereinbarung wurde dann jedoch in der Folgezeit kein *comfort letter* von der Muttergesellschaft *M. Dankner & Sons* an die Klägerin gesandt. Dennoch wurde der Kredit verlängert und sogar erhöht. Später kam *Dankner Diamonds (Israel) Ltd* ihren Verbindlichkeiten nicht nach. Von *Barclays* aus der abgegebenen Garantie in Anspruch genommen, weigerten sich die *Goldmans* zu zahlen,

---

306 Vollständig: Barclays Bank of New York v Gordon Goldman and Ruhama Goldman v Dankner Diamonds (Israel) Ltd, Moshe Dankner and Yoram Dankner, 517 F Supp 403 (S. D. NY 1981). Barclays Bank hatte ihren Sitz in New York, die Goldmans hatten ihren Wohnsitz in Louisianna und Dankner Diamonds (Israel) Ltd war in Israel gegründet, hatte seinen Hauptsitz aber in New York.

307 Die Goldmans waren dementsprechend Defendants und Third-Party Plaintiffs, Danker Diamonds (Israel) Ltd war Third-Party Defendant, ebenso wie Moshe and Yoram Dankner, auf deren Beteiligung an dem Rechtsstreit es hier jedoch nicht ankommt.

308 Barclays Bank of New York v Goldman v Dankner Diamonds (Israel) Ltd and ors, 517 F Supp 403, 406.

unter anderem mit der Begründung, daß der *comfort letter* seinerzeit Bedingung für eine Kreditverlängerung und -erhöhung sowie für die im Hinblick daraufhin abgegebene *guaranty* gewesen sei. Mangels Abgabe des *comfort letter* hätte *Barclays* Kreditvertrag und *guaranty* verletzt und dürfe sie, die *Goldmans*, daher nicht in Anspruch nehmen. Die Abgabe des *comfort letter* durch die Muttergesellschaft sei Voraussetzung für die Wirksamkeit ihrer Garantieverpflichtung gewesen.

Die *Goldmans* waren dementsprechend der Ansicht, daß *„a ‚comfort letter' is a guarantee"*. Das Gericht ging hierauf jedoch gar nicht ein. Es führte in diesem Zusammenhang lediglich aus, daß eine Vertragsverletzung aufgrund der Nicht-Hereinnahme eines *comfort letter* nicht ersichtlich sei. Die Klausel über die Hereinnahme betreffe lediglich das Verhältnis zwischen *Barclays* und *Dankner Diamonds (Israel) Ltd* unabhängig von dem Verhältnis zu den *Goldmans*. Auf den Inhalt und einen möglichen Verpflichtungsgehalt des *comfort letter* selbst kam es bei dieser Entscheidung daher nicht an.

### c) *Banque de Paris et des Pays-Bas v Amoco Oil Co, United States District Court, Southern District of New York, vom 31. Oktober 1983*[309]

*Banque de Paris et des Pays-Bas v Amoco Oil Co* (*Amoco*) ist wie die vorherige Entscheidung ebenfalls ein Rechtsstreit, der von dem *United States District Court* für den *Southern District of New York* entschieden wurde. Allerdings war die unmittelbare Aufgabe des Gerichts hier lediglich verfahrensrechtlicher Art, da eine der beiden Parteien eine schiedsgerichtliche Überprüfung anstrebte. Der *United States District Court* hatte lediglich zu entscheiden, ob die Parteien an einer wirksamen Schiedsgerichtsklausel gebunden waren und das Verfahren folglich an das vereinbarte Schiedsgericht abzugeben war.

Der Fall selbst hatte eine sogenannte „*exchange*"-Vereinbarung zum Inhalt, die *Amoco* mit *Quasar Petroleum*, einem unabhängigen Ölhändler, eingegangen war. Nach dieser Vereinbarung sollte *Amoco* an *Quasar* eine bestimmte Menge Rohöl zu einem festgelegten Preis verkaufen und dieselbe Menge Rohöl nach einigen Monaten zu demselben Preis zurückerwerben. Hintergrund war, daß *Amocos* Liquidität verbessert werden sollte und es *Quasar* ermöglicht werden sollte, für die vereinbarte Zeit am Rohölmarkt zu spekulieren. Das *„exchange" agreement* enthielt eine weitreichende Schiedsgerichtsklausel: „*... (a)ny controversy or claim arising out of or relating to this agreement or breach thereof shall be settled by arbitration.*"[310]

---

309 573 F Supp 1464 (S. D. NY 1983).

310 Ebenda, S. 1468.

Um ihre vertraglichen Verpflichtungen einhalten zu können, benötigte *Quasar* finanzielle Mittel, die sie von der *Banque de Paris et des Pays-Bas* (*Paribas*) zu bestimmten Bedingungen erhielt. Eine Vertragsbedingung verpflichtete *Quasar*, eine von *Amoco* unterzeichnete und von *Paribas* „*undertaking*" genannte Vereinbarung beizubringen. Das *undertaking* wurde von *Amoco* in der Form eines Fernschreibens abgegeben und hatte zum Inhalt, daß *Amoco* „*would pay immediately available funds into Paribas for the oil it received from Quasar*".[311] Das Gericht nahm auf diese Erklärung unter anderem als „*comfort letter*" Bezug.[312]

*Quasar* erlitt in der Folgezeit diverse wirtschaftliche Rückschläge. Sie informierte daraufhin *Amoco*, daß sie ihren Verpflichtungen aus der *exchange*-Vereinbarung nicht mehr nachkommen könne. *Amoco* behielt als Reaktion hierauf den vereinbarten Kaufpreis für das bereits gelieferte Rohöl zurück und rechnete mit vermeintlichen Schadenersatzforderungen aufgrund der bevorstehenden Vertragsverletzung auf. Als Folge hiervon konnte *Quasar* ihre Kreditverbindlichkeiten gegenüber *Paribas* nicht erfüllen. *Paribas* verklagte nunmehr *Amoco* unter anderem aus eigenem Recht aufgrund einer selbständigen Vereinbarung, die auf der in dem *comfort letter* enthaltenen Verpflichtung beruhen sollte. *Amoco* war dagegen der Meinung, gegenüber *Paribas* kein getrenntes Versprechen aufgrund des Fernschreibens abgeben zu haben. Darüberhinaus vertrat *Amoco* die Ansicht, daß die angeblichen Ansprüche von *Paribas*, wie zwischen *Amoco* und *Quasar* vereinbart, ohnenhin lediglich Gegenstand eines Schiedsgerichtsverfahrens sein könnten.

Für den *District Court* kam es in diesem Verfahren darauf an festzustellen, ob das Fernschreiben eine unbeschränkte, unabhängige und vom *exchange agreement* getrennt zu würdigende Verpflichtung von *Amoco* begründete, die nicht der Schiedsgerichtsklausel unterlag. Das Fernschreiben selbst sagte dazu nichts, insbesondere nicht, ob Zahlungen von *Amoco* ohne die Geltendmachung von Aufrechnung oder Einwendungen vorzunehmen waren. Das Gericht führte in diesem Zusammenhang zu dem Verpflichtungsgehalt des Fernschreibens aus:

> *„No matter how the language of this telex is characterised – as a ‚guarantee', an ‚undertaking', a promise to pay ‚into Paribas' or merely a ‚comfort letter' confirming the terms of Quasar-Amoco contract – the agreement embodied in this telex could arguably be deemed inseparable from the contract and its construction therefore a matter for the arbitrator."*[313]

311 Ebenda, S. 1467.
312 Ebenda, S. 1473.
313 Ebenda, S. 1473.

Letztlich ging der *District Court* auf den Verpflichtunggehalt der Erklärung nicht ein, sondern ließ diesen offen. Eine Charakterisierung der Erklärung als trennbar vom *exchange agreement* verneinte er aus wirtschaftlicher Sicht als diesem widersprechend: es handele sich um einen einheitlichen wirtschaftlichen Vorgang.[314] Dementsprechend verwies das Gericht die Sache an die Schiedsgerichtsbarkeit. Im Hinblick auf „*comfort letter*" liegt die Bedeutung der Entscheidung darin, daß der *District Court* grundsätzlich von einem eigenständigen rechtlichen Verpflichtungsgehalt eines *comfort letter* ausging.[315] Hierauf kam es jedoch aufgrund der wirtschaftlichen Verbundenheit nicht an. Außerdem handelte es sich nicht um eine typische Patronatserklärung in einem Konzernverhältnis.

*d) Texas Commerce Bank v Capital Bancshares Inc, United Court of Appeals, Fifth Circuit vom 9. August 1990*[316]

*Texas Commerce Bank* (*Texas Commerce*) und *Capital Bancshares Inc* (*Capital*) legten Berufung gegen ein Urteil des *United States District Court* für den *Southern District of Texas* beim *United Court of Appeals, Fifth Circuit* ein. Es ging bei dem Rechtsstreit um den folgenden Sachverhalt:

Im Juli 1986 stellte *Capital* einen Solawechsel (*promissory note*) über knapp US$ 4 Mio. zugunsten *Texas Commerce* aus. Am selben Tag gaben die *directors* von *Capital* gegenüber *Texas Commerce* eine Erklärung ab, nach der sie, falls *Capital* bei Fälligkeit der *promissory note* nicht zahlen würde, „*[would] cause [Capital] to have sufficient funds*",[317] den fälligen Betrag zu zahlen. Weiter hieß es: „*... that this obligation is not fulfilled until [Texas Commerce] has received such funds.*" Bei Fälligkeit des Wechsels erfolgte jedoch keine Zahlung. *Texas Commerce* klagte daraufhin gegen *Capital* aus dem Wechsel und gegen die *directors* von *Capital* wegen Nichteinhaltung der abgegebenen Zusage.

In der ersten Instanz vor dem *United States District Court* für den *Southern District of Texas* wurde die Klage gegen die *directors* abgewiesen. Zur Begründung führte der *district judge* aus, daß die Erklärung „*was not a guaranty but merely a ‚comfort letter'*".[318]

314 Ebenda.

315 So auch Sacasas/Wiesner, BLJ 1987, 321; Davidson/Wohl/Daniel, JBFLP 1992, 14.

316 Vollständig eigentlich: Texas Commerce Bank National Association v Capital Bancshares Inc, 907 F 2d 1571 (5th Cir 1990).

317 Ebenda, S. 1573.

318 Ebenda.

In der zweiten Instanz vor dem *United States Court of Appeals, Fifth Circuit*, sah zwar auch *Texas Commerce* die Erklärung nicht mehr als *‚proper' guaranty* an, sondern lediglich (*‚merely'*) als *comfort letter*. Die *directors* von *Capital* seien aber auch durch diesen rechtlich verpflichtet zu bewirken, daß *Capital* ausreichend finanzielle Mittel habe, ihren Wechselverpflichtungen nachzukommen, so daß *Texas Commerce* die entsprechenden Beträge erhalte.

Der *United States Court of Appeals, Fifth Circuit*, folgte dieser Ansicht jedoch nicht:[319] Der Argumentation von *Texas Commerce*, die Erklärung sei einerseits zwar keine förmliche *guaranty*, habe aber andererseits die Wirkung einer solchen, könne nicht zugestimmt werden. Eine *guaranty* sei durch die ihr zugrundeliegende Verpflichtung bestimmt: *„A guaranty is an undertaking by the guarantor to answer for the payment of some debt or the performance of some contract of another person in the event of default.*"[320] Eine Verpflichtung könne dementsprechend nicht einerseits das Etikett „*guaranty*" umgehen, andererseits aber genau deren Inhalte haben.[321]

Darüber hinaus genüge die Erklärung den Anforderungen einer *guaranty* an Klarheit und Bestimmtheit nicht. Insbesondere reiche die Zusage, zu veranlassen, daß die Schuldnerin genügend Mittel zur Verfügung haben werde (*„cause [Capital] to have sufficient funds"*), nicht aus, eine Einstandspflicht zu begründen. Auch der Zusatz *„that this obligation is not fulfilled until [Texas Commerce] has received such funds*" ändere daran nichts. Dieser mache die Verpflichtungen der *directors* nicht eindeutiger. Es werde eher das Versprechen einer Sicherheit als eine Zahlungsverpflichtung angedeutet.[322]

#### *e) Bewertung der Behandlung von Patronatserklärungen durch die US-amerikanische Rechtsprechung*

In den dargestellten Entscheidungen kommt zum Ausdruck, daß sich die jeweils genannten Einzelstaats- und Bundesgerichte nur am Rande und nicht sehr ausführlich mit *comfort letters* beschäftigt haben. Eine eindeutige rechtliche Einordnung und Bewertung der verschiedenen Arten von Patronatserklärungen hat nicht stattgefunden. Insoweit fehlt es an Rechtssicherheit im US-amerikanischen Rechtssystem. Insbesondere die Entschei-

319 Ebenda, S. 1573 f.

320 United States v Vahlco Corp, 800 F2d 462, 465 (5th Cir. 1986).

321 Texas Commerce Bank National Association v Capital Bancshares Inc, 907 F 2d 1571, 1574 (5th Cir. 1990).

322 Ebenda.

dung *Texas Commerce Bank v Capital Bancshares* zeigt, daß sich aus einer Patronatserklärung als solcher regelmäßig keine weitgehende rechtliche Verpflichtung herleiten läßt.[323]

In der Regel nähern sich die genannten US-amerikanische Gerichte einer Patronatserklärung als mögliche *guaranty*. Sie tendieren dabei dazu, einem *comfort letter* lediglich dann einen rechtlichen Verpflichtungsgehalt zuzusprechen, wenn ihnen eine Einordnung als eine solche möglich erscheint.[324] Es ist allerdings auch aufgrund der untersuchten Entscheidungen festzustellen, daß die amerikanischen Gerichte bei Vorliegen einer hinreichend konkreten Erklärung und bei Umständen, die auf einen Haftungswillen schließen lassen, nicht gänzlich abgeneigt sind, eine rechtliche Verpflichtung anzunehmen. Eine Patronatserklärung darf dementsprechend nicht schon an sich als nicht durchsetzbar angesehen werden.[325]

Da, wie gesehen, hinsichtlich der Bewertung und Auslegung von Patronatserklärungen in den USA kaum ausführliche Rechtsprechung existiert, kann davon ausgegangen werden, daß in Fällen, in denen es auf einen *comfort letter* ankommt, die Richter die ausführliche Rechtsprechung Englands und Australiens hierzu heranziehen werden. Diese mag dann, soweit keine amerikanischen Entscheidungen oder Rechtsgrundsätze vorliegen, im Sinne einer *persuasive authority* Berücksichtigung finden.[326] Das gleiche gilt auch für die Berücksichtigung in anderen Ländern des *common law*, solange dort keine gegenteiligen Entscheidungen vorliegen und Rechtsgrundsätze bestehen.

---

323 Vgl. auch Jander/Hess, RIW 1995, 737.

324 Vgl. dazu insbesondere: Hernando Bank v Bryant Electric Company Inc, 357 FSupp 575, 588 (DC Miss 1973) und Texas Commerce Bank National Association v Capital Bancshares Inc, 907 F 2d 1571, 1573 f. (5th Cir. 1990). Diese Einschätzung findet sich auch bei Jander/Hess, RIW 1995, 736, 737, 738; Sacasas/Wiesner, BLJ 1987, 315 sowie bei Wittuhn, McGillLJ 1989/90, 496 wieder.

325 Vgl. auch Jander/Hess, RIW 1995, 737.

326 So auch Wittuhn, McGillLJ 1989/90, 490 f.; 495 f., 498; Davidson/Wohl/Daniel, JBFLP 1992, 14.

*3. Kapitel*

# Patronatserklärungen im deutschen Recht im Vergleich zur Behandlung nach dem *common law*

## I. Vorbemerkung

Dem deutschen Recht ist im Gegensatz zum *common law* eine formelle Präjudizienbindung grundsätzlich fremd.[1] Gleichwohl können Gerichtsentscheidungen vor allem im Rahmen einer „ständigen Rechtsprechung" eine erhebliche tatsächliche Wirkung haben. Das ist insbesondere dann der Fall, wenn, wie bei Patronatserklärungen, keine gesetzliche Regelungen bestehen. Hier kann sich rein tatsächlich in einem gewissen Umfang Richterrecht entwickeln.[2] Dies gilt umso mehr, als die Anzahl der in Deutschland veröffentlichten Entscheidungen im Zusammenhang mit Patronatserklärungen bislang überschaubar geblieben ist.

Dennoch würde man dem deutschen Recht im Hinblick auf die Behandlung von Patronatserklärungen nicht gerecht werden, wenn man wie im Rahmen der Untersuchung zum englischen und australischen Recht vorginge und in chronologischer Reihenfolge Urteil für Urteil untersuchte. Gegen eine solche Vorgehensweise spricht vor allem, daß in Deutschland die Rechtsentwicklung im Hinblick auf Patronatserklärungen vorwiegend von der Rechtspraxis ausging. Zu den ersten Personen, die sich in Veröffentlichungen mit Patronatserklärungen in Deutschland beschäftigten, gehörten vorwiegend Juristen, die an der Nahtstelle zwischen Verwendern in der Praxis und der Rechtswissenschaft saßen: in den Rechtsabteilungen von Banken.[3] In dem Moment, wo sich Gerichte mit Patronatserklärungen auseinandersetzen mußten, konnten sie auf umfangreiche Arbeiten der Lehre und Praxis zurückgreifen, ohne diesen allerdings in ihrer Bewertung folgen zu müssen. So verwies beispielsweise der Bundesgerichtshof in einer Entscheidung aus dem Jahre 1992 über ungefähr anderthalb Seiten auf fast die gesamte bis da-

---

1 Vgl. nur Rosenberg/Schwab/Gottwald, S. 910 f.; Zöller-Gummer, § 1 GVG Rn. 11.

2 Vgl. dazu: Larenz/Canaris, Methodenlehre, S. 188 f. und S. 252 ff.; Schlüchter, S. 47 ff.; Pilny S. 123 ff.

3 So war beispielsweise Rümker (WM 1974, 990) Chefsyndikus der WestLB (jetzt Vorstandssprecher der Schleswig-Holsteinischen Landesbank), Obermüller (ZGR 1975, 1) ist als Syndikus in der Rechtsabteilung der Deutschen Bank in Frankfurt a.M. tätig. Vgl. allgemein zur Vorgehensweise und der Bedeutung der Rechtslehre bei der Rechtsentwicklung in Deutschland außerdem: David/Grasmann-Grasmann, S. 213 f.; Rheinstein, S. 102 f. u. S. 177 ff.

hin in Deutschland veröffentlichte Literatur, ohne allerdings genauer auf Einzelheiten einzugehen.[4]

Vor diesem Hintergrund muß eine Untersuchung der Behandlung von Patronatserklärungen im deutschen Recht Rechtsprechung und Lehre gemeinsam darstellen. In der folgenden Darstellung soll daher Ausgangspunkt jeweils eine Erklärungsform sein. Dabei soll dann die zu der Erklärung gegebenenfalls vorhandende Rechtsprechung im besonderen Maße berücksichtigt werden.

Bei dieser Vorgehensweise handelt es sich, unter Berücksichtigung der Eigenheiten der jeweiligen Rechtsordnungen, nur scheinbar um einen völlig anderen Ansatz als der im vorherigen Kapitel gewählte. Die Untersuchungen zum englischen und australischen Recht sind in dem Sinne fallorientiert, als sie die einzelnen Gerichtsentscheidungen chronologisch analysieren. Die Untersuchung zum deutschen Recht ist insoweit fallorientiert, als sie von einzelnen, in der Praxis verwendeten Erklärungsarten ausgeht.

Maßgebend für die Bewertung einer Patronatserklärung muß der Wortlaut im Einzelfall unter Berücksichtigung der konkreten Umstände des Zustandekommens sein.[5] Dabei ist für die wirtschaftliche Praxis die Bestimmung der Rechtswirkungen einzelner Patronatserklärungen von vorrangigem Interesse. Sie will wissen, welchen Sicherheitswert beziehungsweise Verpflichtungsgehalt den einzelnen Erklärungen innewohnt. Für die Frage, wann sich welcher Anspruch herleiten läßt, ist dabei von der jeweiligen systematischen Einordnung der einzelnen Erklärung auszugehen.

Schwerpunkt dieses Kapitels ist die Darstellung der Behandlung von Patronatserklärungen im deutschen Recht. Es werden jedoch auch österreichische und schweizerische Beiträge sowie Rechtsprechung Berücksichtigung finden. Dies ist zum einen wegen der grundsätzlichen Verwandtschaft des österreichischen, schweizerischen und deutschen Rechts sinnvoll. Diese Rechte werden im allgemeinen dem deutschsprachigen Rechtskreis beziehungsweise der mitteleuropäischen Rechtsfamilie zugeordnet.[6] Zum anderen werden in Rechtsprechung und Literatur Deutschlands, Österreichs und der Schweiz keinerlei Unterschiede bei der Behandlung und Einordnung von

---

4 BGHZ 117, 127, 129 f., 132 f.

5 So schon BFHE 120, 279, 283 und 121, 362, 364; siehe auch BGHR BGB § 305 (1); OLG Karlsruhe ZIP 1992, 1394, 1395 f.; Münchener Kommentar-Mayer-Maly, § 133 Rn. 44 m.w.N. Ebenso für das österreichische Recht: OHG SZ Bd. 85 (1985) Nr. 127, 606, 609. Anders jedoch LG München I, WM 1998, 1285, 1287.

6 Vgl. Zweigert/Kötz, Bd. I, S. 155 ff.; Rheinstein, S. 79; Habel, S. 3 und passim.

Patronatserklärungen in den drei Ländern gemacht. Sachverhalte und Rechtslagen werden sowohl in Österreich wie auch in der Schweiz als mit den deutschen weitestgehend identisch erachtet.[7] Auch wird in der österreichischen und schweizerischen Literatur regelmäßig ohne Einschränkung auf deutsche Untersuchungen zu Patronatserklärungen verwiesen.[8] Dies entspricht der Vorgehensweise in der deutschsprachigen Finanzierungspraxis.

Der jeweiligen Rechtslage nach deutschem Recht im Hinblick auf die unterschiedlichen Erklärungsarten ist schließlich die entsprechende Rechtslage im *common law* gegenüberzustellen und sie ist mit dieser zu vergleichen. Bei Erklärungen, deren Rechtswirkungen nach deutschem Recht zweifelhaft beziehungsweise umstritten sind, kann dabei für eine sachgerechte Bewertung gegebenenfalls auf die englische und/oder australische Rechtslage zurückgegriffen werden.

## II. Die verschiedenen Erscheinungsformen von Patronatserklärungen

### 1. Goodwill-Erklärungen

Die internationale Praxis hat eine Vielzahl von unverbindlichen Erklärungsarten hervorgebracht, die dem Kreditgeber lediglich zur Beruhigung dienen beziehungsweise ein „gutes Gefühl" vermitteln sollen.[9]

#### *a) Beispiele*

In der internationalen Finanzierungspraxis haben insbesondere sogenannte Kenntnisnahmeklauseln, Einverständniserklärungen und Erklärungen der Muttergesellschaft, sie habe die Verbindlichkeiten ihrer Tochter stets wie die eigenen betrachtet, häufige Verwendung gefunden.

In einer Kenntnisnahmeklausel erklärt die Muttergesellschaft: „*We confirm that we are aware of the ... facility ...*"[10] beziehungsweise, sie habe „*von*

7 Siehe dazu: Obermüller, WuB I F 1c.-1.92 (S. 669); Geimer, LM § 305 BGB, Bl. 1231; Mühl/Petereit, Rn. 289; Hoffmann, S. 2 und passim, der in seiner Arbeit über deutsches und österreichisches Recht, unter Berücksichtigung der jeweiligen nationalen Rechtssätze, keine Unterschiede hinsichtlich der Behandlung sieht.

8 Vgl. Aichinger, QuHGZ 4/78, S. 85, S. 88; Müllhaupt, SAG 1978, 109 ff.; Mühl/Petereit, Rn. 289; Altenburger, S. 14 und passim; Schnyder, SJZ 1990, 57 ff.

9 Vgl. Käser, RabelsZ 35 (1971) S. 613, Aichinger, QuHGZ 4/1978, 85; Hoffmann, S. 16.

10 Banque Brussels Lambert SA v Australian National Industries, Supreme Court of New South Wales, [1989] NSWLR 502, 510 ff.

*der Kreditaufnahme durch die Tochtergesellschaft Kenntnis genommen*“[11]. Eine solche Klausel ist fast in jeder Patronatserklärung zu finden, zumeist als Eingangsklausel. Auch die meisten Erklärungen, die Gegenstand von Urteilen deutschsprachiger Gerichte waren, beginnen mit dieser Klausel.[12] In der englischen und australischen Rechtspraxis wird die Erklärung als *statement of awareness of financing* bezeichnet. Dort fand eine solche Klausel beispielsweise Verwendung in den Fällen *Kleinwort Benson Ltd v Malaysia Mining Corp Bhd,*[13] *Capita Financial Group Ltd v Rothwells Ltd*[14] und *Banque Brussels Lambert SA v Australian National Industries.*[15]

Eine ähnlich häufige Verwendung wie die Kenntnisnahmeklausel findet die sogenannte Einverständniserklärung. In ihr erklärt die Muttergesellschaft: *„We hereby confirm that we know and approve of (the) facilities ...*“[16] beziehungsweise, sie sei *„mit der Kreditaufnahme durch die Tochtergesellschaft einverstanden*“[17]. Diese Erklärungsart wird vor allem in der englisch-australischen Finanzierungspraxis benutzt.[18]

Teilweise wird in der Praxis außerdem eine Klausel verwendet, in der die Muttergesellschaft erklärt: „Mit Rücksicht auf unser eigenes Ansehen haben wir bisher Verbindlichkeiten der [Tochtergesellschaft] stets wie unsere eigenen behandelt“.[19] Mit einer derartigen Erklärung mußte sich die Rechtsprechung bislang weder in England noch in Australien auseinandersetzen.

---

11 Vgl. Scholz/Lwowski, Rnn. 405 ff.; Westphalen, S. 386; Gerth, S. 31 u. S. 37 ff.; Möser, DB 1979, 1470.

12 Vgl. OLG Karlsruhe, ZIP 1992, 1394, 1396 = DStR 1993, 486 = BB 1992, 2097 = WM 1992, 2088; BGHZ 117, 127 = NJW 1992, 2093 = ZIP 1992, 338 = WM 1992, 501 = MDR 1992, 367 = BB 1992, 600; OGH (Österreich) SZ Bd. 58 (1985) Nr. 127, S. 606, 606 f. = JBL 1986, 173. In diesen Entscheidungen werden die vollständigen Wortlaute der Patronatserklärungen abgedruckt.

13 QBD, [1988] 1 AllER 714, 717 f.

14 Court of Appeal of New South Wales, [1993] 30 NSWLR 619, 623.

15 Supreme Court of New South Wales, [1989] NSWLR 502, 510 ff.

16 Kleinwort Benson Ltd v Malaysia Mining Corp Bhd, QBD, [1988] 1 ALLER 714, 717 f.

17 Siehe zur Rechtsprechung, die sich mit Erklärungen auseinander zu setzen hatte, die diese Klausel enthielten, nur: BGHZ 117, 127; vgl. zur Literatur: Scholz/Lwowski, Rnn. 405 ff.; Gerth, S. 31 u. S. 50 ff.; Möser, DB 1979, 1470.

18 Vgl. Kleinwort Benson Ltd v Malaysia Mining Corp Bhd, QBD, [1989] 1 AllER 714, 717 f.; Banque Brussels Lambert SA v Australian National Industries [1989] NSWLR 502, 510 ff.

19 FG Baden-Württemberg, IWB Nr. 12 vom 25.6.1997, S. 559. Vgl. auch Mosch, S. 43; Gerth, S. 31 u. S. 52 ff.; Scholz/Lwowski, Rnn. 405 ff.

In Deutschland hatte bis dato lediglich das Finanzgericht Baden-Württemberg vor dem Hintergrund von § 1 AStG eine solche Klausel zu behandeln.[20]

### *b) Rechtsnatur/Auslegung*

Bei der Abgabe der vorgenannten Erklärungen fehlt dem Patron nach deutschem Recht offensichtlich der Rechtsbindungswille, irgendeine vertragliche Verpflichtung einzugehen.[21] Für die mit solchen Erklärungen befaßten Gerichte war dies bislang derart klar, daß sie entweder eine vertragliche Verpflichtung ohne Begründung knapp ablehnten oder auf die Klauseln überhaupt nicht eingingen. So stellte das OLG Karlsruhe zu einer Kenntnisnahmeklausel nur fest: „Daraus leitet sich keinerlei rechtsgeschäftliche Verpflichtung der (Patronin) ab."[22] Der BGH und der österreichische OGH berücksichtigten solche Klauseln in ihren Entscheidungsgründen überhaupt nicht, obwohl die Patronatserklärungen, mit denen sie sich zu beschäftigen hatten, sowohl eine Kenntnisnahmeklausel als auch eine Einverständniserklärung mitumfaßten.[23] Das Finanzgericht Baden-Württemberg entschied ebenfalls ohne weitere Begründung für eine Erklärung der Muttergesellschaft, sie habe Verbindlichkeiten ihrer Tochtergesellschaft bisher stets wie ihre eigenen behandelt, die Erklärung enthalte lediglich eine ohne Rechtsbindungswillen ausgesprochene Absicht, die nicht rechtlich verpflichte. Dies gelte auch, wenn sowohl Erklärender als auch Erklärungsempfänger Banken seien, von denen im Bankenverkehr erwartet wird, daß sie für ihre Beteiligungen einstehen.[24]

Die Kenntnisnahmeklausel enthält nur eine Mitteilung vom Wissen über die Kreditaufnahme. Ein Wille der Muttergesellschaft, für die Rückzahlungsforderung des Kreditgebers in rechtlich verpflichtender Weise einzustehen, ist nicht erkennbar.[25]

Auch die Einverständniserklärung ist rechtlich ohne Bedeutung. Die Tochtergesellschaft kann als selbständige juristische Person unabhängig von ihrer Muttergesellschaft durch ihre Organe Verpflichtungen eingehen. Die Vertretungsmacht der Organe ist mit Wirkung nach außen grundsätzlich unbeschränkbar. Etwaige Einschränkungen seitens der Muttergesellschaft

---

20 FG Baden-Württemberg, IWB Nr. 12 vom 25.6.1997, S. 559, 560.

21 So auch Scholz/Lwowski, Rn. 406; Westphalen, S. 386; Gerth, S. 37 ff., S. 50 ff.; Möser, DB 1979, 1470; Mosch, S. 43 ff.

22 OLG Karlsruhe, ZIP 1992, 1394, 1397.

23 BGHZ 117, 127; OGH SZ Bd. 58 (1985) Nr. 127, S. 606.

24 FG Baden-Württemberg, IWB Nr. 12 vom 25.6.1997, S. 559, 560.

25 Scholz/Lwowski, Rn. 406; Gerth, S. 38.

hätten dementsprechend gegenüber dem Kreditgeber keine Wirkung.[26] Außerdem ergibt sich aus der Klausel nicht in ausreichender Weise, ob die Mutter gegenüber der Kreditnehmerin, ihrer eigenen Tochtergesellschaft, eine rechtsgeschäftliche Verpflichtung eingehen will.[27]

Schließlich kann auch die letzte Erklärung, in der die Muttergesellschaft erklärt, „*die Verbindlichkeiten ihrer Tochtergesellschaft mit Rücksicht auf ihr Ansehen stets wie eigene Verbindlichkeiten betrachtet*", mangels eines Rechtsbindungswillens nicht zu einer rechtsgeschäftlichen Haftung führen.[28] Die Muttergesellschaft stellt in der Erklärung klar, daß sie sich aufgrund ihres Interesses, ihren guten Namen zu bewahren, grundsätzlich verpflichtet fühle, nicht aber aufgrund einer Rechtspflicht.[29] Denn mit der Erklärung beschreibt die Muttergesellschaft lediglich ihr Verhalten in der Vergangenheit. Für die Zukunft überläßt es die Muttergesellschaft dagegen dem Kreditgeber, darauf zu vertrauen, daß sie sich als ordentlicher Kaufmann auch zukünftig so verhalten werde.[30]

Die vorstehende Bewertung dieser Klauseln („*we hereby confirm that we know and approve of (the) facilities ...*"[31], „*we confirm that we are aware of the ... facility ...*"[32]) im deutschem (und österreichischem) Recht entspricht der englischen und australischen Rechtslage. Im englisch-australischen Recht wird bei den Goodwill-Erklärungen eine rechtliche Verpflichtung mangels einer *intention to create legal relations*, also eines Rechtsbindungswillens verneint.[33] Die englischen und australischen Gerichte lehnen wie die deutsche Rechtsprechung einen vertraglichen Charakter der Erklärungen knapp ohne Begründung ab oder gehen gar nicht auf die Klauseln ein.[34]

---

26 Scholz/Lwowski, Rn. 406.

27 Vgl. Obermüller, ZIP 1982, 916.

28 Obermüller, ZIP 1982, 917; Gerth, S. 52 ff.

29 Mosch, S. 43.

30 Mosch, S. 44; Obermüller, ZGR 1975, 1, Gerth, S. 56 ff.

31 Kleinwort Benson Ltd v Malaysia Mining Corp Bhd, QBD, [1988] 1 ALLER 714, 717 f.

32 Banque Brussels Lambert SA v Australian National Industries, Supreme Court of New South Wales, [1989] NSWLR 502, 510 ff.

33 Vgl. Wood, Comparative Law, S. 346; Parsons, BJIBFL 1986, 8.

34 Vgl. Kleinwort Benson Ltd v Malaysia Mining Corp Bhd, CA, [1989] 1 AllER 785, 794 ff.; Banque Brussels Lambert SA v Australian National Industries, [1989] NSWLR 502; Capita Financial Group v Rothwells Ltd, [1993] 30 NSWLR, 619.

### c) *Rechtswirkungen/Rechtsfolgen*

Nach deutschem Recht scheidet neben einer rechtsgeschäftlichen Verpflichtung auch eine Rechtscheinhaftung aus. Es fehlt an einem Scheintatbestand: Die Muttergesellschaft begründet mit ihrer Erklärung (von der Kreditaufnahme der Tochter Kenntnis genommen zu haben, die Verbindlichkeiten der Tochter stets als die eigenen betrachtet zu haben beziehungsweise mit der Kreditaufnahme einverstanden zu sein) nicht den Anschein einer persönlichen Haftung. Vielmehr beschränkt sie sich nur auf die Abgabe einer „Wissens"-Erklärung. Insofern fehlt es an einer Diskrepanz zwischen wahrer und scheinbarer Rechtslage.[35]

Ebenfalls besteht kein Raum für eine Vertrauenshaftung. An einer solchen scheitert es, weil der Kreditgeber vom fehlenden Bindungswillen des Patrons weiß und daher ein Vertrauen auf ein freiwilliges Eintreten nicht schutzwürdig ist. Dies ergibt sich daraus, daß die Rechtsordnung für die rechtliche Gestaltung der Zukunft die Möglichkeit des Vertragsschlusses zur Verfügung stellt. Derjenige, der dieses Mittel wissentlich nicht nutzt, verzichtet auf den Rechtschutz. Der Gläubiger handelt insoweit bewußt auf eigenes Risiko: *caveat creditor*.[36]

Eine derartige Goodwill-Erklärung zieht dementsprechend nach deutschem Recht keinerlei Haftung nach sich und hat lediglich einen moralischen Hoffnungswert: Vom Erklärenden wird die Ausübung des gewünschten Verhaltens aufgrund seines Status als anständiger Kaufmann erwartet. Insbesondere in der Kreditwirtschaft gilt beispielsweise der ungeschriebene moralische (und dementsprechend nicht rechtlich verbindliche) Grundsatz, daß eine Tochtergesellschaft, die sich im Bank- oder banknahen Bereich betätigt, nicht fallengelassen wird. Das Mutterinstitut soll für seine Bankbeteiligungen einstehen, da es sonst eine erhebliche Beeinträchtigung seiner Vertrauenswürdigkeit erleidet.[37]

Da Goodwill-Erklärungen lediglich moralische Verpflichtungen begründen, werden sie nur dort Verwendung finden, wo keine Zweifel an der Zahlungsfähigkeit der Tochter bestehen beziehungsweise sicher davon ausgegangen werden kann, daß die Muttergesellschaft ihren moralischen Pflichten nachkommen wird. Denkbar ist eine Verwendung solcher Klauseln darüberhin-

---

35 So auch Gerth, S. 40 f.; Hoffmann, S. 16; Möser, DB 1979, 1470; Kohout, S. 261; Mosch, S. 45 ff.; vgl. auch Canaris, S. 368 f. u. Rehbinder, S. 318 f.

36 Vgl. Canaris, S. 368 f.; Möser, DB 1979, 1470; Hoffmann, S. 16; Mosch, S. 47 ff.

37 Vgl. Rümker, FS-Stiefel, S. 621 mit Hinweis auf die Begründung zum Entwurf eines Dritten Gesetzes zur Änderung des Gesetzes über das Kreditwesen, Drucksache 10/1441 S. 23.

aus auch dort, wo der Kreditgeber eine so schwache Stellung hat, daß er kein stärkeres Sicherungsmittel durchsetzen kann.[38] Des weiteren werden Goodwill-Erklärungen oftmals als Teil einer Gesamt-Patronatserklärung verwendet, deren andere Teile dann weitergehende Wirkungen haben.[39]

Insbesondere letzteres, nämlich die Verwendung der genannten Klauseln ohne eigenständigen Verpflichtungsgehalt im Rahmen und als Teil eines insgesamt weitergehenden *letter of comfort*, ist in der englisch-australischen Rechtspraxis zu beobachten. Die Goodwill-Erklärungen begründen dort ebenfalls mangels eines Rechtsbindungswillens lediglich eine moralische Verpflichtung.[40] Darüber hinaus fehlt es für eine vertragliche Verpflichtung an einem in die Zukunft gerichteten Versprechen. In dieser Weise argumentierte auch der Rechtsanwalt der beklagten *Malaysia Mining* im Verfahren vor der *Queen's Bench Division* in dem Rechtsstreit *Kleinwort Benson Ltd v Malaysia Mining Corp Bhd.* [41]

Eine Haftung aufgrund einer *misrepresentation* kommt ebenfalls nicht in Betracht. Es liegt bei den Goodwill-Erklärungen keine hierfür notwendige irreführende Erklärung über gegenwärtige Tatsachen vor.[42] Zwar mögen die Klauseln „*We hereby confirm that we know and approve of (the) facilities ...*" und „*We confirm that we are aware of the ... facility ...*" sogenannte *statements of facts* enthalten. Eine inhaltliche Unrichtigkeit ist allerdings kaum vorstellbare, da die Erklärungen selbst der Beleg dafür sind, daß die Muttergesellschaft informiert wurde und mit der Kreditgewährung einverstanden ist. Und selbst wenn die Erklärungen inhaltlich unrichtig wären, sind sie weder im Hinblick auf die Kreditgewährung irreführend noch für einen Kreditausfall ursächlich. Schließlich wußte der Kreditgeber beziehungsweise hätte wissen müssen, daß die Goodwill-Erklärungen keinerlei rechtliche Verpflichtungen begründeten. Mithin können die Klauseln nicht für die Kreditgewährung ausschlaggebend gewesen sein. Diese rechtliche Bewertung für das englisch-australische Recht ist von der Be-

---

38 Gerth, S. 38 f.; Köhler, WM 1978, 1341.

39 Vgl. dazu z.B. Schnyder, SJZ 1990, 57.

40 Vgl. Wood, Comparative Law, S. 347; Parsons, BJIBFL 1986, 8.

41 Kleinwort Benson Ltd v Malaysia Mining Corp Bhd, QBD, [1988] 1 AllER 714, 721 f. Vgl. des weiteren Gibson, LJ in: Kleinwort Benson Ltd v Malaysia Mining Corp Bhd, CA, [1989] 1 AllER 785, 795 sowie Rogers, CJ in Banque Brussels Lambert SA v Australian National Industries, [1989] NSWLR 502, 524.

42 Zu den Voraussetzungen einer Haftung aufgrund misrepresentation vgl. Hobeck, S. 35 u. S. 38; Allen, S. 12; Chitty/Beale, Rn. 414. Siehe auch schon oben, S. 47 ff., im Rahmen der Ausführungen zur Entscheidung Kleinwort Benson Ltd v Malaysia Mining Corp Bhd.

gründung her derjenigen vergleichbar, die nach deutschem Recht eine Vertrauenshaftung mangels Schutzwürdigkeit aufgrund der Kenntnis des Kreditgebers vom fehlenden Bindungswillens des Patrons ausschließt.

Aus dem Vorstehenden folgt: Die Rechtslage in Deutschland hinsichtlich von Goodwill-Erklärungen entspricht derjenigen in England und Australien. Ansprüche aufgrund von Goodwill-Erklärungen bestehen nicht.

## 2. Absichtserklärungen

In der Praxis finden Erklärungen Verwendung, in denen die Muttergesellschaft die Absicht äußert, etwas bestimmtes zu tun oder zu unterlassen. So erklärt die Muttergesellschaft beispielsweise, *„sie habe nicht die Absicht, ihre Beteiligung an der Tochtergesellschaft während der Laufzeit des Kredites zu reduzieren oder aufzuheben“*.[43] Derartige Absichtserklärungen der Muttergesellschaft werden auch im englisch-australischen Rechtskreis verwendet, zum Beispiel *„we do not intend to dispose our interest in ...“*, *„we do not have the intention to dispose of ...“* oder *„we assure you that we are not contemplating the disposal of our interest in ...“*.[44] Gebräuchliche Bezeichnungen dieser Erklärungsart sind *letter of intent*[45] oder *declaration of intent to participate*.[46]

### *a) Rechtsnatur/Auslegung*

Auf den ersten Blick liegt der Schluß nahe, eine solche Erklärung könne einen sogenannten *letter of intent* darstellen, auf den schon an früherer Stelle eingegangen wurde. Unter einem solchen wurde eine vorvertragliche schriftliche Erklärung verstanden, die vorherige Vereinbarungen oder das Verständnis einer oder mehrerer Personen hinsichtlich eines zukünftig abzuschließenden Vertrages wiedergibt.[47]

Eine solche Erklärung begründet keine rechtsgeschäftliche Verpflichtung. Sie kann aber nach deutschem Recht unter Umständen Grundlage für An-

---

43 Vgl. Fischer/Schaffland, GenFor. 1976 Nr. 3, S. 40; Mosch, S. 51; Möser, DB 1979, 1470.

44 Vgl. Chemco Leasing SpA v Rediffusion Ltd, CA, [1987] FTLR 201, 203 (dazu sogleich); Seiler, S. 106; Wittuhn, McGillLJ 1989/90, 492; Parsons, BJIBFL 1986, 8.

45 Vgl. Seiler, S. 106.

46 Vgl. Wittuhn, McGillLJ 1989/90, 492.

47 Lake/Draetta, S. 5; Lutter, S. 10 ff.; Siebourg, S. 230 ff. Siehe auch schon oben, S. 20, die Ausführungen zum letter of intent.

sprüche aus einer Geschäftsführung ohne Auftrag gemäß §§ 677 ff. BGB[48] oder für eine Haftung nach den Grundsätzen der culpa in contrahendo sein.[49]

Im Hinblick auf die Umstände des Zustandekommens ist es jedoch nicht möglich, Erklärungen, in denen die Muttergesellschaft ihre Absicht äußert, ihre Beteiligungspolitik gegenüber der Tochter nicht zu verändern, als *letters of intent* im Sinne einer vorvertraglichen Erklärung zu qualifizieren. Zum einen beziehen sich letztere ihrem Gehalt nach nur auf direkte Beziehungen zwischen Absender und Empfänger, während die Patronatserklärung sich auch auf die (finanzielle) Leistungsfähigkeit eines Dritten bezieht.[50] Zum anderen haben die Beteiligten bei Vereinbarung einer Patronatserklärung den vorvertraglichen Bereich schon verlassen. Hier geht es im Zusammenhang mit dem Kreditvertragsabschluß um Einräumung von Sicherheiten.

Der Wortlaut dieser Patronatserklärung läßt nach deutschem Recht keinen Rechtsbindungswillen erkennen. Es ist nur von der „Absicht" eines bestimmten Verhaltens die Rede, so daß es sich offensichtlich um eine unverbindliche Aussage handelt.[51] Schließlich fehlt die für eine rechtsgeschäftliche Verpflichtung notwendige Bestimmtheit beziehungsweise Bestimmbarkeit.[52]

### *b) Rechtswirkungen/Rechtsfolgen*

Da es sich nach deutschem Recht bei Absichtserklärungen, wie auch bei den Goodwill-Erklärungen, um Klauseln handelt, die keinen rechtsgeschäftlichen Verpflichtungsgehalt, sondern lediglich einen moralischen Hoffnungswert besitzen, kann hinsichtlich der Rechtswirkungen und -folgen auf die obigen Ausführungen zu den Goodwill-Erklärungen verwiesen werden. Absichtserklärungen ziehen nach deutschem Recht keinerlei Haftung nach sich.

### *c) Vergleich zum englisch-australischen Recht*

Im englisch-australischen Recht gilt grundsätzlich ebenfalls, daß eine Absichtserklärung mangels eines Rechtsbindungswillens keine vertragliche

---

48 Lutter, S. 53 ff.
49 Lutter, S. 65 ff.
50 Vgl. Lutter, S. 12 f.
51 Mosch, S. 51; Obermüller, Ersatzsicherheiten, Rn. 46; Schaffland, BB 1977, 1025; Scholz/Lwowski, Rn. 421.
52 Köhler, WM 1978, 1347.

Verpflichtung begründen kann, so daß sie keinerlei Haftung nach sich zieht.[53] Dies soll jedenfalls dann unproblematisch der Fall sein, wenn die Muttergesellschaft davon spricht, daß *„we do not intend to dipose of our interest in ...“* oder *„we do not have the intention to dispose of ...“*. Der Ausdruck *„intention“* ist wie die deutsche „Absicht“ in der Weise zu verstehen, daß der Patron deutlich machen will, keine rechtlich verbindliche Verpflichtung einzugehen und dementsprechend in keiner Weise zu haften.

Nicht ganz so eindeutig scheint der Ausschluß jeglicher Haftung jedoch, wenn die Mutter statt von einer *„intention“* von einer *„contemplation“* spricht, wie im Fall *Chemco Leasing SpA v Rediffusion Ltd.* Dort erklärte die beklagte *Rediffusion* gegenüber der klagenden *Chemco Leasing* im Rahmen eines *comfort letter* unter anderem: *„We assure you that we are not contemplating the disposal of our interest in CMC Italia ...“*.[54]

In dem Rechtsstreit kam es auf diese Klausel nicht an, so daß es an einer Beurteilung durch das Gericht fehlt. Nach *Parsons*[55] soll eine solche Erklärung nach *common law* aber unter Umständen eine Tatsache zum Inhalt haben, die möglicherweise einen Anspruch wegen *misrepresentation*[56] nach sich ziehen kann, wenn sie unzutreffend ist.

Ausgangspunkt für eine dementsprechende Haftung im *common law* wegen einer irreführenden Aussage ist zunächst, daß sich die Erklärung auf einen tatsächlichen, nicht zukünftigen Umstand beziehen muß: *misrepresentation must be of existing fact.*[57] Eine reine Absichtserklärung im Sinne eines *statement of intention* reicht nicht aus.[58] Eine Absichtserklärung kann jedoch ausnahmsweise dann als *statement of fact* angesehen werden, wenn der Erklärende schon zum Zeitpunkt der Abgabe die geäußerte Absicht tatsächlich gar nicht hatte, sondern etwas anderes plante; er aber wollte, daß der Erklärungsempfänger auf seine geäußerte Absicht vertraute.[59] In deutscher Terminologie würde man ein solches Vorhaben als innere Tatsache bezeichnen.[60]

---

53 So Seiler, S. 107 f. mit Hinweis auf eine Erklärung der British Bankers Association vom 22.1.1979.

54 CA, [1987] FTLR 201, 203.

55 BJIBFL 1986, 8.

56 Hierzu siehe auch schon oben, S. 47 ff., im Rahmen der Untersuchung der Entscheidung in Kleinwort Benson Ltd v Malaysia Mining Corp Bhd.

57 Vgl. Chitty/Beale, S. 334 ff; G. Müller, S. 24.

58 Chitty/Beale, S. 334.

59 Chitty/Beale, S. 335 f. mit Hinweisen auf die dementsprechende englische Rechtsprechung.

60 Vgl. Palandt-Heinrichs, § 123 Rn. 3.

Insoweit muß eine *contemplation* nach *Parsons* wohl weitergehend als eine bloße Absicht im Sinne einer *intention* verstanden werden, nämlich als innere Tatsache; also als Vorsatz oder rechtsgeschäftliche Absicht im Sinne eines Planes. Vor diesem Hintergrund erscheint es möglich, daß eine sogenannte Absichtserklärung nach englisch-australischem Recht ausnahmsweise auf der Rechtsfolgenseite nach den Grundsätzen der *misrepresentation* eine außervertragliche Haftung auf Schadenersatz zur Folge haben kann.[61] Voraussetzung muß aber eine Auslegung derart sein, daß Erklärungsinhalt tatsächlich eine innere Tatsache ist. Im *common law* sind hier allerdings Beweisschwierigkeiten dergestalt zu erwarten, ob eine innere Tatsache aufgrund der *contemplation* vorliegt und ob diese unzutreffend ist.

Nach deutschem Recht ist die Begründung einer Rechtscheinhaftung nach dem oben zu den Rechtswirkungen von Goodwill-Erklärungen Gesagten bei Erklärungen, in denen die Muttergesellschaft lediglich ihre Absicht äußert, ausgeschlossen. Dies gilt jedenfalls, solange es sich vom Wortlaut her eindeutig um eine reine Absichtserklärung handelt. Zwar kann auch nach deutschem Recht die Täuschung über eine innere Tatsache Haftungsfolgen nach sich ziehen, beispielsweise wegen arglistiger Täuschung nach §§ 123 Abs. 1, 823 Abs. 1, 826 BGB.[62] Im Hinblick auf den obigen Wortlaut der Absichtserklärung ist das jedoch zweifelhaft und überdies – wie im *common law* – mit erheblichen Beweisschwierigkeiten verbunden. Insoweit kann das englisch-australische Recht im Einzelfall im Hinblick auf Absichtserklärungen hinsichtlich möglicher Rechtsfolgen weiter gehen als das deutsche Recht. Dies gilt jedenfalls, soweit die englischen beziehungsweise australischen Gerichte der Ansicht von *Parsons*[63] folgen.

### 3. Kapitalanteils- und Vertrauensklausel

In der Praxis finden häufig Patronatserklärungen Verwendung, in denen die Muttergesellschaft erklärt, *„die Kreditnehmerin ist eine ...%ige Tochtergesellschaft von uns“*[64] (sogenannte Kapitalanteilsklausel) oder *„die Ge-*

---

61 Vgl. die obigen Ausführungen, S. 47 ff., im Rahmen der Darstellung der zweitinstanzlichen Entscheidung in Kleinwort Benson Ltd v Malaysia Mining Corp Bhd vor dem Court of Appeal.

62 Palandt-Heinrichs, § 123 Rn. 3 und Rnn. 25 ff.

63 BJIBFL 1986, 8.

64 Vgl. BGHZ 117, 127; OGH SZ Bd. 58 (1985) Nr. 127, S. 606, S. 607; OLG Karlsruhe, ZIP 1992, 1394, 1396; Gerth, S. 61 ff.; Mosch, S. 52 ff.; Obermüller, Ersatzsicherheiten, Rn. 39 f.; Westphalen, S. 386 f.

*schäftsführung der [Tochtergesellschaft] genießt unser volles Vertrauen*“[65] (sogenannte Vertrauensklausel). Teilweise werden beide Klauseln auch miteinander verbunden.[66] Diese Erklärungen sind der englisch-australischen Rechtspraxis ebenfalls bekannt, insbesondere die Kapitalanteilsklausel unter der Bezeichnung „*Statement of Shareholdings*: „*We confirm that ... % of the share capital of [the subsidiary] is owned by us*“.[67]

### a) *Rechtsnatur/Auslegung*

Durch die Abgabe einer der vorstehenden Erklärung erteilt die Muttergesellschaft Auskunft: im Fall der sogenannten Kapitalanteilsklausel über eine äußere Tatsache, nämlich über die Höhe der Beteiligung, und im Fall der sogenannten Vertrauensklausel über eine innere Tatsache, nämlich über das Vertrauen in die Tochtergesellschaft. Bereits der Wortlaut zeigt, daß sich die Muttergesellschaft weder zu einem fördernden Verhalten im Hinblick auf die Abwicklung des Kredites, noch zu einer Beibehaltung der Beteiligungsverhältnisse verpflichten will.[68]

Im deutschen Recht stellt sich die Frage, ob mit Abgabe einer Kapitalanteils- beziehungsweise einer Vertrauensklausel ein Auskunftsvertrag zustande kommt oder ob die Obergesellschaft lediglich aus Gefälligkeit handelt. Der BFH und das OLG Karlsruhe haben dies in zwei Entscheidungen, in denen sie mit derartigen Erklärungen befaßt waren, ausdrücklich offengelassen.[69]

Gemäß § 676 BGB, dessen Inhalt sich auch auf Auskünfte erstreckt,[70] ist grundsätzlich davon auszugehen, daß die Erteilung eines Rates oder einer Empfehlung kein Rechtsgeschäft darstellt, sondern lediglich eine Gefälligkeit. Das Gesetz nimmt an, daß dem Auskunftsgeber regelmäßig der Rechtsbindungswille fehlt.[71] § 676 BGB statuiert allerdings nur den Regelfall, wo-

---

65 Vgl. OLG Karlsruhe, ZIP 1992, 1394, 1396; ähnlich: BFHE 120, 279, 280. Siehe auch: Mosch, S. 58 f.; Kohout, S. 255; Möser, DB 1979, 1470; Westphalen, S. 387 f.

66 Vgl. Scholz/Lwowski, Rn. 407.

67 Vgl. Chemco Leasing SpA v Rediffusion Ltd, CA, [1987] FTLR 201, 203; Kleinwort Benson Ltd v Malaysia Mining Corp Bhd, QBD, [1988] 1 AllER 714, 716 ff.; Banque Brussels Lambert SA v Australian National Industries [1989] NSWLR 502, 507 ff. Vgl. auch Davidson/Wohl/Daniel, JBFLP 1992, 10 f.; Parsons, BJIBFL 1986, 8.

68 Vgl. OLG Karlsruhe, ZIP 1992, 1394, 1396; BFHE 120, 279, 284 f.; Scholz/Lwowski, 7. Aufl., Rn. 407; Schaffland, BB 1977, 1024; Westphalen, S. 386 ff.

69 BFHE 120, 279, 284; OLG Karlsruhe, ZIP 1992, 1394, 1397.

70 RGZ 126, 50, 52; 148, 286, 293; Palandt-Thomas, § 676 Rn. 1; Staudinger-Wittmann, § 676 Rn. 2; Motive II, S. 554.

71 Staudinger-Wittmann, § 676 Rn. 5; Palandt-Thomas, § 676 Rn. 1.

bei sich die tatsächliche Rechtsentwicklung weit von der Konzeption des historischen Gesetzgebers entfernt hat: In der wirtschaftlichen Praxis gilt vielmehr die Regel, daß eine Auskunft ein Rechtsgeschäft darstellt.[72]

Für die Bewertung einer Kapitalanteils- beziehungsweise einer Vertrauensklausel als (konkludent geschlossenen) Auskunftsvertrag ist nach deutschem Recht maßgebend, ob der Patron mit Rechtsbindungswillen handelt, beziehungsweise, ob der Kreditgeber aus dem Verhalten des Patrons auf das Vorliegen eines solchen Willens schließen darf. Unter diesen Gesichtspunkten hat der BGH in ständiger Rechtsprechung das Zustandekommen eines stillschweigenden Auskunftsvertrages im Geschäftsverkehr allgemein großzügig bejaht.[73] Indiz für das Vorliegen eines Rechtsbindungswillens soll dabei sein, ob die Auskunft für den Empfänger von erheblicher Bedeutung ist und er sie zur Grundlage wesentlicher Entschlüsse macht.[74] Das soll insbesondere dann der Fall sein, wenn der Auskunftgeber aufgrund seiner besonderen Sachkunde herangezogen wurde oder er ein eigenes wirtschaftliches Interesse an der Auskunftserteilung hat.[75]

Aus den vorstehenden Kriterien folgt, daß auch die Kapitalsanteils- und Vertrauensklausel im deutschen Recht einen Auskunftsvertrag begründen: Die Abgabe einer Patronatserklärung ist regelmäßig Ergebnis intensiver Verhandlungen zwischen Kreditgeber und Obergesellschaft. Es geht hierbei um die Bereitstellung adäquater Sicherheiten für die Kreditvergabe an die Tochter. Die Patronatserklärungen sollen anstelle traditioneller Sicherungsmittel treten.[76] Dies bedeutet aber, daß die Beteiligten sich in einem rechtsgeschäftlichen Bereich befinden. Für den Patron ist objektiv erkennbar, daß die in der Patronatserklärung enthaltene Auskunft für den Kreditgeber von erheblicher Bedeutung ist, da sie Grundlage wesentlicher Entschlüsse ist. Von der erlangten Auskunft macht der Erklärungsempfänger die Kreditvergabe abhängig.[77] Die Annahme eines konkludent geschlossenen Auskunftsvertrages wird außerdem dadurch unterstützt, daß die Muttergesell-

72 Vgl. Erman-Hauß, § 676 Rn. 1; Staudinger-Wittmann, § 676 Rn. 5.

73 BGHZ 7, 371, 374 f.; BGH, WM 1965, 287; 1966, 1148, 1149; 1970, 878, 879; 1976, 498, 499; 1978, 576; BGH, NJW 1991, 32. Siehe auch Palandt-Thomas, § 676 Rn. 4 f.; Staudinger-Wittmann, § 676 Rn. 7.

74 BGHZ 7, 371, 374 f.; BGH, NJW 1972, 678, 680 u. 1200; BGH, WM 1974, 685, 686; 1976, 498, 499; Palandt-Thomas, § 676 Rn. 4; Staudinger-Wittmann, § 676 Rn. 13.

75 BGHZ 7, 371, 374 f.; BGH, WM 1972, 826, 828 f.; Palandt-Thomas, § 676 Rn. 4; Staudinger-Wittmann, § 676 Rn. 13.

76 Vgl. Obermüller, ZGR 1975, 5; Mosch, S. 55; Kohout, S. 257.

77 Vgl. Kohout, S. 256; Mosch, S. 55; Rippert, S. 70; Schaffland, BB 1977, 1024.

schaft bezüglich der erteilten Auskünfte besondere Sachkenntnis besitzt und als investierende Spitzeneinheit ein eigenes wirtschaftliches Interesse an der Auskunftserteilung hat: Ein aufgrund von Investitionen verbessertes wirtschaftliches Ergebnis der Tochter schlägt sich auch positiv auf die Ertragslage des Gesamtkonzerns und damit auch auf die der Mutter nieder.[78]

Soweit das OLG Karlsruhe dennoch feststellt, aus einer Kapitalanteilsklausel leite „sich keinerlei rechtsgeschäftliche Verpflichtung (für den Erklärenden) ab" und die aufgrund einer Vertrauensklausel erteilte Auskunft müsse „selbstverständlich zutreffend sein; andernfalls macht sich der Erklärende unter Umständen schadenersatzpflichtig",[79] ist dies ungenau. Diese vom Gericht angenommene Pflicht besteht aufgrund eines Auskunftsvertrages.

Die englischen und australischen Urteile, die insbesondere *Statements of Shareholding* zum Gegenstand hatten, gehen auf diese im Rahmen ihrer rechtlichen Bewertung allenfalls am Rande ein. In dem Fall *Chemco Leasing SpA v Rediffusion plc*[80] wurde in den Urteilen sowohl der ersten als auch der zweiten Instanz die in der Patronatserklärung enthaltene Kapitalanteilsklausel nicht berücksichtigt. Ebensowenig beschäftigte sich der Großteil der Literatur, welche die beiden Urteile kommentierte, damit. In dem Rechtsstreit *Kleinwort Benson Ltd v Malaysia Mining Corp Bhd*[81] wurde die dortige Klausel ebenfalls nicht berücksichtigt, ebensowenig in *Banque Brussels Lambert SA v Australian National Industries*.[82] Diese Nichtbeachtung läßt den Schluß zu, daß es sowohl für die englischen und australischen Gerichte als auch für die dortige Literatur mangels eines Rechtsbindungswillens fernlag anzunehmen, aufgrund einer Kapitalanteilsklausel könne eine vertragliche Verpflichtung begründet werden. Die dargestellten Argumente zur Begründung eines konkludent vereinbarten Vertrages nach deutschem Recht haben außerdem mangels eines konkreten in die Zukunft gerichteten Leistungsversprechens im englisch-australischen Recht keine Geltung.

Trotz fehlender Auseinandersetzung der englisch-australischen Rechtspraxis mit Kapitalanteils- und Vertrauensklausel erscheint nach *common law* jedoch eine außervertragliche Haftung des Erklärenden möglich, wenn die in der Klausel enthaltene Auskunft inhaltlich falsch war.[83] In Betracht kommt eine Haftung aufgrund *misrepresentation*, insbesondere nach den in

78 Kohout, S. 257; Mosch, S. 55; Rippert, S. 70; Schaffland, BB 1977, 1024.
79 OLG Karlsruhe, ZIP 1992, 1394, 1396.
80 [1987] 1 FTLR 201.
81 QBD, [1988] 1 AllER 714 und CA, [1989] 1 AllER 785.
82 [1989] NSWLR 502.
83 So auch Parsons, BJIBFL 1986, 8; Davidson/Wohl/Daniel, JBFLP 1992, 10 f.

der *Hedley Byrne*-Entscheidung entwickelten Grundsätzen.[84] Eine Haftung aufgrund des *Misrepresentation Act* 1967 kommt regelmäßig nicht in Betracht, da die *misrepresentation* nicht von der den Kreditvertrag abschließenden Tochtergesellschaft ausgeht, sondern von der Muttergesellschaft.[85]

Voraussetzungen für eine Haftung wegen *misrepresentation* sind zunächst einmal, daß die getätigte Aussage „*of existing fact*" sein muß, nicht Vertragsbestandteil geworden ist und der Getäuschte auf ihre Richtigkeit vertraut hat und vertrauen durfte sowie in diesem Vertrauen auch handelte.[86] Bei inhaltlicher Unrichtigkeit der Kapitalanteilsklausel liegen diese Voraussetzungen grundsätzlich vor: Die Erklärung bezieht sich auf einen tatsächlichen Umstand, nämlich den Kapitalanteil des Patrons zur Zeit der Abgabe der Erklärung. Die Klausel ist mangels eines Rechtsbindungswillens grundsätzlich nicht Vertragsbestandteil geworden. Außerdem vertraut der Kreditgeber berechtigterweise auf die Richtigkeit der Klausel und handelt in diesem Vertrauen; aufgrund der in der Patronatserklärung gemachten Angaben gewährt der Kreditgeber als Erklärungsempfänger der Tochtergesellschaft einen Kredit. Für die Kreditgewährung ist die Kapitalanteilsklausel regelmäßig als nicht ganz unwesentlicher Faktor mitursächlich. Dies reicht für die Begründung einer außervertraglichen Haftung wegen *misrepresentation* jedenfalls aufgrund einer Kapitalanteilsklausel nach englischen und australischen Recht aus.[87]

### *b) Rechtswirkungen/Rechtsfolgen*

Der nach deutschem Recht aufgrund einer Kapitalanteils- oder einer Vertrauensklausel begründete Auskunftsvertrag verpflichtet die Muttergesellschaft, über ihre Beteiligung sowie ihre Einschätzung der Geschäftsleitung ihrer Tochtergesellschaft richtig, vollständig und gewissenhaft Auskunft zu erteilen.[88] Für den Kreditgeber sind alle die Informationen wichtig, die Rückschlüsse auf Einflußmöglichkeiten der Muttergesellschaft zulassen.

---

84 Siehe zu diesen Grundsätzen schon oben, S. 48 ff., im Rahmen der Entscheidung Kleinwort Benson Ltd v Malaysia Mining Corp Bhd, und die Ausführungen zu den sog. Absichtserklärungen, S. 120 f.

85 Siehe hierzu die obigen Ausführungen, S. 47 f., im Rahmen der Entscheidung Kleinwort Benson Ltd v Malaysia Mining Corp Bhd.

86 Vgl. zu den Voraussetzungen nur: Chitty/Beale, S. 334 ff.; G. Müller, S. 23 ff.

87 Vgl. dazu G. Müller, S. 30 m.w.N.

88 BGH, WM 1974, 175; Mosch, S. 56; Obermüller, Ersatzsicherheiten, Rn. 39; Gerth, S. 64; Kohout, S. 257 m.w.N.

Zweifellos ist die Muttergesellschaft nach deutschem Recht auch verpflichtet, eine zum Zeitpunkt der Erteilung unrichtige Auskunft richtig zu stellen, wenn sie ihren Irrtum nachträglich entdeckt.[89] Problematisch ist jedoch, ob sich aus Patronatserklärungen der dargestellten Art auch die Pflicht des Patrons ergibt, dem Kreditgeber eine nachträgliche Änderung der Verhältnisse mitzuteilen. Grundsätzlich besteht eine solche Verpflichtung im Rahmen von Auskunftsverhältnissen im deutschen Recht nicht. Dennoch wird teilweise eine nachträgliche Berichtigungspflicht im Hinblick auf Kapitalanteils- und Vertrauensklauseln angenommen.[90] Diese Ansicht ist allerdings abzulehnen: Grundsätzlich beziehen sich Informationen, die bei Kreditverhandlungen abgegeben werden, beispielsweise Bilanzen, lediglich auf den momentanen Ist-Zustand. Sollen Auskünfte aber insofern eine Wirkung für die Zukunft entwickeln, daß sie eine nachträgliche Berichtigungspflicht begründen, müssen sie als solche deutlich gemacht werden. Notwendig ist, daß die Auskunft auch in die Zukunft ausstrahlt.[91] Das ist bei einer Kapitalanteils- beziehungsweise einer Vertrauensklausel mit dem hier zugrundeliegenden Wortlaut nicht der Fall. Eine nachträgliche Berichtigungspflicht besteht daher hier nicht.[92]

Nach englisch-australischem Recht ist hinsichtlich einer Haftung aufgrund *misrepresentation* allein maßgebend, ob die Aussage zu dem Zeitpunkt, in dem sie geäußert wird, inhaltlich zutrifft. Nachträgliche Berichtigungspflichten bestehen nicht.

Eine Verletzung des nach deutschem Recht begründeten Auskunftsvertrages liegt vor, wenn unrichtig oder unvollständig Auskunft erteilt wurde.[93] Gewährt der Kreditgeber aufgrund der inkorrekten Auskunft einen Kredit und erleidet er dadurch einen Schaden, hat er gegen den Patron einen Anspruch wegen positiver Vertragsverletzung.[94] Der Schadenersatzanspruch umfaßt neben dem Ausfall der Hauptforderung auch die rückständigen Zinsen und Provisionen, er ist also auf das positive Interesse gerichtet.[95]

---

89 So auch: Mosch S. 57; Gerth, S. 67; Kohout, S. 258; Westphalen, S. 387; vgl. auch RG, JW 1917, 285, 286; BGH, WM 1963, 932 u. 1110, 1111; Soergel/Mühl, 11. Aufl., 676 Rn. 14; Palandt-Thomas, § 676 Rn. 3.

90 So: Gerth, S. 73 f. mit Berufung auf BGHZ 61, 176; ihm folgend: Obermüller, Ersatzsicherheiten, Rn. 40; ders., ZIP 1982, 917; Rippert, S. 77 f.; vorsichtiger: Westphalen, S. 387.

91 Vgl. Mosch, S. 64.

92 Genauso, wenn auch ohne Begründung: Mosch, S. 57 u. S. 59; Kohout, S. 258.

93 Mosch, S. 57; Kohout, S. 258.

94 Mosch, S. 57 u. S. 59; Kohout, S. 258.

95 So auch Obermüller, ZGR 1975, 7; Mosch, S. 58; Kohout, S. 258 f.; a.A. ohne Begründung: Seiler, S. 62.

Problematisch kann allerdings die Beweissituation des Kreditgebers sein. Insbesondere wird die Kausalität zwischen Pflichtverletzung und Schaden sowie das Verschulden, wofür die Beweislast beim Kreditgeber als Auskunftsempfänger liegt, nur schwerlich zu beweisen sein.[96] Sofern die Muttergesellschaft eine schon anfänglich unrichtige oder unvollständige Auskunft erteilt, müßte der Kreditgeber als Auskunftsempfänger beweisen, daß er den Kredit bei Erhalt einer richtigen Auskunft nicht gewährt hätte. Solange die unzutreffende Auskunft nicht den Eintritt „dramatischer Eckwerte" verschleiert, bieten Schadenersatzprozesse nur eine geringe Aussicht auf Erfolg.[97] Dementsprechend ist eine Patronatserklärung der Muttergesellschaft, „*die Kreditnehmerin sei eine ...%ige Tochtergesellschaft*" beziehungsweise „*ihre Geschäftsleitung genieße ihr volles Vertrauen*" nach deutschem Recht dem Grunde nach als Kreditsicherheit ungeeignet. Sie begründet lediglich die Pflicht, eine richtige und vollständige Auskunft zu erteilen. Durch sie wird der Patron nicht verpflichtet, für die Erfüllung der Schulden der Tochtergesellschaft einzustehen.[98]

Im englisch-australischen Recht kann eine *misrepresentation* unterschiedliche Rechtsfolgen nach sich ziehen. Der getäuschte Vertragspartner hat unterschiedliche Rechtsbehelfe, je nachdem, ob die *misrepresentation* vorsätzlich (*fraudulently*), fährlässig (*negligently*) oder schuldlos (*innocently*) erfolgte. In Betracht kommt das Recht, sich vom Vertrag lösen zu können (*rescission*), sowie Schadenersatzansprüche (*damages*).[99]

Das Recht, den aufgrund der irreführenden Erklärung abgeschlossenen Vertrag durch einseitige Gestaltungserklärung aufzuheben, besteht grundsätzlich bei jeder Form von *misrepresentation*. Eine *rescission* des Kreditvertrages erscheint jedoch in zweifacher Hinsicht zweifelhaft: Zum einen schließt der Kreditgeber keinen Vertrag mit der Muttergesellschaft, welche die unzutreffende Aussage vornimmt, ab, sondern mit deren Tochtergesellschaft. Allerdings könnte dies unter Umständen wegen der Konzernverbundenheit unerheblich sein: Die Tochtergesellschaft tritt normalerweise an ihre Mutter mit der Bitte um Abgabe einer Patronatserklärung gegenüber dem Kreditgeber heran. Sie dürfte auch wissen, wenn die Anteilsklausel inhaltlich nicht zuträfe.[100] Zum anderen dürfte die Loslösung vom Kreditvertrag nach Auszahlung beziehungsweise Ziehung (*drawdown*) der Kreditsumme

96 Obermüller, ZIP 1982, 916 ff.; Möser, DB 1979, 1470; Gerth, S. 77 ff.

97 Gerth, S. 80; Scholz/Lwowski, Rn. 410.

98 Obermüller, ZGR 1975, 7; Gerth, S. 87 f.

99 G. Müller, S. 34; vgl. auch Hobeck, S. 129 ff.

100 Vgl. zu der Situation, wenn Erklärender und Vertragschließender auseinanderfallen: Chitty/Beale, S. 343 ff.

und Zahlungsunfähigkeit des Kreditnehmer ausgeschlossen sein beziehungsweise keinen Sinn mehr machen.[101] Denn ein Rücktritt vom Vertrag würde dann nicht die Rückzahlung der Verbindlichkeiten als bezweckten Erfolg erreichen.

In Frage kommt bei der Abgabe einer inhaltlich unzutreffenden Kapitalanteils- oder Vertrauensklausel nach *common law* vorrangig eine Verpflichtung zu Schadenersatz (*damages*). Die Schadenersatzregelungen sind als Ansprüche aus *tort*, also Delikt, einzuordnen.

In Betracht kommt dabei zunächst eine Haftung für eine vorsätzlich abgegebene unrichtige Erklärung, sogenannte *fraudulent misrepresesentation*, aus *tort of deceit*. Die Definition für *fraud* wurde vom *House of Lords* in *Derry v Peek* begründet:[102] „... *fraud is proved when it is shown that a false representation has been made (1) knowingly, or (2) without belief in its truth, or (3) recklessly, careless whether it be true or false.*"

Die an den Vorsatz gestellten Anforderungen werden also hoch angesetzt. Ein klagender Kreditgeber wird es dementsprechend sehr schwer haben zu beweisen, daß der Patron vorsätzlich eine irreführende Aussage gemacht hat.[103] Insoweit dürfte eine *fraudulent misrepresentation* keine große praktische Bedeutung bei der Abgabe einer Kapitalanteils- oder Vertrauensklausel erlangen.

Größere Relevanz hat dagegen die Haftung wegen einer fahrlässig unzutreffenden Kapitalanteils- oder Vertrauensklausel. Ein Anspruch aufgrund *Section* 2 (1) *Misrepresentation Act* 1967 besteht zwar, wie dargestellt, nicht.[104] In Frage könnte aber eine Haftung aufgrund eines *tort of negligence* gemäß den im Fall *Hedley Byrne & Co Ltd v Heller & Partners* entwickelten Grundsätzen kommen.[105] Maßgebend hierfür ist nach *common law* zunächst, ob der Muttergesellschaft gegenüber dem Kreditgeber eine *duty of care* aufgrund einer *special relationship* oblag. Für das Vorliegen eines solchen Näheverhältnisses spricht vor allem, daß der Kreditgeber auf die Aussage des Patrons vertraut. Englische Gerichte sind jedoch, wie gesehen, im allgemeinen sehr zurückhaltend damit, ein ausreichendes Nähe-

---

101 Parsons, BJIBFL 1986, 8.

102 [1889] 14 App Ca 337, 374 = [1886-98] AllER 1, 22.

103 Vgl. zur Schwierigkeit, eine fraudulent misrepresentation zu beweisen: G. Müller, S. 43.

104 Vgl. dazu die Darstellungen im Rahmen des Kleinwort Benson-Falles, S. 42 f.

105 [1963] 2 AllER 575 0 [1964] AC 465; vgl. auch schon oben, S. 48 ff., die Darstellungen im Rahmen des Kleinwort Benson-Falles.

verhältnis anzunehmen,[106] so daß zweifelhaft erscheint, ob nach englischem Recht eine Haftung wegen *negligent misrepresentation* bei Abgabe einer unzutreffenden Erklärung angenommen werden würde. Australische Gerichte erscheinen in dieser Hinsicht großzügiger, da sie vorwiegend auf das tatsächlich entgegengebrachte, gerechtfertigte Vertrauen abstellen. Dort ist dementsprechend eher mit der Bejahung eines ausreichenden Näheverhältnisses zu rechnen.[107]

Allerdings erscheint sowohl nach englischem als auch nach australischem Recht die Durchsetzbarkeit eines Schadenersatzanspruches wegen *misrepresentation* vor einem anderen Hintergrund zweifelhaft: Es dürfte dem Kreditgeber im allgemeinen nur unter Schwierigkeiten möglich sein nachzuweisen, daß der erlittene Schaden, nämlich der Ausfall mit der Kreditforderung, Folge der *misrepresentation* ist.[108] Im Rahmen eines *tort of negligence*, um den es hier geht, muß der Schaden nicht nur die direkte Konsequenz der Pflichtverletzung gewesen sein, sondern auch vorhersehbar.[109] Da der Patron durch die Abgabe einer Kapitalanteils- oder Vertrauensklausel in keiner Weise für die Verpflichtungen des Kreditgebers einstehen und sich in irgendeiner Weise vertraglich verpflichten wollte, erscheint unwahrscheinlich, daß der Kreditgeber den Kredit vorwiegend aufgrund der unverbindlichen Erklärung gewährt. Auch dürfte regelmäßig nur schwerlich ein Zusammenhang zwischen der unrichtigen Erklärung über den Kapitalanteil und dem entgegengebrachten Vertrauen Ursache dafür sein, daß der gewährte Kredit nicht zurückgeführt wird.

Auf den ersten Blick unterscheiden sich aufgrund der vorstehenden Ausführungen die Rechtswirkungen einer Kapitalanteils- beziehungsweise einer Vertrauensklausel nach englisch-australischem Recht erheblich von denen nach deutschem Recht: Im deutschen Recht wird ein Auskunftsvertrag begründet, dessen Verletzung aufgrund inhaltlicher Unrichtigkeit einen vertraglichen Schadenersatzanspruch nach sich ziehen kann. Im englisch-australischen Recht kommt dagegen mangels vertraglicher Eigenschaft lediglich ein deliktischer Schadenersatzanspruch in Betracht. In praktischer Hinsicht entsprechen die Rechtslagen einander jedoch weitgehend: Der in Frage kommende Schadenersatzanspruch dürfte kaum durch-

---

106 Vgl. Caparo Industries Plc v Dickman and Ors, HL, [1990] 1 AllER 568; siehe hierzu auch oben, S. 93.

107 Vgl. oben, S. 91 ff., im Rahmen der Darstellungen der allgemeinen Tendenzen im englischen und australischen Recht.

108 So auch Parsons, BJIBFL 1986, 8.

109 So: Overseas Tankship (UK) Ltd v Morts Dock and Engineering Co Ltd, The Wagon Mound [1961] 1 AllER 404; vgl. auch G. Müller, S. 69.

setzbar sein. Der Kreditgeber muß nachweisen, daß der ihm entstandene Schaden Folge der unrichtigen Auskunft ist. Dieser Nachweis wird aber in allen drei Rechtsordnungen regelmäßig nur schwer zu erbringen sein. Lediglich im Einzelfall kann die Beweisführung erleichtert werden; so im deutschen Recht im Hinblick auf das Verschulden gemäß § 282 BGB.[110]

Eine Kapitalanteils- beziehungsweise eine Vertrauensklausel begründet dementsprechend weder nach deutschem Recht noch nach *common law* einen ausreichenden Sicherheitswert.

## 4. Beteiligungs- oder Stillhalteklausel

Dem Erfindungsreichtum der wirtschaftlichen Praxis ist, was die Ausgestaltung von Patronatserklärungen betrifft, keine Grenzen gesetzt. Dementsprechend haben viele verschiedene Erklärungsarten Verwendung gefunden, in denen der Patron unterschiedliche Handlungs- oder Unterlassungspflichten übernimmt.[111] Eine vollständige Darstellung aller denkbaren Erklärungsarten ist vor dem Hintergrund iher Vielfalt unmöglich. Die Darstellung in dieser Arbeit ist daher auf solche Erklärungen beschränkt, die in der Finanzierungspraxis eine häufigere Verwendung finden und deshalb auch zumeist Gegenstand gerichtlicher Entscheidungen gewesen sind.

International verbreitet ist die Erklärung der Muttergesellschaft, „*sie werde ihre derzeitige Beteiligung an ihrer Tochtergesellschaft während der Kreditlaufzeit aufrechterhalten*“ beziehungsweise „*unverändert beibehalten*“.[112] In einer ähnlichen Klausel erklärt die Muttergesellschaft, „*sie beabsichtige nicht, die Beteiligung an ihrer Tochtergesellschaft während der Kreditlaufzeit zu reduzieren oder aufzugeben*“ und versichert gleichzeitig, „*im Falle einer dennoch später beabsichtigten Änderung des Beteiligungsverhältnisses sich mit dem Kreditgeber in Verbindung zu setzen, um eine beiderseits zufriedenstellende Lösung zu finden*“.[113]

Für die in der englisch-australischen Praxis häufig verwendeten Stillhalte- und vergleichbaren Klauseln sind Bezeichnungen, wie *statement to main-*

110 Vgl. Gerth, S. 87.

111 Zu den unterschiedlichen Erklärungsarten vgl. nur Mosch, S. 68 ff. u. Scholz/Lwowski, Rnn. 416 ff.

112 Vgl. zu dieser Erklärung z.B.: Gerth, S. 90 ff.; Köhler, WM 1978, 1348; Vollmer, ZBB 1993, 90 ff.; Scholz/Lwowski, Rn. 420; Westphalen, S. 391 m.w.N.; Seiler, S. 106; Wittuhn, McGillLJ 1989/90, 492; Parsons, BJIBFL 1986, 8.

113 Vgl. Fischer/Schaffland, Gen.-For. 1976, Nr. 2, 36; Westphalen, S. 391; Scholz/Lwowski, Rn. 421.

*tain ownership interest, declaration of intent to participate*[114] oder vereinzelt auch – mißverständlich – *letter of intent*[115] üblich. Eine „klassische" Stillhalteklausel war unter anderem Gegenstand in dem Rechtsstreit *Kleinwort Benson Ltd v Malaysia Mining Corp Bhd.* Dort erklärte die beklagte Muttergesellschaft unter anderem: „*We confirm that we will not reduce our current financial interest in [the subsidiary] until the above facilities have been repaid or until you have confirmed that you are prepared to continue the facilities with new shareholders.*"[116] Ähnliche Erklärungen wurden in den Fällen *Chemco Leasing SpA v Rediffusion Ltd* und *Banque Brussels Lambert SA v Australian National Industries* verwendet.[117]

### a) *Rechtsnatur/Auslegung*

Insbesondere bei der Bewertung von Beteiligungs- oder Stillhalteklauseln ist maßgebend, wie sie aufgrund der Wortlaute und der Umstände des Zustandekommens verstanden werden dürfen.

In Deutschland hatte sich schon 1976 der Bundesfinanzhof (BFH) mit einer vergleichbaren Klausel zu beschäftigen.[118] Eine Muttergesellschaft hatte im Rahmen der Gewährung von Fremdmitteln an ihre Tochtergesellschaft für ein Industrieprojekt gegenüber der Kreditgeberin erklärt, sie „*werde während der Laufzeit der Fremdmittel ihre Entnahmen in bestimmter Weise beschränken*".[119] Das ist zwar keine „klassische" Stillhalteklausel; aber von ihrem Sinn und Zweck her sowie im Hinblick auf ihre Formulierung ist sie mit einer solchen vergleichbar: Auch hier handelt es sich um ein Stillhalten im Sinne einer Unterlassungspflicht. Der BFH stellte für die Klausel knapp fest, daß eine solche Erklärung keine bürgschafts- oder garantieähnliche Verpflichtung begründe; vielmehr lasse die Erklärung lediglich den Willen der Muttergesellschaft erkennen, der Tochtergesellschaft die Erfüllung ihrer Verbindlichkeiten aus dem Kreditgeschäft nicht zu erschweren.[120] Eine genaue Auslegung oder Einordnung der Klausel nahm das Gericht nicht vor.

---

114 Vgl. Wittuhn, McGillLJ 1989/90, 492.

115 Vgl. Seiler, S. 106.

116 Vgl. Kleinwort Benson Ltd v Malaysia Mining Corp Bhd, QBD, [1988] 1 AllER 714, 718 und CA, [1989] 1 AllER 785, 788.

117 Chemco Leasing SpA v Rediffusion Ltd, CA, [1989] FTLR 201, 203; Banque Brussels Lambert SA v Australian National Industries Ltd, [1989] NSWLR 502.

118 BFHE 120, 279, 280.

119 Ebenda.

120 Ebenda, S. 284 f.

Eine „klassische" Beteiligungsklausel war dagegen 1992 Gegenstand eines Urteils des BGH.[121] Dort hatte eine Muttergesellschaft unter anderem gegenüber der kreditgebenden Bank erklärt:

> *„Solange Sie allfällige Forderungen [aus dem gewährten Kredit] gegen unsere Tochtergesellschaft haben, werden wir die Beteiligung in unveränderter Höhe aufrechterhalten. Sollten wir eine Änderung in Erwägung ziehen, werden wir uns rechtzeitig mit Ihnen in Verbindung setzen und mit Ihnen einvernehmlich vorgehen."*

Die Erklärung unterlag dem österreichischen Recht. Der BGH stellte aber fest, daß die Rechtslage in Deutschland der in Österreich entspreche.[122] In seinen Entscheidungsgründen ging das Gericht allerdings nicht auf die Klausel ein, da es auf sie letztlich nicht ankam. Auch die Literatur, die sich mit diesem Urteil beschäftigte, behandelte sie nicht.[123]

Der österreichische OGH hatte ebenfalls einen Rechtsstreit zu entscheiden, in dem es unter anderen um eine Beteiligungsklausel ging:[124] Der beklagte alleinige Kommanditist einer Kommanditgesellschaft (KG) gab im Zusammenhang mit einer Kreditgewährung an die KG gegenüber der kreditgebenden Bank eine Patronatserklärung ab, die unter anderem folgende Klausel enthielt:

> *„Wir werden unsere Beteiligung an dieser Firma nur mit Ihrer ausdrücklichen Zustimmung ändern, soferne der gegenständliche Kredit zum Zeitpunkt einer allfälligen Änderung noch unberichtigt aushaftet."*[125]

Einige Zeit nach Abgabe der Erklärung schied der Beklagte aus der KG aus. Eine Zustimmung der klagenden Bank hierzu lag nicht vor. Die KG wurde später liquidiert, ohne daß die Klägerin befriedigt wurde. Diese klagte daraufhin, gestützt auf die Patronatserklärung, auf Zahlung der offenen Kreditforderung gegen den ehemaligen Kommanditisten.

Der OGH führte in seinen Entscheidungsgründen aus, daß der rechtliche Gehalt der Erklärung nach den Auslegungsregeln der §§ 914 f. ABGB zu ermitteln sei.[126] Diese entsprechen den Regeln nach §§ 133, 157 BGB.[127] Ohne Begründung legte das Gericht dar, daß der Beklagte aufgrund der abgegebenen Klausel vertraglich verpflichtet gewesen sei, seine Beteiligung

---

121 BGHZ 117, 127, 128 f.

122 BGHZ 117, 129 u. 130 mit Hinweis auf: Aichinger, QuHGZ 4/1978, 85 f.; Avancini, ÖJZ 1993, 546 f.; Gerth, S. 400 ff.

123 Rümker, EWiR § 765 BGB 2/92, 335 f.; Obermüller, WuB I F 1 c – 1.92, 669; Geimer, LM § 305, Bl. 1230.

124 OGH SZ Bd. 58 (1985) Nr. 127, S. 606 = JBL 1986, 173.

125 Ebenda.

126 OGH SZ Bd. 58 (1985) Nr. 127, S. 606, 609.

127 Vgl. Rummel/Rummel, § 914 Rnn. 1 ff.; siehe auch Hoffmann, S. 56 ff.

an der KG nicht ohne Zustimmung der Klägerin bis zur gänzlichen Kreditrückzahlung zu ändern. Durch die ohne Zustimmung der Bank erfolgte Aufgabe der Beteiligung habe der Kläger diese Vertragsverpflichtung verletzt, was keiner weiteren Erörterung bedürfe. Auf die Vertragsart oder den genauen Vertragsinhalt ging das Gericht darüber hinaus jedoch nicht ein.

Eine Auslegung der eingangs vorgestellten Beteiligungsklauseln im deutschen Recht nach den §§ 133, 157 BGB zeigt die Richtigkeit des vom OGH nicht weiter begründeten Ergebnisses, der Beteiligungsklausel einen vertraglichen Verpflichtungsgehalt zuzuweisen: Bei den Klauseln ist zunächst zu untersuchen, ob die jeweilige Muttergesellschaft gegenüber dem Adressaten der Patronatserklärung eine verbindliche Willens- und Haftungserklärung abgeben wollte.[128] Insoweit, als die Muttergesellschaft erklärt, sie wolle ihre Beteiligung beziehungsweise ihren Geschäftsanteil während der Kreditlaufzeit nicht ändern, ist ein Rechtsbindungswille anzuerkennen. Das ergibt sich zwar regelmäßig nicht zweifelsfrei aus dem Wortlaut alleine.[129] Berücksichtigt man aber darüber hinaus auch die Umstände des Zustandekommens, ist festzustellen, daß der Kreditnehmer nach dem verobjektivierten Empfängerhorizont auf das Vorliegen eines Rechtsbindungswillens schließen durfte.[130] Denn Patronatserklärungen sind regelmäßig das Ergebnis von Verhandlungen zwischen Kreditgeber und Patron über die Bereitstellung von Kreditsicherheiten. Die Bank kann zwar im Einzelfall nicht durchsetzen, daß eine Garantie, Bürgschaft oder ähnliches vereinbart wird, sie kann es aber ablehnen, den Kredit ganz ohne die Hereinnahme irgendwelcher Sicherheiten zu vergeben. Daraus ist zu folgern, daß der Patron sich rechtsgeschäftlich zu der jeweiligen Handlung oder dem jeweiligen Unterlassen verpflichten will. Er weiß, daß der Kreditgeber an einer möglichst weitreichenden Sicherung interessiert ist und dieser durch die Kreditgewährung eine erhebliche Vermögensdisposition vornimmt.[131] Bei den Beteiligungsklauseln und ähnlichen Erklärungen, wie der in der oben genannten Entscheidung des BFH,[132] handelt es sich nach deutschem Recht mithin um ein nach § 137 BGB wirksam vereinbartes rechtsgeschäftliches Veräußerungsverbot.[133]

---

128 Vgl. Westphalen, S. 391; Möser DB 1979, 1470 f.; Schaffland, BB 1977, 1025; Köhler, WM 1978, 1346.

129 Vgl. Mosch, S. 58.

130 Vgl. zum verobjektivierten Empfängerhorizont nur: Palandt-Heinrichs, § 133 Rn. 7 und Rnn. 9 ff.; Münchener Kommentar-Mayer-Maly, § 133 Rn. 10.

131 Mosch, S. 69; Kohout, S. 243; Gerth, S. 90 ff.

132 BFHE 120, 279.

133 Vgl. Gerth, S. 92 f.; Westphalen, S. 392; Scholz/Lwowski, Rn. 419 f.; Obermüller, ZGR 1975, 8; Mosch, S. 107.

Zum vertraglichen Charakter einer Stillhalteklausel wurde auch in der international beachteten, englischen Entscheidung *Kleinwort Benson Ltd v Malaysia Mining Corp Bhd* Stellung genommen. Dort gab die beklagte Muttergesellschaft eine „klassische" Stillhalteklausel ab und erklärte unter anderem:

> *„We confirm that we will not reduce our current financial interest in [Metals] until the above facilities have been repaid or until you have confirmed that you are prepared to continue the facilities with new shareholders."*[134]

Nach übereinstimmender Ansicht der Parteien hatte diese Klausel einen vertraglichen Charakter, da es sich um ein bestimmtes, in die Zukunft gerichtetes Versprechen handelte: *„we will"*. Der *Court of Appeal* folgte dieser Einschätzung in einem *obiter dictum.*[135] Die englischsprachige Literatur stimmte dem zu.[136]

Ähnliche Klauseln wie in dem Fall *Kleinwort Benson Ltd v Malaysia Mining Corp Bhd* haben Verwendung in weiteren englischen beziehungsweise australischen Fällen gefunden: In *Chemco Leasing SpA v Rediffusion Ltd* erklärte die Muttergesellschaft:

> *„We assure you that we are not contemplating the disposal of our interest in CMC Italia and undertake to give Chemco Leasing prior notification should we dispose of our interest".*[137]

In dem australischen Fall *Banque Brussels Lambert SA v Australian National Industries* gab die Muttergesellschaft unter anderen folgende Erklärung ab:

> *„... and state that it would not be our intention to reduce our shareholding in Spedley Securities Holdings Limited from the current level ... during the facility. We would, however, provide your Bank with ninety (90) days notice of any subsequent decisions taken by us to dispose of this shareholding ...".*[138]

Der jeweils erste Teil der vorstehenden Erklärungen stellt eine Absichtserklärung dar. Insoweit kann auf die obigen Ausführungen zu diesen verwiesen werden. Hinsichtlich des zweiten Teils gilt etwas anderes. In dem *Chemco*- Fall setzten sich die Gerichte in beiden Instanzen dennoch nicht

---

134 Vgl. Kleinwort Benson Ltd v Malaysia Mining Corp Bhd, QBD, [1988] 1 AllER 714, 718 und CA, [1989] 1 AllER 785, 788.

135 Kleinwort Benson Ltd v Malaysia Mining Corp Bhd, CA, [1989] 1 AllER 785, 794 f. u. 795 f.

136 Gillespie/Harwood, JIBL 1989, N-72; Watson, BJIBFL 1989, 130; Elland-Goldsmith, RDAI/IBLJ 1994, 529; genauso auch schon Smart, IBL 1978, 297.

137 Chemco Leasing SpA v Rediffusion Ltd, CA, [1989] FTLR 201, 203.

138 Banque Brussels Lambert SA v Australian National Industries Ltd, [1989] NSWLR 502.

mit der Klausel auseinander. Es kam auf sie nicht an. In den Entscheidungsgründen zu *Banque Brussels Lambert SA v Australian National Industries* entschied das Gericht, daß die Erklärung, im Falle einer beabsichtigten Beteiligungsaufgabe die Bank hierüber zu informieren, eine vertragliche Verpflichtung begründe. Das ergebe sich daraus, daß die Erklärung ein Versprechen enthalte, welches für den Erklärungsempfänger einen klaren Vorteil begründe.[139]

Diese Aussage kann sowohl für das englische als auch für das australische Recht im Hinblick auf alle *comfort letters*, die eine Leistung zum Inhalt haben, verallgemeinert werden: Eine Erklärung, die ein eindeutiges, auf die Zukunft gerichtetes Versprechen zum Inhalt hat, begründet grundsätzlich eine vertragliche Verpflichtung, wenn auch die sonstigen Vertragsvoraussetzungen, wie unter anderem *certainty* oder *consideration*, vorliegen.[140] Dabei ist hinzunehmen, daß ein *comfort letter* insoweit eine vertragliche Verpflichtung begründen kann, als er eine Beteiligungsklausel enthält. Darüber hinaus ist jedoch denkbar, daß er, abhängig vom restlichen Inhalt, gegebenenfalls keinen weiteren rechtlichen Verpflichtungsgehalt begründet. Die Rechtslagen in Australien und England entsprechen demnach insoweit grundsätzlich der in Deutschland, insbesondere im Hinblick auf „klassische" Stillhalte- beziehungsweise Beteiligungsklauseln. Maßgebend für den Inhalt der Leistungspflicht ist dabei zunächst der ganz konkrete Wortlaut der jeweiligen Erklärung.

Unterschiedliche Bewertungen ergeben sich in Deutschland, England und Australien dagegen für die schon oben angeführte Erklärung der Muttergesellschaft, *sie beabsichtige nicht, ihre Beteiligung an ihrer Tochtergesellschaft zu reduzieren oder aufzugeben, versichere aber gleichzeitig, falls sie dennoch eine Änderung des Beteiligungsverhältnisses in Erwägung ziehe, sich rechtzeitig mit dem Kapitalgeber in Verbindung zu setzen, um eine zufriedenstellende Lösung zu finden.*[141]

In ihrem ersten Teil hat diese Klausel eine reine Absichtserklärung zum Inhalt: Die Muttergesellschaft bekundet lediglich ihre Absicht, die Beteiligung an ihrer Tochtergesellschaft nicht zu verringern. Mithin fehlt es ihr sowohl nach deutschem Recht als auch nach *common law* an einem

---

139 Ebenda, S. 524 f.

140 Vgl. Watson, BJIBFL 1989, 130; Gillespie/Harwood, JIBL 1989, N-72; Smart, IBL 1978, 296 ff; Elland-Goldsmith, RDAI/IBLJ 1994, 530 ff.; Davidson/Wohl/Daniel, JBFLP 1992, 10.

141 Vgl. Fischer/Schaffland, Gen.-For. 1976, Nr. 2, 36; Westphalen, S. 391; Scholz/Lwowski, Rn. 421.

Rechtsbindungswillen. Insoweit kann wiederum auf die obigen Ausführungen zu den Absichtserklärungen verwiesen werden.

In dem zweiten Teil der Erklärung stellt die Muttergesellschaft dem Kreditgeber einen Ausgleich für den durch einen Wegfall ihrer Schirmherrschaft entstehenden Nachteil und für die mit dem Einfluß einer neuen Muttergesellschaft verbundenen Risiken in Aussicht.[142] Inhalt der Erklärung ist nach dem Wortlaut eine grundsätzliche Verhandlungsbereitschaft, eine „zufriedenstellende Lösung“ zu finden. Über die Art der Lösung, insbesondere, ob eine Erklärung abgegeben werden soll, in der sich die Muttergesellschaft verpflichtet, für die Verbindlichkeiten ihrer Tochtergesellschaft einzustehen, sagt der Wortlaut nichts. Insoweit geht es danach nur um eine Verhandlungsbereitschaft und nicht um eine bestimmte Erklärung beziehungsweise Lösung.

Im deutschen Recht läßt der Wortlaut der Klausel für eine Bewertung nicht klar erkennen, ob sich die Muttergesellschaft hinsichtlich der Verhandlungsbereitschaft rechtlich verpflichten will oder ob sie lediglich unverbindlich ihre Verhandlungsbereitschaft ankündigt. Nach den dargestellten Auslegungsgrundsätzen, wonach die Umstände des Zustandekommens der Erklärung zu berücksichtigen sind, darf der Kreditgeber von einem Rechtsbindungswillen der Muttergesellschaft ausgehen. Letztere ist dementsprechend nach deutschem Recht gegenüber dem Kreditgeber vertraglich verpflichtet, bei einer später beabsichtigen Beteiligungsänderung Verhandlungen mit dem Ziel aufzunehmen, eine beide Seiten zufriedenstellende Lösung zu finden.[143]

Zweifel an der Annahme einer vertraglichen Verpflichtung nach deutschem Recht könnten allenfalls hinsichtlich der nötigen Bestimmtheit beziehungsweise Bestimmbarkeit des Vertragsinhalts bestehen. Denn der Inhalt einer vertraglich vereinbarten Leistung muß so konkret sein, daß Gegenstand und Dauer der geschuldeten Leistung zumindest bestimmbar sind. Ist das nicht der Fall, so fehlt es an einer wirksamen Bindung der Vertragsparteien.[144]

---

142 Mosch, S. 88.

143 So auch: Mosch, S. 89; Schaffland, BB 1977, 1025; Westphalen, S. 391 f.; Scholz/ Lwowski, Rn. 421; Obermüller, ZGR 1975, 12.

144 BGHZ 55, 248, 250; BGH, NJW-RR 1990, 270, 271; Münchener Kommentar-Kramer, § 241 Rn. 3; Staudinger-J. Schmidt, Einl. zu §§ 241 ff. Rn. 476; Palandt-Heinrichs, § 241 Rn. 3.

Der Erklärung der Muttergesellschaft, sich bei einer beabsichtigten Beteiligungsänderung mit dem Kreditgeber in Verbindung zu setzen, um eine zufriedenstellende Lösung zu finden, wird die Bestimmtheit beziehungsweise Bestimmbarkeit vereinzelt in der deutschen Literatur abgesprochen:[145] Es handele sich bei der Klausel der Sache nach um einen Vorvertrag. Erklärtes Ziel sei nicht die Führung von Verhandlungen als solche, sondern der Abschluß einer Vereinbarung mit einem bestimmten, nämlich „zufriedenstellenden" Inhalt. Auch für einen Vorvertrag gelte die Grundregel der Bestimmbarkeit. Hier fehle es aber an einer solchen, da auf mögliche Sicherheitsleistungen gar nicht Bezug genommen werde. Die Möglichkeiten einer zufriedenstellenden Lösung seien zu zahlreich und der normative Gehalt des Ausdrucks „zufriedenstellend" sei zu weit gespannt, als daß er mittels einer ergänzenden Vertragsauslegung konkretisiert werden könne.

Die vorstehend dargestellte Auffassung verkennt jedoch den Inhalt der in Frage stehenden Klausel. Gegenstand ist gerade nicht der Abschluß einer bestimmten, „zufriedenstellenden" Vereinbarung, sondern lediglich die Aufnahme von Verhandlungen, um eine solche letztendlich zu erreichen. Die Verhandlungsbereitschaft beziehungsweise die Aufnahme von Verhandlungen ist aber in ausreichender Weise bestimmbar, so daß eine dementsprechende rechtsgeschäftliche Verpflichtung begründet werden kann. DieVerhandlungsbereitschaft ist nach deutschem Recht auch insoweit ausreichend nach § 253 Abs. 2 Nr. 2 ZPO bestimmt, als sie Gegenstand einer einklagbaren und nötigenfalls mit den Mitteln des Vollstreckungsrechts durchsetzbaren Verpflichtung sein kann.[146] Eine Zwangsvollstreckung wäre grundsätzlich nach § 888 ZPO möglich. Darüber hinaus bleibt dem klagenden Kreditgeber noch die Möglichkeit, nach § 893 ZPO eine Klage auf das Interesse zu erheben.[147]

Im englisch-australischen Rechtskreis kommt die Erklärung der Muttergesellschaft, sich bei einer beabsichtigten Beteiligungsänderung mit dem Kreditgeber in Verbindung zu setzen, um mit ihm gemeinsam eine zufriedenstellende Lösung zu finden, ebenfalls häufig in der Finanzierungspraxis vor. Rechtsprechung und Literatur haben sich mit ihr im Rahmen einer Patronatserklärung aber bislang noch nicht in veröffentlichten Entscheidungen auseinandersetzen müssen. Eine Erklärung beziehungsweise Vereinbarung zu verhandeln (*agreement to negotiate*) als solche ist aber auch dort

145 Köhler, WM 1978, 1347.

146 Vgl. zu diesem Zusammenhang Esser/Schmidt, Bd. I 1, S. 241; vgl. auch Zöller-Greger, § 253 Rn. 13 c.

147 Vgl. Zöller-Stöber, § 887, Rnn. 2 f.; Baumbach-Lauterbach/Hartmann, § 888, Rnn. 1 f.

nicht unbekannt. Dies wurde schon im Rahmen der Auseinandersetzung mit den allgemeinen Tendenzen der Auslegung von Vereinbarungen im englischen und australischen Recht am Fall *Walford and Others v Miles and Another*[148] gezeigt.

Die Einordnung solcher Erklärungen ist zwischen der englischen und der australischen Rechtspraxis umstritten. In der englischen Entscheidung in *Walford v Miles* urteilte das *House of Lords*, daß nach englischem Recht sogenannte *agreements to negotiate* wegen Unbestimmtheit (*uncertainty*) keine rechtliche Verpflichtung begründeten und mithin undurchsetzbar seien: sie seien zu vage und verpflichteten zu nichts.[149] Dies entspricht der dargestellten und abgelehnten deutschen Literaturansicht. Nach australischem Recht ist ein durchsetzbares *agreement to negotiate* dagegen, wie gesehen,[150] sehr wohl denkbar.

Für eine Klausel, in der die Muttergesellschaft erklärt, sich bei einer beabsichtigten Beteiligungsänderung mit dem Kreditgeber in Verbindung zu setzen, um eine zufriedenstellende Lösung zu finden, ist mithin festzustellen, daß sie nach deutschem und australischem Recht eine vertragliche Verpflichtung begründen kann, während dies nach englischem Recht ausgeschlossen ist.

### *b) Rechtswirkungen/Rechtsfolgen*

Im Rahmen der bisherigen Untersuchung der sogenannten Beteiligungs- oder Stillhalteklauseln wurden mehrere Varianten unterschieden. In der „klassischen" Beteiligungsklausel erklärt die Muttergesellschaft, *sie werde ihre derzeitige Beteiligung an ihrer Tochtergesellschaft während der Kreditlaufzeit aufrechterhalten* beziehungsweise *unverändert beibehalten* oder *ihre Beteiligung nur mit der ausdrücklichen Zustimmung des Kreditgebers ändern*". In einer ähnlichen Klausel erklärt sie, *sie werde während der Laufzeit der Fremdmittel ihre Entnahmen in bestimmter Weise beschränken* beziehungsweise *ihre Tochtergesellschaft nicht aushöhlen.* Auch Verwendung findet die Erklärung der Muttergesellschaft, *sie beabsichtige nicht, die Beteiligung an ihrer Tochtergesellschaft während der Kreditlaufzeit zu reduzieren oder aufzugeben,* wobei sie gleichzeitig versi-

---

148 House of Lords, [1992] 2 WLR 174; siehe oben, S. 91 ff.

149 Walford v Miles, HL, [1992] 2 WLR 174, 181; siehe auch schon oben, S. 91 ff., im Rahmen der Ausführungen zu den allgemeinen Tendenzen in der englischen und australischen Rechtsprechung.

150 Coal Cliff Colleries v Sijehama Pty Ltd [1991] 24 NSWLR; siehe auch oben, S. 93.

chert, *im Falle einer dennoch später beabsichtigten Änderung des Beteiligungsverhältnisses sich mit dem Kreditgeber in Verbindung zu setzen, um eine beiderseits zufriedenstellende Lösung zu finden.*

Diese Klauseln, mit Ausnahme der letzteren nach englischem Recht, stellen grundsätzlich einseitige Verpflichtungen des Patrons dar. Ihr Verpflichtungsinhalt ergibt sich maßgeblich aus dem Erklärungswortlaut.

*aa) Erfüllungsansprüche*

Bei Abgabe einer Beteiligungsklausel verpflichtet sich der Patron einseitig zu dem in der Klausel beschriebenen Verhalten, einem Tun oder einem Unterlassen. Die „klassische" Beteiligungsklausel verbietet einen vollständigen oder teilweisen Verkauf der Aktien beziehungsweise Geschäftsanteile. Ebenso untersagt sie eine Herabsetzung des Kapitals der Tochtergesellschaft oder eine Kapitalerhöhung unter Aufnahme eines neuen Aktionärs beziehungsweise Gesellschafters, sofern sich dadurch die Beteiligungsquote der Muttergesellschaft am Vermögen der Tochtergesellschaft verändert.[151] Sie enthält dagegen keine Einstandspflicht für die Kreditverbindlichkeiten der Tochtergesellschaft.[152]

Die Bedeutung der Klausel ist im deutschem Recht zum Teil darin zu sehen, daß durch das gemäß § 137 BGB relativ wirkende Veräußerungsverbot die Muttergesellschaft während der Kreditlaufzeit als Anspruchsgegnerin für mögliche Ansprüche im Rahmen der Gläubigervorschriften des Gesellschaftsrechts festgelegt wird. Dabei ist insbesondere die im faktischen Konzern entstehende Schadenersatzverpflichtung des herrschenden Unternehmens in den Fällen des Kapitalentzugs durch Ausübung der Konzernleitung zu nennen, die nach den §§ 317, 309 Abs. 4 Satz 3-5 AktG auch von den Gläubigern der Tochtergesellschaft geltend gemacht werden können. Die Gläubiger können im Vertragskonzern nach § 302 AktG in den Anspruch auf Verlustübernahme vollstrecken und gemäß § 303 AktG einen Anspruch auf Sicherheitsleistung gegenüber der Muttergesellschaft bei Beendigung eines Beherrschung- oder Gewinnabführungsvertrages geltend machen.[153]

Nach *common law* beschränkt sich der Verpflichtungsgehalt einer Stillhalte- oder Beteiligungsklausel mangels einer ähnlichen Ausgestaltung der konzernrechtlichen Regelungen auf den Wortlaut: Kapitalentzug und Re-

---

151 Gerth, S. 93; Westphalen, S. 392; Scholz/Lwowski, Rn. 420.

152 Gerth, S. 95 f.; Rümker, WM 1974, 994; Geigy-Werthemann, S. 28; Scholz/Lwowski, Rn. 420.

153 Vgl. Scholz/Lwowski, Rn. 420; Bordt, WPg 1975, 295.

duzierung beziehungsweise Aufhebung der Beteiligung sind zu unterlassen.[154] Obwohl diesbezüglich eine *order for specific performance* (gerichtliche Anordnung der Vertragserfüllung) oder eine *prohibitive injunction* (gerichtliche Verfügung, eine Vertragsverletzung zu unterlassen) im Rahmen der *equity* möglich erscheinen, liegt die praktische Bedeutung auf der Schadenersatzebene.[155] Dies entspricht dem *common law*-Grundsatz, primär *damages* als Rechtsbehelf zu gewähren; es besteht insoweit ein unbedingter Rechtsanspruch des Geschädigten. Die Rechtsbehelfe der *equity* stehen dagegen im richterlichen Ermessen und werden nur gewährt, wenn dies dem Gericht gerecht und billig erscheint.[156]

Die Erklärung der Muttergesellschaft, *sie beabsichtige zwar nicht, die Beteiligung an ihrer Tochtergesellschaft während der Kreditlaufzeit zu reduzieren oder aufzugeben, werde aber im Falle einer dennoch später beabsichtigten Änderung des Beteiligungsverhältnisses sich mit dem Kreditgeber in Verbindung setzen, um eine beiderseits zufriedenstellende Lösung zu finden*, begründet nach deutschem Recht lediglich im zweiten Teil einen Erfüllungsanspruch des Kreditgebers. Dieser kann, wie dargestellt, von der Muttergesellschaft im Falle einer beabsichtigten Beteiligungsänderung verlangen, Verhandlungen mit dem Ziel aufzunehmen, eine beide Seiten zufriedenstellende Lösung zu finden. Dabei hat der Kreditgeber als Adressat der Patronatserklärung keinen Anspruch, eine bestimmte Lösung zu verlangen. Dies ergibt sich schon aus dem Wortlaut. Das gleiche gilt für Primäransprüche nach australischem Recht. Nach englischem Recht kann eine solche Klausel, wie dargestellt,[157] dagegen keine rechtliche Verpflichtung begründen.

Weder nach englischem, australischem noch nach deutschem Recht verpflichtet eine Beteiligungs- beziehungsweise Stillhalteklausel die Muttergesellschaft, für Verbindlichkeiten ihrer Tochtergesellschaft gegenüber dem Kreditgeber einzustehen. Die Verpflichtung beschränkt sich auf die Verhaltenspflichten, die sich aus dem jeweiligen Erklärungswortlaut ergeben.

---

154 Vgl. Wood, Comparative Law, S. 347; Smart, IBL 1978, 297; Davidson/Wohl/Daniel, JBFLP 1992, 10; Elland-Goldsmith, RDAI/IBLJ 1994, 529 ff.; Watson, BJIBFL 1989, 130.

155 Vgl. Wood, Comparative Law, S. 347; Elland-Goldsmith, RDAI/IBLJ 1994, 531; Triebel/Hodgson/Kellenter/Müller, Rn. 168.

156 Vgl. James, S. 334 ff.; Chitty/Treitel, S. 1281 ff.; Triebel/Hodgson/Kellenter/Müller, Rnn. 167 ff. und Rnn. 189 f.; Henrich, S. 33.

157 Vgl. Walford v Miles, HL, [1992] 2 WLR 174; Courtney and Fairbairn Ltd v Tolaini Brothers (Hotels) Ltd [1975] 1 WLR 297.

### *bb) Schadenersatzansprüche*

Ein schuldhafter Verstoß des Patrons gegen die von ihm in der Beteiligungsklausel übernommenen Verhaltenspflichten durch Aufgabe der Beteiligung oder Aushöhlung kann einen Schadenersatzanspruch des Kreditgebers zur Folge haben, wenn letzterer dadurch einen Schaden erleidet, daß er mit seiner Kreditforderung wenigstens teilweise ausfällt.[158]

Im deutschem Recht gründet sich dieser Anspruch auf § 280 BGB oder positiver Vertragsverletzung.[159] Er geht aber nicht so weit, daß die Muttergesellschaft für die Schulden ihrer Tochtergesellschaft einstehen muß.[160] Soweit die Muttergesellschaft aufgrund der Beteiligungsklausel eine Benachrichtigungs- und beziehungsweise oder eine Verhandlungspflicht trifft, verletzt sie ihre Pflichten, wenn sie die Benachrichtigung versäumt und sich weigert, mit dem Kreditgeber zu verhandeln, die Verhandlungen grundlos abbricht oder sich auf eine Ablehnung der Vorschläge des Kreditgebers beschränkt, ohne eigene Lösungsmöglichkeiten aufzuzeigen.[161] Es dürfte allerdings schwerlich zu ermitteln sein, wer im Einzelfall ein Scheitern von Vertragsverhandlungen zu vertreten hat.[162]

Darüber hinaus gestaltet sich für den Kreditgeber die Beweissituation im Zusammenhang mit den Beteiligungsklauseln schwierig, da ihm als Anspruchsteller grundsätzlich die Beweislast obliegt.[163] Hinsichtlich der verschuldeten Pflichtverletzung des Patrons und der Kausalität zwischen Pflichtverletzung und Schaden dürfte eine Beweisführung schwer, wenn nicht sogar unmöglich sein.[164] Lediglich im Einzelfall kann die Beweisführung dabei erleichtert werden. So gilt für das Verschulden § 282 BGB.[165] Unter Umständen kann dem Patron als Anspruchsgegner aufgrund einer positiven Forderungsverletzung die Beweislast nach den Grundsätzen des Anscheinsbeweises für Geschehnisse in seiner Sphäre hinsichtlich der Pflichtverletzung auferlegt werden.[166] Auch die Schadenberechnung dürfte sich als äußerst schwierig erweisen.[167]

---

158 Bordt, WPg 1975, 295; Schaffland, BB 1977, 1025; Scholz/Lwowski, Rn. 420.

159 Vgl. Mosch, S. 76, S. 88, S. 98 f.; Gerth, S. 97 ff. u. S. 110; Kohout, S. 248.

160 Gerth, S. 95 f.; Rümker, WM 1974, 994; Westphalen, S. 392.

161 Vgl. Scholz/Lwowski, Rn. 421; Obermüller ZGR 1975, 13; Mosch, S. 90.

162 Vgl. Scholz/Lwowski, Rn. 421; Obermüller ZGR 1975, 13; Mosch, S. 90 f.

163 Zur Beweislast s. Palandt-Heinrichs, vor § 249 Rn. 162.

164 Vgl. Hoffmann, S. 25; Mosch, S. 73, S. 76, S. 91, S. 112 f.; Gerth, S. 100 f.

165 Vgl. Obermüller, Ersatzsicherheiten, S. 11; Mosch, S. 73.

166 Vgl. Palandt-Heinrichs, § 282 Rn. 13; BGH, NJW-RR 1991, 575, 576.

167 Scholz/Lwowski, Rn. 421.

Im Zusammenhang hierzu führte der österreichische OGH in seinem bereits erwähnten Urteil folgendes aus:[168] Dadurch, daß der Beklagte entgegen seiner anderslautenden Zusage seine Beteiligung an der später liquidierten Firma ohne Zustimmung der kreditgebenden Klägerin veräußerte, habe er offensichtlich seine Vertragsverpflichtung verletzt. Der klagenden Bank sei auch ein Nachteil entstanden. Voraussetzung für eine Ersatzpflicht des Beklagten sei auch die Ursächlichkeit seines Verhaltens für den Schaden der Bank. Dabei treffe letztere die Darlegungs- und Beweispflicht für den Ursachenzusammenhang zwischen dem rechtswidrigen Verhalten des Beklagten und ihrem Schaden. Die Beweislastumkehr nach § 1298 ABGB, die der nach § 282 BGB entspricht, gelte nur für den Verschuldensbereich und sei mithin unanwendbar.

Da insoweit der Sachverhalt im konkreten Fall ungeprüft blieb, traf das Gericht keine abschließende Entscheidung, sondern verwies das Verfahren zurück. Es betonte, daß es dort, im fortgesetzten Verfahren, Aufgabe der Klägerin sei, ihr Vorbringen zu präzisieren. Aus diesen Erörterungen läßt sich ersehen, welche Schwierigkeiten bei der Geltendmachung eines Schadenersatzanspruches aufgrund einer Beteiligungsklauselverletzung auftreten können. Ob der Klägerin der Beweis gelang, ist nicht bekannt.

Die dargestellte deutsche Rechtslage ist der Situation im *common law* ähnlich. Die dortige Rechtsprechung macht zwar keine ausdrücklichen Aussagen über die Rechtswirkungen von Beteiligungsklauseln. Aus den Entscheidungsgründen zu den Erklärungen in *Kleinwort Benson Ltd v Malaysia Mining Corp Bhd* („*We confirm that we will not reduce our current financial interest in [our subsidiary] until the above facilities have been repaid or until you have confirmed that you are prepared to continue the facilities with new shareholders.*"[169]) und *Banque Brussels Lambert SA v Australian National Industries* („*... and state that it would not be our intention to reduce our shareholding in [our subsidiary] from the current level ... during the facility. We would, however, provide your Bank with ninety (90) days notice of any subsequent decisions taken by us to dispose of this shareholding ...*".[170]) ergibt sich aber, daß diese Klauseln keine Einstandspflicht der Muttergesellschaft, sondern lediglich einen Schadenersatzanspruch wegen

168 OGH SZ Bd 58 (1985) Nr. 127, 606, 610.

169 Vgl. Kleinwort Benson Ltd v Malaysia Mining Corp Bhd, QBD, [1988] 1 AllER 714, 718 und CA, [1989] 1 AllER 785, 788.

170 Banque Brussels Lambert SA v Australian National Industries Ltd, [1989] NSWLR 502.

*breach of contract* bei Nichteinhaltung des abgegebenen Versprechens begründen können.[171] Dieser Ansicht folgt auch die Literatur.[172]

Der deutschen Rechtslage entsprechen auch die im englisch-australischen Recht bestehenden Schwierigkeiten beim Nachweis von Verschulden und Kausalität zwischen Pflichtverletzung und Schadeneintritt sowie bei der Schadenberechnung. Als entstandener Schaden kommt nach *common law* nur derjenige Betrag in Betracht, mit dem die kreditgebende Bank ausfällt. Dann muß aber von ihr nachgewiesen werden, daß dieser Schaden unmittelbare Folge der abredewidrigen Beteiligungsänderung ist. Vor dem Hintergrund, daß die Anteilseigner grundsätzlich nicht für die Verbindlichkeiten der Gesellschaft einzustehen haben, erscheint das zweifelhaft. Ein Kausalitätsnachweis zwischen Pflichtverletzung seitens des Patrons und Ausfall des Kreditgebers mit seinen Forderungen gegen die Tochtergesellschaft dürfte daher kaum zu erbringen sein.[173]

*cc) Sicherheitswert*

Durch eine Beteiligungs- oder Stillhalteklausel wird die Muttergesellschaft verpflichtet, solche Maßnahmen zu unterlassen, die zu einer Veränderung ihres derzeitigen Beteiligungsverhältnisses am Vermögen der Tochtergesellschaft führen können, beziehungsweise, im Falle einer beabsichtigten Beteiligungsänderung, dem Kreditgeber dies mitzuteilen oder mit ihm in Verhandlungen über eine zufriedenstellende Lösung einzutreten. Eine weitergehende Einstandspflicht wird unter keinen Umständen begründet. Lediglich Schadenersatzansprüche sind bei Verstoß gegen die durch die Klauseln begründeten Verhaltenspflichten denkbar. Praktisch dürften diese jedoch keine großen Erfolgsaussichten haben, da der Nachweis einer schuldhaften Pflichtverletzung der Muttergesellschaft und insbesondere die Kausalität zwischen dem pflichtwidrigen Verhalten und dem eingetretenen Schaden der Bank sowohl nach deutschem Recht als auch *common law* kaum zu erbringen ist. Soweit die Muttergesellschaft im Falle der Beteiligungsänderung nur eine Verhandlungsbereitschaft schuldet, ist der Sicherheitswert noch geringer, da von ihr nicht die Zustimmung zu einer be-

---

171 Kleinwort Benson Ltd v Malaysia Mining Corp Bhd, CA, [1989] 1 AllER 785, 795 f.; Banque Brussels Lambert SA v Australian National Industries, [1989] NSWLR 502, 525; vgl. auch schon die Ausführungen im Rahmen der Untersuchungen dieser Urteile.

172 Vgl. Wood, Comparative Law, S. 347; Elland-Goldsmith, RDAI/IBLJ 1994, 531.

173 So auch: Wood, Comparative Law, S. 347; Elland-Goldsmith, RDAI/IBLJ 1994, 531 f.

stimmten Lösung im Sinne einer Einstandsverpflichtung verlangt werden kann. Der Sicherheitswert von Beteiligungs- und Stillhalteklauseln im allgemeinen ist dementsprechend in Deutschland, England und Australien als gering anzusehen. Durch sie soll der Kreditgeber lediglich dahingegend beruhigt werden, daß der Patron seine Tochtergesellschaft normalerweise nicht im Stich lassen wird.[174]

## 5. Managementklausel

Ziel der Muttergesellschaft bei Abgabe einer Patronatserklärung ist regelmäßig, den Kreditgeber davon zu überzeugen, daß sie während der Kreditlaufzeit die Tätigkeiten ihrer Tochtergesellschaft „im Auge behalten" werde. Es soll deutlich gemacht werden, daß sich der Einflußbereich der Muttergesellschaft nicht nur auf die Kreditnehmerin, ihre Tochtergesellschaft, erstreckt, sondern daß sie auch bereit ist, ihren Einfluß zugunsten des Kreditgebers im Hinblick auf die Rückführung gewährter Fremdmittel geltend zu machen. Um diese Bereitschaft deutlich zu machen, haben sogenannte Managementklauseln in der internationalen Finanzierungspraxis Verwendung gefunden. Hier erklärt die Muttergesellschaft, *sie werde ihren Einfluß bei ihrer Tochtergesellschaft geltend machen, damit diese ihren Verbindlichkeiten aus dem gewährten Kredit nachkomme.*[175] Vergleichbar ist die Erklärung der Muttergesellschaft, *sie werde darüber wachen, daß die Tochtergesellschaft zur Rückzahlung des Kredites in der Lage sein werde.*[176] Im englisch-australischen Sprachgebrauch werden diese Patronatserklärungen, in den die Muttergesellschaft beispielsweise erklärt, „*we will exercise sufficient control over the administration and management of (our subsidiary) to ensure that its obligation to you are maintained*", im allgemeinen als *undertakings to exercise its influence* oder *statements of management* bezeichnet.[177]

Die deutsche Rechtsprechung mußte sich schon mehrmals mit Patronatserklärungen auseinandersetzen, die auch eine Managementklausel zum Inhalt

---

174 Vgl. Scholz/Lwowski, Rn. 420 u. Rn. 421; Wood, Comparative Law, S. 347; Elland-Goldsmith, RDAI/ IBLJ 1994, 531 f.

175 Vgl. dazu Gerth, AG 1984, 94 ff. und Atypische Kreditsicherheiten, S. 106 ff.; Mosch, S. 113 ff.; Scholz/Lwowski, Rn. 416.

176 Obermüller, Ersatzsicherheiten, Rn. 18 u. Rn. 44; Köhler, WM 1978, 1338; Scholz/Lwowski, Rn. 418.

177 Vgl. Wood, Comparative Law, S. 348; Elland-Goldsmith, RDAI/IBLJ 1994, 538 f.; Davidson/Wohl/Daniel, JBFLP 1992, 10 ff.; Parsons, BJIBFL 1986, 8; Smart, IBL 1978, 297 f.

hatten. Dabei wurde eine solche allerdings nur in einem Fall ausführlicher berücksichtigt:[178] Eine Muttergesellschaft hatte im Rahmen einer Kreditgewährung an ihre Tochter gegenüber den Kreditgebern unter anderem erklärt,

> *„ihren Einfluß als Kapitaleigner [der Tochtergesellschaft] geltend zu machen, damit diese ihren Verbindlichkeiten gegenüber [dem Kreditgeber] in der vereinbarten Weise nachkommt.“*[179]

In einer ähnlich lautenden Erklärung führte die Muttergesellschaft aus:

> *„... übernehmen wir hiermit ... die uneingeschränkte Verpflichtung, auf unsere Tochtergesellschaft in der Zeit, in der sie den bei Ihnen in Anspruch genommenen Kredit ... nicht vollständig zurückgezahlt hat, in der Weise Einfluß zu nehmen ..., daß sie stets in der Lage ist, ihren gegenwärtigen und künftigen Verbindlichkeiten Ihnen gegenüber fristgemäß nachzukommen“.*[180]

Die englisch-australische Rechtsprechung hatte sich bislang noch nicht mit einer Managementklausel auseinanderzusetzen. Daraus kann jedoch nicht gefolgert werden, daß diese Klauseln keine praktische Verwendung finden. Eine Verbreitung auch in der englisch-australischen Finanzierungspraxis ist gegeben und ergibt sich nicht zuletzt aus der Berücksichtigung solcher Klauseln in der dortigen Literatur.[181]

### *a) Rechtsnatur/Auslegung*

Mit den aufgeführten Erklärungen stellt die Muttergesellschaft dem Kreditgeber eine günstige Einflußnahme beziehungsweise eine Überwachung in Aussicht. Dabei ergibt sich im deutschem Recht, ähnlich wie bei den Beteiligungsklauseln, aus dem Wortlaut alleine nicht, ob durch die jeweilige Klausel eine rechtliche oder lediglich eine moralische Verpflichtung begründet werden soll.[182]

Teilweise ergibt sich der rechtliche Verpflichtungsgehalt allerdings aus dem Zusammenhang, in dem die Klausel verwendet wird. So wurde beispielsweise in dem bereits genannten Rechtsstreit vor dem BGH eine Managementklausel im engen Zusammenhang mit einer sogenannten Ausstattungsverpflichtung abgegeben: „*... übernehmen wir ... die Verpflichtung, ... Einfluß*

---

178 OLG Karlsruhe, ZIP 1992, 1394; zum ausführlichen Sachverhalt und den Entscheidungsgründen sogleich.

179 OLG Karlsruhe, ZIP 1992, 1394, 1396.

180 BGHZ 117, 127, 128.

181 Vgl. Wood, Comparative Law, S. 348; Elland-Goldsmith, RDAI/IBLJ 1994, 538 f.; Davidson/Wohl/Daniel, JBFLP 1992, 10 ff.; Parsons, BJIBFL 1986, 8; Smart, IBL 1978, 297 f.

182 Vgl. Mosch, S. 113; Gerth, S. 106.

*zu nehmen und sie* [die Tochtergesellschaft] *finanziell so auszustatten, daß sie stets in der Lage ist, ihren ... Verbindlichkeiten ... nachzukommen*".[183] Da die Ausstattungsverpflichtung offensichtlich einen rechtlich verpflichtenden Charakter hatte, kann aus dem engen Zusammenhang der Erklärungen gefolgert werden, daß dies auch für die Managementklausel der Fall sein sollte. Für einen rechtlichen Verpflichtungsgehalt spricht außerdem, daß die Muttergesellschaft nicht äußert, sie werde ihren Einfluß nur „kulanterweise" oder ohne Anerkennung einer Rechtspflicht geltend machen. Daher läßt sich die Annahme eines Rechtsbindungswillens auf den allgemeinen Gesichtspunkt der wirtschaftlichen Bedeutung stützen, den die Patronatserklärung für den Abschluß des Darlehensvertrages des Kreditgebers mit der Tochtergesellschaft hat.[184] Darüber hinaus gelten auch die oben, bei den Beteiligungsklauseln besprochenen Umstände des Zustandekommens, aus denen sich regelmäßig ergibt, daß der Kreditnehmer auf das Vorliegen eines Rechtsbindungswillens schließen durfte.

Einer Klausel des Inhalts, Einfluß auf die Gesellschaftsleitung nehmen zu wollen, stellte der österreichische OGH folgende Erklärung gleich:

> „*... bestätigen wir ..., daß die* [Gesellschaft] *in unserem Einflußbereich steht und wir ... dafür Sorge tragen werden, daß die* [Gesellschaft]s *jeweils die notwendigen Mittel zu Abstattung des ... Kredites bereitstellen wird*".[185]

Diese Erklärung erfolgte im Rahmen der Kreditgewährung an eine Kommanditgesellschaft durch den hinter der Gesellschaft stehenden alleinigen Kommanditisten gegenüber der kreditgebenden Bank:[186] Im Vorfeld der Kreditgewährung hatte die kreditgebende Bank eine Haftungsübernahme vom beklagten Patron verlangt. Eine Bürgschaft wurde von diesem aus bilanztechnischen Gründen jedoch abgelehnt. Statt dessen vereinbarten die Parteien zur Kreditsicherung eine Patronatserklärung. Die Bank schlug eine Erklärung vor, wonach der Patron die Tochtergesellschaft immer mit so viel Kapital ausstatten sollte, daß diese ihren Verpflichtungen der Bank gegenüber ohne Verzug nachkommen könne. Dieser Vorschlag wurde vom Patron jedoch ebenfalls nicht akzeptiert. Statt dessen schlug dessen Rechtsvertreter die obige Erklärung vor, die auch von der Bank akzeptiert wurde.[187]

Die vom beklagten Patron abgegebene Erklärung enthält zunächst nur die Wissenserklärung, daß ihm als Kommanditist eine Einflußmöglichkeit auf

---

183 BGHZ 117, 127, 128.
184 So auch: Gerth, S. 106; Scholz/Lwowski, Rn. 416.
185 OGH SZ Bd. 58 (1985) Nr. 127, 606, 607.
186 Ebenda; zum Sachverhalt vgl. schon oben, S. 127, und sogleich.
187 OGH SZ Bd. 58 (1985) Nr. 127, 606, 607 f.

die Geschäftsführung der Kommanditgesellschaft zusteht. Dann folgt das Versprechen, dafür Sorge zu tragen, daß die kreditnehmende Kommanditgesellschaft (nicht der Patron) jeweils die notwendigen Mittel bereitstellen werde, ohne daß jedoch die Maßnahmen, die der Beklagte zu treffen hätte, näher bestimmt werden.[188]

Schon aus dem Wortlaut der Erklärung geht hervor, daß sich der Erklärende rechtlich binden wollte. Der Ausdruck „*wir werden dafür Sorge tragen*" kann vom Wortsinn her gleichgesetzt werden mit „*wir werden dafür sorgen*" oder „*wir verpflichten uns*"; Aussagen, denen offensichtlich ein rechtlicher Verpflichtungsgehalt innewohnt.[189] Auch der Auslegung der Erklärung „*wir werden dafür Sorge tragen, daß die ...* (Gesellschaft) *die notwendigen Mittel zur Abstattung des ... Kredites bereitstellen werden*" als Geltendmachung der Einflußnahme im Sinne einer Managementklausel ist zuzustimmen: Zum einen handelt es sich hier um eine Bereitstellung der Kreditsumme seitens der Tochtergesellschaft und nicht des Patrons. Zum anderen rechtfertigt sich eine dementsprechende Auslegung aus den besonderen Umständen des Falles, nämlich den der Managementklausel vorgegangenen abgelehnten Erklärungen. Im Zusammenhang mit der vorangestellten Wissenserklärung und der in den Vorverhandlungen deutlich zum Ausdruck gebrachten Ablehnung einer eigenen Zahlungspflicht konnte die Bank diese Erklärung nach den §§ 914 f. ABGB, die den §§ 133, 157 BGB entsprechen, nur so verstehen, daß der Patron von den ihm zustehenden Möglichkeiten der Einflußnahme auf die Geschäftsführung in der bezeichneten Richtung Gebrauch machen werde. Aufgrund dieser Bewertung ist auch die Erklärung „*... (wir) verpflichten uns ..., dafür Sorge zu tragen, daß der jeweilige Kredit ... von unserer Tochtergesellschaft fristgerecht zurückgeführt wird*" einer „klassischen" Managementklausel gleichzustellen:[190] Die Muttergesellschaft verpflichtet sich, für die Kreditrückzahlung durch die Tochtergesellschaft Sorge zu tragen in dem Sinne, daß sie auf die Tochtergesellschaft in diesem Hinblick Einfluß nehmen will.

Die englischsprachige Rechtspraxis tut sich mit der Bewertung von Managementklauseln schwer.[191] Richter *Staughton* ging in dem Fall *Chemco*

---

188 OGH SZ Bd. 58 (1985) Nr. 127, 606, 609 f.

189 Vgl. nur Mosch, S. 117 ff.; Obermüller, Ersatzsicherheiten, Rnn. 24 ff.

190 Vgl. zur Erklärung: OLG Stuttgart, WM 1985, 455. Hier kam es auf diese Klausel jedoch nicht an.

191 Vgl. Wood, Comparative Law, S. 348; Elland-Goldsmith, RDAI/IBLJ 1994, 538 f.; Davidson/Wohl/Daniel, JBFLP 1992, 12 f.; Parsons, BJIBFL 1986, 8; Smart, IBL 1978, 297 f.

*Leasing SpA v Rediffusion Ltd* sogar so weit zu bemerken, daß er sich glücklich schätze, nicht über die Erklärung „*we will exercise sufficient control over the administration and management of (our subsidiary) to ensure that its obligation to you are maintained*" entscheiden zu müssen.[192] Die Schwierigkeiten bei der Einordnung werden darin gesehen, daß der Tochtergesellschaft nicht durch eine finanzielle Ausstattung seitens der Muttergesellschaft ermöglicht werden soll, ihren Verbindlichkeiten nachzukommen, sondern (lediglich) durch deren Einflußnahme.[193]

Vor dem Hintergrund der unterschiedlichen Entscheidungen in *Kleinwort Benson Ltd v Malaysia Mining Corp Bhd* und *Banque Brussels Lambert SA v Australian National Industries Ltd* sowie der festgestellten allgemeinen Tendenzen in den beiden Ländern erscheint eine vertragsrechtliche Einordnung der Managementklauseln zunächst einmal in Australien wahrscheinlicher als in England. Allerdings dürfte es auch nach englischem Recht dann keine Probleme für eine vertragsrechtliche Einordnung geben, solange der Erklärungswortlaut ein bestimmtes, in die Zukunft gerichtetes Versprechen enthält und auch die sonstigen Vertragsvoraussetzungen gegeben sind. Bei Berücksichtigung der festgestellten allgemeinen Tendenzen, insbesondere der Zurückhaltung englischer Gerichte bei der Anknüpfung von Haftungsfolgen an Erklärungen, die nicht ausdrücklich auf eine Haftung abzielen, bleiben jedoch Zweifel im Hinblick auf die rechtliche Bewertung von Managementklauseln bestehen. Eine Einordnung als rechtlich verpflichtende Erklärung könnte vor allem, neben dem Fehlen eines Rechtsbindungswillens, wegen *uncertainty* des Leistungsinhalts scheitern, wenn man die Verpflichtung „*to exercise sufficient control*" oder „*to exercise influence*" als zu unbestimmt ansieht.[194]

Es bleibt somit festzuhalten, daß die Managementklausel nach deutschem Recht als rechtlich verpflichtende Erklärung einzuordnen ist. Nach australischem Recht erscheint eine solche Einordnung ebenfalls angezeigt, während dies für das englische Recht letztlich zu verneinen sein dürfte.

### *b) Rechtswirkungen/Rechtsfolgen*

Nach der überwiegenden Ansicht im deutschen Recht unterscheiden sich Managementklauseln in ihren Rechtswirkungen nicht von anderen Patro-

---

192 Chemco Leasing SpA v Rediffusion Ltd, QBD, [1985], unveröffentlicht, zitiert nach: Parsons, BJIBFL 1986, 8.

193 Vgl. Smart, IBL 1978, 297; Davidson/Wohl/Daniel, JBFLP 1992, 12.

194 So wohl im Ergebnis: Wood, Comparative Law, S. 348; Davidson/Wohl/Daniel, JBFLP 1992, 13.

natserklärungen, die in rechtlich verbindlicher Weise zu einem Verhalten verpflichten wie Beteiligungsklauseln: Auch sie verpflichten zu dem Verhalten, das sich aus dem Wortsinn ergebe, nämlich einer die Rückführung des Kredites fördernde Einflußnahme beziehungsweise einer Überwachung, nicht aber zur unmittelbaren oder mittelbaren Erfüllung der Darlehensverbindlichkeiten.[195] Der Patron müsse hierzu seine Einflußmöglichkeiten im Rahmen des rechtlich Zulässigen voll ausschöpfen.[196] Ein Ersatzanspruch des Kreditgebers komme in Betracht, wenn der Patron die Organe der Tochtergesellschaft nicht zu besonderer Sorgfalt hinsichtlich der Kreditabwicklung veranlaßt. Allerdings sei eine dementsprechende Pflichtverletzung genauso wie die Kausalität zwischen Pflichtverletzung und Schaden, wie bei den Beteiligungsklauseln, kaum zu beweisen.[197]

Im Anschluß an *Köhler*[198] hat in jüngerer Zeit *Vollmer* die Ansicht vertreten, daß Managementklauseln nach deutschem Recht einen größeren Sicherheitswert hätten, als bislang von der überwiegenden Ansicht angenommen.[199] Er läßt den Wortlaut der Klausel nicht ausreichen, sondern erachtet eine Klauselauslegung unter Berücksichtigung des wirtschaftlichen Umfangs des Kreditgeschäfts und des Verlaufs der Kreditverhandlungen für notwendig: Der Kreditgeber ginge davon aus, daß ihm die Managementklausel hinreichend Sicherheit biete.[200] Insofern bedeute die Patronatserklärung die Übernahme zusätzlicher vertraglicher Schutzpflichten, die über die ohnehin schon bestehenden Überwachungspflichten hinausgingen.[201]

Dieser Ansicht *Vollmers* kann jedoch nicht gefolgt werden. Zum einen überzeugt seine Begründung dann nicht, wenn sich aus den Umständen des Zu-

---

195 OLG Karlsruhe, ZIP 1992, 1394, 1395 f.; BGH, DStR 1993, 1753 (Verfahrensfortgang zu OLG Karlsruhe); Schaffland, BB 1977, 1024; Scholz/Lwowski, Rn. 416.

196 Z.B. in der Weise, daß die Obergesellschaft als Anteilseignerin ihre Interessenvertreter im Aufsichtsrat oder – wenn ein solcher nicht besteht – den von ihr bestellten Geschäftsführer anweist, im Rahmen ihrer allgemeinen Überwachungspflichten nach § 111 Abs. 1 AktG beziehungsweise § 52 Abs. 1 GmbHG i.V.m. § 111 Abs. 1 AktG auf die Erfüllung der Verbindlichkeiten zu achten. Vgl. Obermüller, ZGR 1975, 17 f.; Schaffland, BB 1977, 1024; IdW-Stellungnahme, WPg 1976, 530; Mosch, S. 113 ff.; Hoffmann, S. 161.; Gerth, S. 107 ff.; Scholz/Lwowski, Rn. 416.

197 Obermüller, ZGR 1975, 18 ff.; Mosch, S. 116 f.; Kohout, S. 248; Hoffmann, S. 162; Scholz/Lwowski, Rn. 417.

198 Köhler, WM 1978, 1348 f.

199 Vollmer, ZBB 1993, 89 ff.

200 Ebenda, S. 91.

201 Ebenda, S. 91 f.

standekommens der Erklärung eindeutig ergibt, daß der Kreditgeber gerade nicht auf eine hinreichende Sicherheit aufgrund der Managementklausel vertraut hat beziehungsweise vertrauen durfte. Das war beispielsweise in der Entscheidung des österreichischen OGH aufgrund der Tatsache der Fall, daß sich der Patron vor Abgabe der Managementklausel geweigert hatte, weitergehende Verpflichtungen einzugehen. Damit hatte er eindeutig gegenüber der Bank die Ablehnung einer eigenen Zahlungspflicht zum Ausdruck gebracht.[202] Außerdem legt *Vollmer* die Managementklausel in zweifelhafter Weise aus, wenn er annimmt, daß aus ihr deshalb besondere Pflichten erwachsen, weil der Kreditgeber eine „hinreichende" Sicherheit erwarte. Eine solche Auslegung bewertet die Interessen des Kreditgebers einseitig über und berücksichtigt diejenigen der Muttergesellschaft nur ungenügend.

Grundsätzlich haben Managementklauseln nach deutschem Recht keinen weiterreichenden Verpflichtungsgehalt, als sich aus ihrem Wortlaut ergibt. Deswegen und aufgrund der negativen Beweissituation des Kreditgebers bei der Durchsetzung von Schadenersatzansprüchen wegen Nichterfüllung eignen sie sich regelmäßig nicht als Kreditsicherheiten. Etwas anderes kann mit *Köhler* nur dann angenommen werden, wenn zwischen Mutter- und Tochtergesellschaft ein Beherrschungsvertrag besteht.[203] Denn dann können der Tochtergesellschaft gemäß § 308 Abs. 1 AktG Weisungen selbst dann erteilt werden, wenn diese für sie nachteilig sind.

Hinsichtlich der Rechtswirkungen einer Managementklausel nach englischem und australischem Recht muß differenziert werden.

Es ist, wie dargestellt, davon auszugehen, daß vor einem englischen Gericht einer Managementklausel lediglich ein moralischer Hoffnungswert, nicht jedoch ein rechtlicher Verpflichtungsgehalt zuerkannt wird.[204] Ansprüche des Kreditgebers als Erklärungsempfänger nach den Grundsätzen der *misrepresentation* sind darüber hinaus nur denkbar, wenn die Managementklausel inhaltlich unzutreffende Tatsachen zum Inhalt hat. Insoweit kann auf die obigen Ausführungen zur *misrepresentation* im Rahmen der Absichtserklärung und der Kapitalanteils- beziehungsweise Vertrauensklausel verwiesen werden; insbesondere auch im Hinblick auf die Beweisschwierigkeiten hinsichtlich des Nachweises der Ursächlichkeit und des Schadenumfanges.[205]

---

202 Vgl. OGH SZ Bd. 58 (1985) Nr. 127, 606, 610 und bereits oben, S. 141.

203 Köhler, WM 1978, 1348.

204 Vgl. Wood, Comparative Law, S. 347 f.; Davidson/Wohl/Daniel, JBFLP 1992, 13.

205 Vgl. hierzu auch: Wood, Comparative Law, S. 348; Parsons, BJIBFL 1986, 8; Davidson/Wohl/Daniel, JBFLP 1992, 10 f.

Vor einem Gericht dagegen ist, wie gesehen, eine Einordnung der Managementklausel als vertragliche Verpflichtung wahrscheinlich. Zweifelhaft bleibt jedoch, was für ein Leistungsinhalt einer solchen Klausel zugewiesen werden würde. Denkbar erscheint zum einen, daß die Muttergesellschaft, ähnlich wie nach deutschem Recht, lediglich verpflichtet wäre, ihre Einflußmöglichkeiten auf ihre Tochtergesellschaft so weit wie möglich geltend zu machen, damit diese ihren Verbindlichkeiten nachkäme und dies nicht durch eine sorgfaltswidrige Geschäftsführung versäumt würde.[206] Auch hier bestünden dann allerdings Schwierigkeiten hinsichtlich des Nachweises von Pflichtverletzung, Kausalität und Schadenumfang.[207]

Zum anderen erscheint nach australischem Recht auch eine Bewertung derart möglich, der Muttergesellschaft, unabhängig von der Art und Weise der Geschäftsführung der Tochtergesellschaft, eine Einstandsverpflichtung bei Nichterfüllung der offenen Kreditverbindlichkeiten aufzuerlegen.[208] Ausgangspunkt für eine solche Einschätzung ist die festgestellte Tendenz australischer Gerichte, im kaufmännischen Verkehr maßgeblich darauf abzustellen, ob im Vertrauen auf die abgegebene Erklärung gehandelt wurde und gehandelt werden durfte (*reliance*). Sieht man einmal von einer Fallkonstellation ab, die Gegenstand der oben dargestellten Entscheidung des österreichischen OGH war, so erscheint die Argumentation überzeugend, die Bank habe den Kredit an die Tochtergesellschaft nur im Vertrauen geleistet, die Muttergesellschaft werde notfalls aufgrund der Managementklausel einstehen. Das gilt insbesondere, wenn man die Aussage von *Smart* berücksichtigt:

> *„(O)ne can (not) cause one's subsidiary to meet its obligations simply by exercising influence on it. One has to do something more."*[209]

Es bestehen mithin erhebliche Unterschiede hinsichtlich einer rechtlichen Einordnung von Managementklauseln in den untersuchten Ländern. Das eine Extrem ist das englische Recht, wonach einer Managementklausel grundsätzlich gar kein rechtlicher Verpflichtungsgehalt zugewiesen werden dürfte. Auf der anderen Seite steht das australische Recht, wonach die gleiche Klausel eine Einstandsverpflichtung begründen dürfte. Dazwischen befindet sich das deutsche Recht, wonach einer Managementklausel zwar ein rechtlicher Verpflichtungsgehalt innewohnt, dieser aber lediglich eine Einflußnahmeverpflichtung begründet und keine Einstandsverpflichtung.

---

206 Vgl. Elland-Goldsmith, RDAI/IBLJ 1994, 538; Smart, IBL 1978, 297.

207 Vgl. Wood, Comparative Law, S. 348; Elland-Goldsmith, RDAI/IBLJ 1994, 538; Smart, IBL 1978, 297.

208 So ähnlich wohl auch: Parsons, BJIBFL 1986, 8.

209 Smart, IBL 1978, 297.

Einem daraus folgenden Schadenersatzanspruch aus § 280 BGB oder positiver Vertragsverletzung stünden erhebliche Beweisschwierigkeiten gegenüber. Insoweit ist eine Managementklausel grundsätzlich lediglich nach australischem Recht als Kreditsicherheit geeignet.

## 6. Geschäftspolitikklausel

In der internationalen Finanzierungspraxis, insbesondere im englischsprachigen Bereich, finden häufig sogenannte Geschäftspolitikklauseln Verwendung. In einer solchen Klausel erklärt die Muttergesellschaft üblicherweise, daß *es ihre (gegenwärtige und zukünftige) Geschäftspolitik sei, die Bonität ihrer Tochtergesellschaft aufrechtzuerhalten* oder, daß *es ihre (gegenwärtige und zukünftige) Geschäftspolitik sei, ihre Tochtergesellschaft so auszustatten, daß sie jederzeit ihren Verbindlichkeiten nachkommen könne.*[210]

Im englisch-australischen Raum stehen entsprechende Klauseln im Mittelpunkt der Rechtsprechung und der allgemeinen Auseinandersetzung mit Patronatserklärungen. Es sei an dieser Stelle nur auf die bereits eingehend behandelten Klauseln in den Fällen *Kleinwort Benson Ltd v Malaysia Mining Corp Bhd*[211] („*It is our policy to ensure that the business of [our subsidiary] is at all times in a position to meet its liabilities to you under the above arrangements.*") und *Banque Brussels Lambert SA v Australian National Industries*[212] („*... it is our practice to ensure that our [subsidiary] will at all times be in a position to meet its financial obligation as they fall due.*") hingewiesen. Sowohl mit dem Ausdruck „*policy*" als auch mit dem Wort „*practice*" ist die Geschäftspolitik gemeint. Unter beiden ist in diesem Zusammenhang ihrer Verwendung dasselbe zu verstehen.

Auch in der deutschen Rechtspraxis werden Geschäftspolitikklauseln verwendet. Sie sind jedoch bislang nicht Gegenstand einer gerichtlichen Entscheidung geworden. In Literatur und Praxis herrscht erhebliche Uneinheitlichkeit hinsichtlich der Behandlung solcher Erklärungen.

### *a) Rechtsnatur/Auslegung*

Die Bandbreite der zur Bewertung von Geschäftspolitikklauseln in Deutschland vertretenen Ansichten reicht von der Einordnung als unverbindliche

---

210 Vgl. Westphalen, S. 389; Scholz/Lwowski, Rn. 413; Gerth, S. 111 f.; Obermüller, Ersatzsicherheiten, Rn. 17.

211 Queen's Bench Division, [1988] 1 AllER 714 und Court of Appeal, [1989] 1 AllER 785.

212 Supreme Court of New South Wales, [1989] NSWLR 502.

Absichtserklärung bis zur Annahme einer Interzessionserklärung.[213] Diese verschiedenen Ansichten, deren Grenzen verschwimmen, sind zunächst darzustellen, um sie dann zu würdigen und anschließend die Rechtslage in Deutschland bestimmen zu können. Erst dann ist ein Vergleich mit der Rechtslage nach dem *common law* möglich.

*aa) Darstellung der in der deutschen Literatur vertretenen Ansichten*

Teilweise wird in der deutschen Literatur vertreten, die Geschäftspolitikklausel sei eine rechtlich unverbindliche Absichtserklärung.[214] Eine rechtsgeschäftliche Verpflichtung soll schon deswegen nicht eingegangen werden, damit ein Bilanzausweis vermeidet wird. Wenn der Patron aber nicht gewillt sei, rechtsgeschäftlich zu haften, und dies für den Kreditgeber erkennbar sei, könne es sich nur um eine reine Absichtserklärung handeln.[215] Außerdem betreffe der Bezug auf die eigene Geschäftspolitik einen rechtlich nicht faßbaren Umstand, so daß es an einem rechtlichen Bindungswillen fehle.[216]

Die vorstehende Ansicht findet teilweise insoweit Zustimmung, als auch vertreten wird, die Geschäftspolitikklausel könne keine rechtsgeschäftliche Verbindlichkeit nach sich ziehen, da sie keine Willenserklärung sei. Allerdings wird von Teilen der Literatur ein Vertrauensschutz als entscheidend erachtet. Bei widersprüchlichem Verhalten soll ein Schadenersatzanspruch begründet sein:[217] Ausgehend von der Darlegung der Geschäftspolitik bestehe zwischen Kreditgeber und Obergesellschaft ein Vertrauensverhältnis. Der Kreditgeber verlasse sich darauf, daß der Patron als Muttergesellschaft von seiner Möglichkeit Gebrauch mache, entsprechend der abgegebenen Erklärung auf die Tochtergesellschaft einzuwirken. Aufgrund dieser Vorstellung werde der Tochter Kredit gewährt. Bei Enttäuschen dieser Vorstellung liege ein Vertrauensbruch vor, der einen Schadenersatzanspruch nach sich ziehe.[218]

Den vorstehenden Meinungen steht die Meinung *K. Müllers* gegenüber, der die Ansicht vertritt, daß die Muttergesellschaft durch eine solche Klausel eine Gewährleistung für die ordnungsgemäße Erfüllung der Verbind-

---

213 „Interzession" ist der Oberbegriff des Eintretens für eine fremde Schuld, vgl. Creifelds, S. 646; Bülow/Artz, ZIP 1988, 629.

214 So Bordt, WPg 1975, 294; Fischer/Schaffland, GenFor. 1976 Nr. 3, 38; Schaffland, BB 1977, 1023; Scholz/Lwowski, Rn. 372; Hellner/Steuer-Wittig, Rn. 4/2863.

215 Fischer/Schaffland, GenFor. 1976 Nr. 3, 38; Schaffland, BB 1977, 1023.

216 Vgl. Hellner/Steuer-Wittig, Rn. 4/2863.

217 Vgl. Westphalen, S. 389 f.

218 Vgl. Rümker, WM 1974, 992 f.; Müllhaupt, SAG 1978, 114; Rehbinder, S. 332.

lichkeit begründe. Diese löse bei nicht ordnungsgemäßer Erfüllung der Untergesellschaft eine Haftung aus.[219] Ähnlich ist vom Ergebnis her die Ansicht der Schweizerin *Geigy-Werthemann*, die für eine Rechtsscheinhaftung der Muttergesellschaft nach schweizerischen Recht eintritt:[220] Die Mutter sei in der Lage, die finanzielle Situation der Tochter zu steuern. Der Kreditgeber dürfe daher in Verbindung mit der Geschäftspolitikklausel annehmen, daß im Notfall die notwendigen Mittel zur Verfügung gestellt werden. Tut die Muttergesellschaft dies nicht und enttäuscht sie die Erwartungen des Kreditgebers, soll dies eine bürgschaftsmäßige Haftung des Patrons nach sich ziehen.[221]

Inhaltlich enthält die Geschäftspolitikklausel eine Auskunft über Grundzüge der Finanzierungspolitik zwischen Tochter- und Muttergesellschaft.[222] Ähnlich wie bei den Kapitalanteils-, Beteiligungs- und Managementklauseln sowie den Vertrauens- und Loyalitätserklärungen muß dann auch hier festgestellt werden, ob diese Auskunft in den Bereich der Gefälligkeiten oder der rechtsgeschäftlichen Verbindlichkeiten gehört. Insbesondere *Mosch* und *Gerth* vertreten letzteres:[223] Ihrer Ansicht nach sei dem Patron ein Rechtsbindungswille hinsichtlich eines Auskunftsvertrages zu unterstellen, da die Auskunft für den Kreditgeber erkennbar von erheblicher Bedeutung sei und dieser sie zur Grundlage wesentlicher Entschlüsse gemacht habe.[224] Die Konzernmutter sei in der Lage, ihre Tochtergesellschaft in deren wirtschaftlichen Tätigkeit stark zu beeinflussen und ihre Eigenkapitalhöhe zu bestimmen. Insoweit sei die von der Mutter gegenüber der Tochter verfolgte Finanzpolitik für den Kreditgeber von erheblicher Bedeutung. Hieraus könne der Kreditgeber schließen, die Muttergesellschaft statte ihre Tochter in einer Weise aus, daß jene ihren Verbindlichkeiten nachkommen könne. Das wiederum sei aber Grundlage für die Entscheidung, ob ein Kredit gewährt werden könne. Nur wenn der Kreditgeber den Eindruck habe, der Patron verfolge gegenüber seiner Untergesellschaft eine solche Kreditpolitik, wird er einen Kredit gewähren.[225]

Auch *Obermüller* geht davon aus, daß die Geschäftspolitikklausel ein Auskunftsschuldverhältnis begründet. Aber weitergehend als die vorstehend

219 K. Müller, ZGR 1977, 28.
220 Geigy-Werthemann, S. 33.
221 Geigy-Werthemann, S. 34.
222 Vgl. Rümker, WM 1974, 992; Mosch, S. 61; Gerth, S. 117.
223 Mosch, S. 61 ff.; Gerth, S. 117 ff. u. S. 128 ff.
224 Vgl. zur Feststellung, ob ein konkludent geschlossener Auskunftsvertrag bei Auskunftserteilung vorliegt, schon oben, S. 117 ff.
225 Vgl. Mosch, S. 61 f.; Gerth, S. 117 f.

dargestellte Ansicht sieht er in dieser Erklärung ein Verbot des widersprüchlichen Verhaltens: Der Patron habe die Möglichkeit und die Verpflichtung, dafür zu sorgen, daß die in der Erklärung enthaltene Auskunft auch in Zukunft zutreffend sei.[226] Insoweit dürfe er seine Finanzpolitik nicht ändern. Die Bank gebe den Kredit nur wegen der Patronatserklärung und dürfe sie daher so verstehen, daß sie ein Verbot des widersprüchlichen Verhaltens darstelle.

### *bb) Kritische Würdigung der in der deutschen Literatur vertretenen Ansichten*

In den eingangs dargestellten Varianten der Geschäftspolitikklausel, die üblicherweise in der Praxis Verwendung finden, erklärt die Muttergesellschaft, daß *es ihre (gegenwärtige und zukünftige) Geschäftspolitik sei, die Bonität ihrer Tochtergesellschaft aufrechtzuerhalten* oder, daß *es ihre (gegenwärtige und zukünftige) Geschäftspolitik sei, die Tochtergesellschaft so auszustatten, daß sie jederzeit ihren Verbindlichkeiten nachkommen könne.*[227] Geht man von diesen Varianten aus, so kann keine der vorstehend dargestellten Ansichten völlig überzeugen; vielmehr sieht sich jede Kritik ausgesetzt:

Die Ansicht, die Parteien befänden sich noch auf der Gefälligkeitsebene, ruft beim Betrachten der konkreten Situation Zweifel hervor: Die Abgabe der Geschäftspolitikklausel ist Grundlage für die Entscheidung des Kreditgebers, einen Kredit zu gewähren. Das weiß der Patron auch. Es geht den Parteien darum, die Klausel anstelle traditioneller Kreditsicherheiten zu vereinbaren. Damit befinden sie sich aber schon in einem rechtsgeschäftlichen Bereich. Eine Einordnung einer solchen Patronatserklärung als unverbindliche Absichtserklärung ist damit nicht vertretbar.[228]

Derselben Kritik sieht sich auch diejenige Ansicht ausgesetzt, die aufgrund der Geschäftspolitikklausel lediglich ein Vertrauensverhältnis begründet sieht. So ist zum einen unverständlich, wie sich der Kreditgeber einerseits auf Vertrauen berufen können soll, obwohl andererseits nach dieser Ansicht nur eine moralische Verpflichtung bestehen soll.[229] Zum anderen macht folgende Überlegung die Unvertretbarkeit dieser Meinung deutlich: Eine Vertrauenshaftung ist grundsätzlich dann begründet, wenn der Gläubiger irr-

---

226 Obermüller, ZGR 1975, 21 f.; zurückhaltender aber in: Ersatzsicherheiten, Rn. 43 u. ZIP 1982, 917.

227 Vgl. Westphalen, S. 389; Scholz/Lwowski, Rn. 413; Gerth, S. 111 f.; Obermüller, Ersatzsicherheiten, Rn. 17.

228 Vgl. auch Mosch, S. 61 f.

229 Obermüller, ZIP 1982, 917; ähnlich auch Schaffland, BB 1977, 1023.

tümlich von einer wirksamen Interzessionserklärung ausgeht und schuldlos die Wirksamkeit oder den sicherungsrechtlichen Bedeutungsgehalt verkennt.[230] Die hier zu behandelnde Situation ist aber eine andere. Der Kreditgeber weiß vom Fehlen einer wirksamen Bürgschaft oder eines ähnlichen Sicherungsmittels. Insoweit handelt er bei Valutierung des Kredites auf eigenes Risiko. Ein gesetzliches Vertrauensverhältnis kann dann aber wegen der vorliegenden spekulativen Züge nicht begründet werden. Es fehlt an dem Rechtschein einer Haftung beziehungsweise das Vertrauen auf eine Haftung ist nicht schutzwürdig.[231]

*K. Müllers* Ansicht, die Muttergesellschaft habe konkludent eine Haftung im Sinne einer Gewährleistungspflicht übernommen, wird überwiegend mit dem Argument abgelehnt, die Parteien vereinbarten die Geschäftspolitikklausel, um einen Bilanzausweis zu vermeiden.[232] Ein solcher Ausweis sei aber nur dann verzichtbar, wenn es sich eben nicht um einen Gewährleistungsvertrag handele. Außerdem nehme der Wortlaut der Klausel keinen Bezug auf den gewährten Kredit, sondern beziehe sich lediglich auf das Verhalten der Mutter gegenüber ihrer Tochtergesellschaft. Ein Verhalten gegenüber dem Kreditgeber werde nicht angesprochen, so daß ein Angebot auf Abschluß eines Gewährleistungsvertrages nicht vorliegen könne.[233] Einer vergleichbaren Kritik ist *Geigy-Werthemann* ausgesetzt. Außerdem ist wie bei der Annahme eines Vertrauensverhältnisses auch hier zweifelhaft, ob trotz der spekulativen Züge überhaupt ein Rechtsschein begründet werden kann.[234] Dagegen spricht außerdem die Bezugnahme auf die Geschäftspolitik, die einem Dritten erkennbar am Konzerninteresse ausgerichtet und im Rahmen der Veränderungen der wirtschaftlichen Verhältnisse auch veränderbar ist.[235]

Ebenso sehen sich diejenigen Ansichten Kritik ausgesetzt, welche die Geschäftspolitikklausel als Auskunftsvertrag einordnen.[236] Angezweifelt wird vor allem die weitreichende, von *Obermüller* vertretene Meinung, die Geschäftspolitikklausel enthalte ein Verbot des widersprüchlichen Verhal-

---

230 Canaris, Vertrauenshaftung, S. 369; Gerth, S. 123.

231 Vgl. OLG Karlsruhe, ZIP 1992, 1394, 1397 f. m. Anm. von Gerth in WuB I F 1 c.-2.93, mit besonderer Betonung der fehlenden Schutzwürdigkeit von Kreditinstituten als Nehmer von Patronatserklärungen; Canaris, a.a.O., S. 369; Gerth, S. 123; Rehbinder, S. 324.

232 Vgl. Schaffland, BB 1977, 1023; Rümker, WM 1974, 992; Mosch, S. 60.

233 Mosch, S. 60.

234 Vgl. Schaffland, BB 1977, 1023.

235 So Bordt, WPg 1975, 293.

236 Z.B. Schneider, IBL 1978, 307 f.

tens, da diese Ansicht praktisch auf die Annahme einer auf § 242 BGB gestützten Liquiditätsgarantie hinausliefe. Auch für sie gelten daher die gegen *K. Müllers* Ansicht vorgebrachten Zweifel.[237] Des weiteren erscheint eine solche Ausdehnung des Auskunftsvertrages dogmatisch bedenklich. Die im Rahmen eines Auskunftsverhältnisses geschuldete Leistung besteht lediglich in einer korrekten Auskunftserteilung, nicht aber in garantieähnlichen Leistungen.[238]

### *cc) Systematische Einordnung der Geschäftspolitikklausel*

Die dargestellten, in der deutschsprachigen Literatur vertretenen Bewertungen und Einordnungen von Geschäftspolitikklauseln können nicht überzeugen. Im folgenden soll daher der Versuch einer überzeugenden Qualifizierung unternommen werden, wobei Ansätze der englisch-australischen Rechtsprechung berücksichtigt werden. Insoweit soll mit den dort entwikkelten Lösungsmöglichkeiten ein für das deutsche Recht befriedigender Ansatz angeboten werden.[239]

#### *(a) Rechtsgeschäftliche Einordnung*

Eine zutreffende Einordnung der Geschäftspolitikklauseln im deutschen Recht ergibt sich aus folgenden Überlegungen:

Die Annahme eines Rechtsbindungswillens und dementsprechend die rechtsgeschäftliche Einordnung der Geschäftspolitikklausel folgt aus der Bedeutung der Konzernmuttergesellschaft. Aufgrund ihres starken Einflusses kann sie einseitig bestimmen, wieviel der von der Tochtergesellschaft erwirtschafteten Mittel jener zur Reinvestition oder Stärkung der Liquidität verbleiben sollen. Die Konzernmuttergesellschaft entscheidet außerdem auch über Fragen der Eigenkapitalerhöhung. Da somit der gesamte Finanzverkehr bei der Muttergesellschaft zusammenläuft, sind deren Geschäftsprinzipien in dieser Hinsicht für den Kreditgeber der Tochtergesellschaft von maßgebender Bedeutung.[240]

Für eine rechtsgeschäftliche Einordnung spricht darüber hinaus das hinsichtlich der Einordnung bei Berücksichtigung des Zustandekommens von Patronatserklärungen und das zum konkludent abgeschlossenen Auskunftsvertrag Erarbeitete: Eine Qualifizierung als reine Absichtserklärung

---

237 Vgl. Mosch, S. 63 f.; Bordt, WPg 1975, 293.

238 Mosch, S. 64 f.

239 Vgl. zu dieser Aufgabe der Rechtsvergleichung nur: Zweigert/Kötz, Bd. I, S. 15; David/Grasmann-Neumayer, S. 31.

240 Scholz/Lwowski, Rn. 413.

oder gesetzliches Schuldverhältnis widerspräche den Ausführungen zu den Kapitalanteils-, Beteiligungs- und Managementklauseln sowie zu den Vertrauens- und Loyalitätserklärungen. Die Beteiligten befinden sich in ihren Verhandlungen auf einer rechtsgeschäftlichen Ebene.

Insoweit ist die Rechtslage in Deutschland von derjenigen in England im Anschluß an die Entscheidung des *Court of Appeal* in *Kleinwort Benson Ltd v Malaysia Mining Corp Bhd*[241] zu unterscheiden. Dort wurde die Erklärung „*It is our policy to ensure that the business of [our subsidiary] is it all times in a position to meet its liabilities ...*" mangels Rechtsbindungswillens als unverbindliche Absichtserklärung eingeordnet. Dabei stellte der *Court of Appeal* maßgebend auf den Wortlaut ab: Aus diesem ergebe sich nicht, daß die Erklärung ein in die Zukunft gerichtetes Leistungsversprechen enthalte. Das wäre lediglich dann der Fall gewesen, wenn die Erklärung beispielsweise gelautet hätte: „*we will ...*" beziehungsweise „*we will not ...*".[242]

Aber selbst bei einem solchen Wortlaut bliebe zweifelhaft, ob die Rechtslage in England derjenigen in Deutschland entsprechen würde. Eine Geschäftspolitikklausel, die entgegen der eingangs dargestellten, üblicherweise verwendeten Variante ein ausdrücklich auf die Zukunft gerichtetes Leistungsversprechen enthält, würde beispielsweise lauten: „Es wird unsere Geschäftspolitik sein, dafür zu sorgen" beziehungsweise „*it will be our policy to ensure that ...*". Nach englischem Recht erscheint aber auch im Hinblick auf diese Variante zweifelhaft, ob eine vertragliche Einordnung nach dem Wortlaut vorgenommen werden könnte. Es ist nämlich, wie dargestellt, nicht zweifelsfrei, ob der Ausdruck „*policy*" im englischem Recht eine vertragliche Verpflichtung begründen kann oder ob er nicht zu unbestimmt sei.[243] Im Anschluß an die Entscheidung in *Kleinwort Benson Ltd v Malaysia Mining Corp Bhd* erscheint es daher nach englischem Recht nur möglich, eine Erklärung der vertragsrechtlichen Ebene zuzuordnen, wenn sie lautet: „*We will ensure that the business of our subsidiary is at all times in a position to meet its ...*". Bei einem solchen Wortlaut kann man allerdings nicht mehr von einer „Geschäftspolitikklausel" sprechen. Für eine solche ist eine vertragsrechtliche Einordnung nach englischem Recht – im Gegensatz zum deutschem Recht dementsprechend nicht möglich.

---

241 [1989] 1 AllER 785.

242 Kleinwort Benson Ltd v Malaysia Mining Corp Bhd, CA, [1989] 1 AllER 785, 792; vgl. auch schon oben im Rahmen der Urteilsdarstellung, S. 41 ff.

243 So Forte, JML&C 1990, 108; vgl. auch schon oben, S. 47, im Rahmen der Urteilsbewertung.

Die deutsche Rechtslage scheint hinsichtlich der vertragsrechtlichen Einordnung insoweit eher derjenigen im australischen Recht in Anschluß an die Entscheidung des *Supreme Court of New South Wales* in *Banque Brussels Lambert SA v Australian National Industries* zu entsprechen. Hier stellte das Gericht maßgebend auf die wirtschaftlichen Umstände ab und nicht darauf, ob allein dem Wortlaut eindeutig ein in die Zukunft gerichtetes Leistungsversprechen entnommen werden könne. Eine solche Vorgehensweise hat praktisch den Vorteil, daß die wirtschaftlichen Bedürfnisse im Einzelfall vorrangig berücksichtigt werden können. Außerdem entspricht sie eher den Auslegungsregeln im deutschen Recht gemäß den §§ 133, 157 BGB. Danach ist bei der Auslegung nicht an dem buchstäblichen Wortlaut der Erklärung zu haften, sondern festzustellen, wie die Erklärung nach dem verobjektivierten Empfängerhorizont verstanden werden durfte. Dazu gehört – wie nach australischem Recht – auch die Berücksichtigung der außerhalb der Erklärung liegenden Begleitumstände.[244]

Nach deutschem Recht ist eine enge Bindung an den jeweiligen Wortlaut, wie dies vom englischen *Court of Appeal* getan wird, vor dem Hintergrund der §§ 133, 157 BGB verfehlt, wenn sich aus den Begleitumständen der Erklärung ein rechtlicher Verpflichtungsgehalt ergibt. Ähnlich wie in Australien müssen vorrangig die Umstände des Zustandekommens und die wirtschaftlichen Bedürfnisse Berücksichtigung finden.

*(b) Bestimmung des Vertragscharakters*

Von dem Zwischenergebnis ausgehend, daß nach deutschem Recht die Geschäftspolitikklausel der rechtsgeschäftlichen Ebene zuzuordnen ist, bleibt festzustellen, was für ein rechtsgeschäftliches Schuldverhältnis begründet wird. Das ist nach deutschem Recht insofern bedeutsam, als daß in den §§ 433 ff. BGB und den §§ 373 ff. HGB unterschiedliche Vertragstypen geregelt sind. Als Folge hiervon brauchen die Parteien selbst nur einzelne Punkte zu regeln; die restlichen Vertragsbedingungen werden dann von den Vorschriften zu den einzelnen Schuldverhältnissen bereitgestellt, wenn der Vertrag sich einem bestimmten Schuldverhältnis zuordnen läßt und die Parteien keine anderslautenden Vereinbarungen treffen.[245]

Im Unterschied hierzu hat das *common law* grundsätzlich keine besonderen Vertragstypen entwickelt, bei denen die Parteien nur einzelne Punkte zu regeln brauchen und die restlichen Vertragsbedingungen dann von der

244 Vgl. zu den Auslegungsregeln nur Palandt-Heinrichs, § 133 Rnn. 7 ff. m.w.N.
245 Vgl. Larenz, Schuldrecht, Bd. I, S. 76 f. und Bd. II, 1. Halbband, S. 3 f.

Rechtsordnung bereitgestellt werden. Es gibt nur wenige Gesetze, die einzelne Schuldverhältnisse regeln, wie zum Beispiel der *Sale of Goods Act* 1979 (Warenkaufvertragsgesetz) und der *Bills of Exchange Act* 1882 (Gesetz über die Rechtsverhältnisse bei Wechselbegebung). Aber auch bei diesen Gesetzen handelt es sich nicht um Kodifizierungen im kontinentalen Sinne, die das Fallrecht verdrängen. Das *common law* kennt eine Typisierung von Schuldverhältnissen wie im deutschen Recht nicht.[246]

Die Einordnung einer Geschäftspolitikklausel im deutschen Recht als Gewährleistungsvertrag wird überwiegend mit dem Argument verneint, die Parteien vereinbarten die Klausel, um einen Bilanzausweis nach § 251 Satz 1 HGB zu vermeiden. So führte der BGH in dem Nicht-Annahmebeschluß über die Revision des bereits erwähnten Urteils des OLG Karlsruhe[247] diesem folgend aus, daß eine Patronatserklärung, die keine Pflicht zur Aufnahme als Eventualverbindlichkeit in die Bilanz nach § 251 Satz 1 HGB nach sich ziehen soll, keine Zahlungspflicht des Patrons begründen könne.[248]

Diese formale Argumentation ist jedoch insbesondere vor dem Hintergrund der internationalen Verwendung von Patronatserklärungen nicht überzeugend: Nach dem Gesetzeswortlaut ist gemäß § 251 HGB das Vorliegen einer Verbindlichkeit, für die das Mutterunternehmen direkt in Anspruch genommen werden kann, unabdingbare Voraussetzung für eine Bilanzierung.[249] Ein fehlender oder nicht beabsichtigter Bilanzausweis kann dagegen allein nicht zur Folge haben, daß eine Geschäftspolitikklausel keinen Gewährleistungsvertrag darstellt. Das würde nämlich bedeuten, daß die (beabsichtigte) Bilanzierung bestimmt, ob ein Gewährleistungsvertrag vorliegt. Aufgabe einer Bilanz ist aber gerade nicht, Rechtsverhältnisse zu begründen oder zu konkretisieren, sondern lediglich, über bestehende Verhältnisse zu informieren.[250] Sie dient als Teil der Rechnungslegung der Dokumentation der Geschäftsverhältnisse: der Rechenschaft.[251] Es geht nach § 264 Abs. 2 HGB um die Messung der Leistungsfähigkeit, indem ein den tatsächlichen Verhältnissen entsprechendes Bild der Vermögens-, Finanz- und Ertragslage herzustellen ist. Insoweit folgt das Bilanzrecht seinem eige-

---

246 Vgl. Triebel/Hodgson/Kellenter/Müller, Rn. 63 u. Rnn. 104 ff.

247 OLG Karlsruhe, ZIP 1992, 1394.

248 BGH, DStR 1993, 1753; OLG Karlsruhe, ZIP 1992, 1394, 1396 f. Vgl auch zur angeblichen Abhängigkeit von Bilanzierung und Vorliegen eines Gewährleistungsvertrages: Mosch, S. 60; Rümker, WM 1974, 992; Uhlenbruck, S. 187; v. Gerkan, EWiR § 303 AktG 2/92, 1156; Ammelung/Sorocean, RIW 1996, 669 f.

249 Vgl. Ammelung/Sorocean, RIW 1996, 668; Jander/Hess, RIW 1995, 734.

250 Vgl. Vahlens Großes Wirtschaftslexikon, S. 268; siehe auch §§ 238 f. HGB.

251 Vgl. nur: Karsten Schmidt, Handelsrecht, S. 422.

nen Zweck und ist gegenüber dem Zivilrecht unabhängig. Maßgebend muß dementsprechend eine wirtschaftliche Betrachtungsweise sein.[252] Daraus folgt im Bilanzrecht der Grundsatz der Vorrangigkeit des Schuldrechts. Das bedeutet: Zur Feststellung des wirtschaftlichen Ist-Zustands (und dessen Rechenschaft im Rahmen der Rechnungslegung) ist zunächst die Bestimmung der Rechtslage notwendig. Aus ihr folgt dann unter anderem, in welchem Umfang ein wirtschaftlicher Wert besteht.[253] Dies verbietet dann aber den Rückgriff im Rahmen der zivilrechtlichen Bestimmung auf das Bilanzrecht. Das würde nämlich einen unzulässigen Zirkelschluß bedeuten.[254] Der Vertragscharakter einer Geschäftspolitikklausel im deutschem Recht ist mithin durch eine systematische Auslegung unabhängig von einer etwaigen Bilanzierungspflicht zu bestimmen.

Bei der Bestimmung des Vertragscharakters ist im deutschem Recht, wie im australischen Recht, maßgeblich darauf abzustellen, wie die Klausel vom Kreditgeber als Erklärungsempfänger verstanden werden darf, insbesondere unter Berücksichtigung der zur Erklärung gehörenden Begleitumstände. Hierzu gehören vor allem die der Erklärung vorausgegangenen Vertragsverhandlungen.[255] Regelmäßig werden zwar Zweifel bestehen, ob bei Abgabe einer Geschäftspolitikklausel ein typisierter Gewährleistungsvertrag angenommen werden kann. Denn die Parteien haben sich keiner der bekannten Formulierungen für einen solchen in Form einer Bürgschaft, Garantie oder einer anderen anerkannten Interzessionserklärung bedient. Aus den Begleitumständen kann sich im Einzelfall aber ergeben, daß dennoch eine Interzessionserklärung vereinbart wurde. Eine eindeutige Einordnung der Geschäftspolitikklausel als Minus zu einem Gewährleistungsvertrag ist dennoch *abstrakt* nicht möglich; auch wenn grundsätzlich aufgrund der oftmals starken Position der Muttergesellschaft eine restriktive Beurteilung angebracht sein wird. Das bedeutet jedoch nicht, daß gar keine rechtsgeschäftliche Verpflichtung besteht:[256] Die Parteien befinden sich,

---

252 Vgl. nur: Moxter, BB 1995, 1998 m.w.N.

253 Vgl. Moxter, BB 1995, 1998 m.w.N.

254 So auch Jander/Hess, RIW 1995, 734; Ammelung/Sorocean, RIW 1996, 669 f. Zu erkennen ist ein solcher unzulässiger Zirkelschluß z.B. bei Uhlenbruck, S. 187; Ansätze für eine solche unzulässige Argumentation aber auch bei BGH, DStR 1993, 1753; OLG Karlsruhe, ZIP 1992, 1394, 1396 und bei Gerkan, EWiR § 303 AktG 2/92, 1156.

255 Vgl. Larenz, Allgemeiner Teil, S. 342 f.; Münchener Kommentar-Mayer-Maly, § 133 Rn. 44; Soergel/Hefermehl, § 133 Rn. 25.

256 So aber Hoffmann, S. 20 ff.; Obermüller, Ersatzsicherheiten, Rn. 43; ders., ZIP 1982, 917.

wie gesehen, nicht mehr auf einer Gefälligkeitsebene. Dementsprechend ist es zwingend, im deutschem Recht die Geschäftspolitikklausel zumindest als Auskunftsvertrag zu qualifizieren. Inhaltlich enthält die Klausel eine Aussage über Grundzüge der Finanzierungspolitik zwischen Tochter- und Muttergesellschaft.[257]

Obwohl das deutsche Recht verschiedene Vertragsarten unterscheidetet, ist eine abstrakte Typisierung der Geschäftspolitikklausel nur bedingt möglich. Insoweit ist das deutsche Recht an dieser Stelle dem *common law* vergleichbar, welches keine Vertragstypen entwickelt hat. Für die Bestimmung der Rechtsnatur ist zunächst lediglich festzustellen, ob die in Frage stehende Erklärung einen vertragsrechtlichen Charakter hat oder nicht. Für die Geschäftspolitikklausel ist das sowohl nach australischem als auch nach deutschem Recht möglich, nach englischem Recht jedoch nicht, soweit in der Erklärung ausdrücklich von der *policy*, der Geschäftspolitik, die Rede ist. Im deutschem sowie im australischem Recht sind durch Auslegung der Erklärung die konkreten vertraglichen Rechtswirkungen festzustellen.

### *b) Rechtswirkungen/Rechtsfolgen*

#### *aa) Erfüllungsansprüche*

Eine Geschäftspolitikklausel verpflichtet nach deutschem Recht den Patron zumindest zur wahrheitsgemäßen und vollständigen Auskunftserteilung hinsichtlich seiner Geschäftspolitik im Rahmen eines Auskunftsschuldverhältnisses.[258] Umstritten ist jedoch, ob sich aus dem Auskunftsvertrag weiterreichende Pflichten ergeben.

Nach *Obermüller* soll eine Geschäftspolitikklausel weitergehend die Pflicht des Patrons begründen, auch zukünftig für die Richtigkeit der in der Auskunft enthaltenen Erklärung zu sorgen.[259] Insoweit sei der Muttergesellschaft verboten, ihre Finanzpolitik gegenüber der Tochter zu ändern. Praktisch läuft dies auf die Annahme einer auf § 242 BGB gestützten Liquiditätsgarantie hinaus. Eine solche Bewertung ist jedoch methodisch unehrlich: Zunächst wird die Möglichkeit verneint, die Geschäftspolitikklausel als Liquiditätsgarantie einzuordnen, um in einem nächsten Schritt das gerade abgelehnte Ergebnis quasi „durch die Hintertür" doch wieder zu erreichen.[260]

---

257 Vgl. Rümker, WM 1974, 992; Mosch, S. 61; Gerth, S. 117; Scholz/Lwowski, Rn. 414.

258 Vgl. Honsell, JuS 1976, 622; Palandt-Thomas, § 676 Rn. 3.

259 Obermüller, ZGR 1975, 20 f.

260 Vgl. auch Mosch, S. 64.

Außerdem spricht gegen diese Ansicht, daß von der Möglichkeit der Muttergesellschaft, auch weiterhin für die Richtigkeit des Auskunftsinhalts zu sorgen, nicht automatisch auf eine Einstandsverpflichtung geschlossen werden kann.[261] Das Institut des Auskunftsvertrages würde ansonsten überdehnt.

Nicht ganz so weit wie *Obermüller* gehen *Gerth* und *Mosch*. Sie nehmen bei einer Geschäftspolitikklausel ein Auskunftsschuldverhältnis an, das Daueraufklärungspflichten enthält: Der Patron sei zur nachträglichen Berichtigung seiner Erklärung verpflichtet, wenn er aufgrund neuer Umstände eine Änderung seiner Geschäftspolitik plane.[262] Festzustellen ist hierzu jedoch, daß im deutschem Recht ein Auskunftsvertrag grundsätzlich keine allgemeine Benachrichtigungspflicht hinsichtlich veränderter Umstände begründet.[263]

Für das ausnahmsweise Bestehen einer nachträglichen Berichtigungspflicht muß nach deutschem Recht maßgebend sein, ob die in einer Geschäftspolitikklausel enthaltenen Auskünfte auch in die Zukunft ausstrahlen.[264] Das hängt wiederum vom Wortlaut der Erklärung und den Begleitumständen im Einzelfall ab. Grundsätzlich beziehen sich bei Kreditverhandlungen die abgegebenen Informationen nur auf den Zeitpunkt der Abgabe. Der momentane Ist-Zustand des Kreditantragstellers dient als Grundlage für eine Prognose hinsichtlich der ordnungsgemäßen Kredittilgung. Eine bei den Kreditverhandlungen vorgelegte Bilanz beispielsweise sagt lediglich etwas über die momentane Finanzsituation aus, strahlt selbst aber nicht in die Zukunft aus.

Eine Geschäftspolitikklausel kann im Einzelfall jedoch anders zu bewerten sein: Deutlich geht dies dann aus dem Wortlaut der Klausel hervor, wenn die Muttergesellschaft erklärt, „*es sei ihre gegenwärtige und zukünftige Geschäftspolitik, die Bonität ihrer Tochter aufrecht zu erhalten*“. Der Inhalt dieser Erklärung betrifft vom Wortsinn her offensichtlich nicht nur den Erklärungszeitpunkt, sondern auch Zukünftiges. Eine Ausstrahlung in die Zukunft fehlt dagegen eindeutig bei einer Erklärung der Muttergesellschaft, „*es sei in der Vergangenheit ...*“ oder, „*es sei ihre Geschäftspolitik gewesen, die Bonität ihrer Tochter aufrecht zu erhalten*“. Hier ist ein Zukunftsbezug nach dem Wortsinn ausdrücklich ausgeschlossen.

261 So auch Mosch, S. 63.
262 Gerth, S. 129; Mosch, S. 64 f.
263 So auch Palandt-Thomas, § 676 Rn. 3; Erman-Hauß, § 676 Rn. 7.
264 So auch Mosch, S. 64 f. u. S. 66.

Auslegungsbedürftig im Hinblick auf eine nachträgliche Benachrichtigungspflicht ist eine Geschäftspolitikklausel mithin lediglich dann, wenn ein Zeitbezug gänzlich fehlt. So, wenn die Obergesellschaft lediglich erklärt: „*Es ist unsere Geschäftspolitik, unsere Tochter finanziell so auszustatten, daß diese ihren Verbindlichkeiten nachkommen kann*". Aus dem Wortlaut allein ergibt sich kein Anhaltspunkt dafür, ob die Erklärung in die Zukunft ausstrahlen soll. Regelmäßig dürften sich dann aber Anhaltspunkte für die Auslegung aus den Begleitumständen, insbesondere den Vertragsverhandlungen ergeben. Ansonsten sind nach deutschem Recht folgende Überlegungen dafür maßgebend, wie der Erklärungsempfänger nach dem verobjektivierten Empfängerhorizont die Klausel im Hinblick auf einen Zukunftsbezug verstehen darf:[265]

Kernpunkt der Geschäftspolitikklausel ist auch im Hinblick auf eine Auslegung der Ausdruck „*Geschäftspolitik*". Die Geschäftspolitik eines Unternehmens umfaßt Vor- und Einstellungen, die dem wirtschaftlichen Handeln zugrunde liegen. Sie ist nicht auf einer rechtlichen Ebene anzusiedeln, wie zum Beispiel eine Satzung, sondern auf einer moralisch-wirtschaftlichen. Kennzeichnend für die Geschäftspolitik ist mithin eine gewisse Langfristigkeit, denn die Ein- und Vorstellungen, die dem gesamten Handeln zugrunde liegen, sind auf Kontinuität ausgerichtet. Dementsprechend muß eine Geschäftspolitikklausel, auch wenn ein Zeitbezug fehlt, regelmäßig so verstanden werden, daß sie auch auf die Zukunft Auswirkungen haben soll. Aus dieser Ausstrahlung in die Zukunft folgt dann aber, daß die Klausel grundsätzlich eine nachträgliche Berichtigungspflicht bei Veränderung der Umstände begründet.[266]

Die vorstehende Bewertung nach deutschem Recht im Hinblick auf einen Zukunftsbezug der Geschäftspolitikklausel entspricht derjenigen nach australischem Recht, wie sie sich insbesondere in den Entscheidungsgründen zu *Banque Brussels Lambert SA v Australian National Industries Ltd* zeigt. Während jedoch bei den Untersuchungen der Geschäftspolitikklausel im deutschem Recht die Bestimmung des genauen Leistungsinhalts im Mittelpunkt steht, liegt der Schwerpunkt im australischen Recht an anderer Stelle. In den Entscheidungsgründen zu *Banque Brussels Lambert SA v Australian National Industries Ltd* setzte sich *Chief Judge Rogers* vorwiegend mit der Frage auseinander, ob die Klausel überhaupt eine vertragliche Verpflichtung begründet. Auf den genauen Verpflichtungsinhalt ging er im er-

265 Vgl. allgemein zur Auslegung empfangsbedürftiger Willenserklärungen nur: Brox, AT, Rn. 127 ff.

266 So im Ergebnis wohl auch: Scholz/Lwowski, Rn. 414.

sten Teilurteil vom 12. Dezember 1989 gar nicht ein. Der *Chief Judge* stellte zunächst nur knapp fest, daß die Geschäftspolitikklausel keine Garantie oder Bürgschaft darstelle.[267] Die konkrete Klausel legte er aus als „*it is our practice to ensure that [our subsidiary] is at all times in a position to repay all loans made to it by your Bank*".[268] Nach der Einordnung als vertragliche Verpflichtung stellte er dann weiter lapidar fest, daß gegen diese verstoßen worden sei: „*... the defendant was in breach of [an] enforceable contractual promise*".[269]

Vergleichbar dem deutschen Recht stellt das australische Gericht dabei im Hinblick auf die Konstruktion des Leistungsversprechens den Zukunftsbezug der konkret abgebenen Erklärung in den Vordergrund: „*We ... confirm that it is our practice to ensure that our affiliate ..., will at all times be in a position to meet its financial obligation ...*", nicht so sehr dagegen auf den Ausdruck „*practice*" für Geschäftspolitik. Es untersuchte, ob die Erklärung „*promissory in character*", also ein zukunftsbezogenes Versprechen sei.[270] Nicht zuletzt aufgrund der Wendung „*... will at all times ...*" war dies zu bejahen.

Auf den genauen Leistungsinhalt der Erklärung schien es dem *Supreme Court of New South Wales* zunächst gar nicht anzukommen. Worin der Vertragsverstoß zu sehen ist, wird von *Chief Judge Rogers* in dem ersten Teilurteil offengelassen. Nach den dortigen Entscheidungsgründen könnte er darin bestanden haben, daß die Muttergesellschaft nicht für die Zahlungsfähigkeit ihrer Tochtergesellschaft gesorgt hatte. Denkbar ist aber auch, daß der Verstoß in einer unzutreffenden Zusage im Hinblick auf die Geschäftspolitikklausel zu sehen war. Erst im zweiten, nicht veröffentlichten Teilurteil vom 5. Oktober 1990[271] ging *Chief Judge Rogers* mittelbar auf den Leistungsinhalt ein. Danach habe die Muttergesellschaft es unterlassen, dafür zu sorgen, daß die Tochtergesellschaft in der Lage sei, ihren Verbindlichkeiten gegenüber dem Kreditgeber nachzukommen. Dieses Unterlassen löse allerdings keine Sekundärhaftung wie bei einer Bürgschaft oder Garantie aus. Vielmehr begründe es eine Schadenersatzhaftung.

---

267 Banque Brussels Lambert SA v Australian National Industries Ltd [1989] NSWLR 502, 521 f.

268 Ebenda.

269 Ebenda.

270 Banque Brussels Lambert SA v Australian National Industries Ltd [1989] NSWLR 502, 523 ff. und S. 525 f. Vgl. auch Freehill, Hollingdale & Page, IBL 1990, 289.

271 Unveröffentlicht, zitiert nach: Freehill, Hollingdale & Page, IBL 1990, 481 u. Cooper, JBFLP 1990, 287.

Aus der vorstehend dargestellten Argumentation geht hervor, daß nach Ansicht des *Supreme Court of New South Wales* der Leistungsinhalt der Klausel offensichtlich in der Pflicht der Muttergesellschaft bestanden habe, für die Zahlungsfähigkeit ihrer Tochtergesellschaft im Verhältnis zur Bank zu sorgen. Dabei geht das Gericht auch in diesem Zusammenhang in keiner Weise auf den Ausdruck „*practice*“ und dessen Bedeutung beziehungsweise auf den etwaigen Unterschied zum Ausdruck „*policy*“ ein. Die Geschäftspolitik – diese ist mit beiden Ausdrücken gemeint[272] – hinsichtlich eines Verhaltens wird ohne Begründung gleichgesetzt mit der Verpflichtung zu dem entsprechenden Verhalten.

Im Vergleich zur Auskunfts- und gegebenenfalls Berichtigungspflicht nach deutschem Recht ist diese Leistungspflicht weitergehend. Im Endeffekt kommt es aber sowohl nach deutschem als auch nach australischem Recht maßgebend auf das der Gegenpartei entgegengebrachte Vertrauen an. Nach deutschem Recht besteht dann die Pflicht, eine richtige Auskunft zu geben und diese gegebenenfalls bei Veränderung der Umstände zu berichtigen. Nach australischem Recht besteht eine vertragliche Einstandspflicht.

#### *bb) Schadenersatzansprüche*

Kommt die Muttergesellschaft ihrer Pflicht nicht nach, dem Kreditgeber richtig und vollständig Auskunft zu erteilen beziehungsweise, soweit geschuldet, eine Änderung ihrer Geschäftspolitik nachträglich anzuzeigen, so bestehen nach deutschem Recht möglicherweise Schadenersatzansprüche aus positiver Vertragsverletzung.[273] Problematisch kann dabei allerdings die Beweissituation des Kreditgebers sein. So wird der Nachweis der Pflichtverletzung regelmäßig nur schwer gelingen: Die Geschäftspolitik ist eine interne Tatsache des Unternehmens, vergleichbar mit inneren Tatsachen bei Menschen. Eine unzutreffende Aussage über die Geschäftspolitik beziehungsweise deren Änderung wird nur aufgrund objektiver äußerer Umstände zu beweisen sein.[274] Das ist regelmäßig nur der Fall, wenn die Tochtergesellschaft liquidiert wird. Dann ist offensichtlich, daß die Obergesellschaft sich nicht entsprechend ihrer Aussage über ihre Geschäftspolitik verhalten hat. Allerdings ist auch zu berücksichtigen, daß in der Praxis die Liquidierung der Tochtergesellschaft gerade der Hauptanwendungsfall für eine Inanspruchnahme der Mutter durch die Bank ist.

---

272 Vgl. Banque Brussels Lambert SA v Australian National Industries Ltd [1989] NSWLR 502, 523 f.

273 Vgl. Mosch, S. 66; Gerth, S. 131.

274 Vgl. Mosch, S. 65.

Schwierig dürfte es außerdem sein nachzuweisen, daß der jeweilige Pflichtverstoß für den Ausfallschaden des Kreditgebers kausal ist, insbesondere bei der praktisch bedeutsameren nachträglichen Änderung der Geschäftspolitik der Muttergesellschaft. Die erforderliche Kausalität zwischen unterlassener Mitteilung und einem späteren Ausfall der Bank kann nämlich nur in folgender Situation angenommen werden: Das Kreditinstitut hätte bei pflichtgemäßer Unterrichtung durch die Muttergesellschaft entweder die Möglichkeit haben müssen, von einem vertragsgemäßen Kündigungsrecht Gebrauch zu machen, oder aber bei einer zwischenzeitlichen Fälligkeit des Kredites von einer erneuten Kreditgewährung beziehungsweise Prolongation absehen zu können. Zusätzlich hätte ihr bei Ausschöpfung dieser Möglichkeiten kein oder nur ein geringerer Schaden entstehen dürfen. Das wäre dann der Fall, wenn die Tochtergesellschaft zu dieser Zeit noch zur völligen oder teilweisen Tilgung ihrer Verbindlichkeiten in der Lage gewesen wäre.[275]

Nach australischem Recht besteht als Folge des weitreichenden Verpflichtungsgehalts, der einer Geschäftspolitikklausel in *Banque Brussels Lambert SA v Australian National Industries Ltd* zugewiesen wurde, ein umfassender Schadenersatzanspruch bei Nichteinhaltung der eingegangenen Verpflichtung. *Chief Judge Rogers* stellte in den Entscheidungsgründen zum zweiten Teilurteil knapp fest, der Verstoß begründe eine Haftung in dem Sinne, daß die Muttergesellschaft an den Kreditgeber Schadenersatz für den Schaden zu leisten habe, den letztere durch das Versäumnis der Muttergesellschaft erlitten habe. Dem Kreditgeber wurde die Summe zugesprochen, die ihm die Tochtergesellschaft noch schuldete.[276] Das entspricht vom Ergebnis her einem Betrag, der auch bei Übernahme einer Bürgschafts- oder Garantieverpflichtung hätte geleistet werden müssen. Praktisch stellt eine Geschäftspolitikklausel nach australischem Recht dementsprechend eine Einstandsverpflichtung dar. Das Gericht sah auch keine Schwierigkeiten im Hinblick auf die Ursächlichkeit zwischen Nichteinhaltung der Zusage und Schadeneintritt. Auf diese ging es gar nicht ein. Jedenfalls die Liquidierung der Tochtergesellschaft und der damit zusammenhängende Ausfall scheint als ausreichender Kausalitätsgrund erachtet zu werden.

Nach englischem Recht handelt es sich bei einer Geschäftspolitikklausel im Anschluß an die Entscheidung des *Court of Appeal* in *Kleinwort Benson*

---

275 Vgl. Gerth, S. 131 i.V.m. S. 75 ff.; Mosch, S. 67 f.; Scholz/Lwowski, Rn. 413.

276 Banque Brussels Lambert SA v Australian National Industries Ltd, Urteil vom 5. Oktober 1990, unveröffentlicht, zitiert nach: Freehill, Hollingdale & Page, IBL 1990, 481 u. Cooper, JBFLP 1990, 287 f.

*Ltd v Malaysia Mining Corp Bhd* nur um eine informative Aussage über die momentane Geschäftspolitik des Patrons.[277] Mangels Zuweisung eines rechtlichen Verpflichtungsgehaltes ist lediglich ein Anspruch wegen *negligent misrepresentation* gemäß den im Fall *Hedley Byrne & Co Ltd v Heller & Partners Ltd*[278] entwickelten Regeln[279] denkbar. Allerdings ist hierfür unter anderem das Bestehen einer Sorgfaltspflicht (*duty of care*) aufgrund einer *special relation* Voraussetzung.[280] Ob ein solches Näheverhältnis im Einzelfall besteht, ist zu prüfen und ist nicht zwingend zwischen Kreditgeber und Patron der Fall.

Eine irreführende Erklärung muß darüber hinaus Tatsachen zum Gegenstand haben (*statements of facts*).[281] Eine Erklärung über Zukünftiges kann dementsprechend lediglich ein Versprechen begründen, aber nicht eine *representation* sein.[282] Zweifel hinsichtlich des Vorliegens einer Erklärung über gegenwärtige Tatsachen ergeben sich bei einer Geschäftspolitikklausel nach englischem Recht aufgrund ihrer Formulierung, wenn diese einen Zukunftsbezug hat. Das ist der Fall, wenn es – wie regelmäßig – heißt: „*It is our policy to ensure that the business of [our subsidiary] is at all times in a position to meet its liabilities to you under the ... arrangements*"[283] oder: „*... it is our practice to ensure that our [subsidiary] will at all times be in a position to meet its financial obligations as they fall due.*"[284] Der englische *Court of Appeal* erachtete den Zukunftsbezug allerdings nicht als so gewichtig, daß er ein vertragliches Versprechen begründen könnte und ließ die Formulierung ganz außer Betracht. Hierin liegt der Schwachpunkt der Entscheidung, der eine diesbezügliche Unsicherheit für das englische Recht zur Folge hat. Es bestehen im englischen Recht Zweifel darüber, ob eine Geschäftspolitikklausel eine Erklärung über eine gegenwärtige Tatsache enthält und mithin grundsätzlich eine Haftung wegen *negligent representation* auslösen kann.

---

277 Kleinwort Benson Ltd v Malaysia Mining Corp Bhd, CA, [1989] 1 AllER 785, 794 ff.

278 [1963] 2 AllER 575 = [1964] AC 465.

279 Kleinwort Benson Ltd v Malaysia Mining Corp Bhd, CA, [1989] 1 AllER 785, 790. Vgl. dazu auch schon ausführlich oben, S. 48 ff.

280 Vgl. Clerk & Lindsell/Dias u. Tettenborn, Rnn. 10-18 ff.; James, S. 380 ff., S. 384; Henrich, S. 77 ff., S. 80.

281 Hobeck, S. 35 u. S. 38; Allen, S. 12; Chitty/Beale. Rn. 414.

282 Vgl. Hobeck, S. 38; Chitty/Beale, Rn. 414; Clerk & Lindsell/Carty, Rnn. 18-04 ff.

283 Kleinwort Benson Ltd v Malaysia Mining Corp Bhd, QBD, [1988] 1 AllER 714 und CA, [1989] 1 All ER 785.

284 Banque Brussels Lambert SA v Australian National Industries [1989] NSWLR 502.

*cc) Sicherheitswert*

Die Geschäftspolitikklausel stellt nach deutschem Recht nur bedingt eine bankmäßige Sicherheit dar. Das folgt zum einen aus ihrer grundsätzlichen Einordnung als Auskunftsschuldverhältnis. Ein auf finanzielle Unterstützung der Tochtergesellschaft gerichteter Leistungsanspruch besteht nicht. Zum anderen sieht sich der Kreditgeber regelmäßig einer ungünstigen Beweissituation ausgesetzt.

Jedoch kann insbesondere bei Bestehen einer nachträglichen Berichtigungspflicht die Beweissituation durch eine geschickte Ausgestaltung der Kreditverträge für den Kreditgeber verbessert werden. Bei einem Versäumnis der Berichtigung erscheint die Kausalität eines Pflichtverstoßes für den Ausfallschaden des Kreditgebers dann nachweisbar. Die erforderliche Kausalität zwischen unterlassener Mitteilung und einem späteren Ausfall des Kreditgebers kann, wie bereits dargestellt, nur angenommen werden, wenn das Kreditinstitut bei pflichtgemäßer Unterrichtung durch die Muttergesellschaft entweder die Möglichkeit gehabt hätte, von einem vertragsgemäßen Kündigungsrecht Gebrauch zu machen oder aber bei einer zwischenzeitlichen Fälligkeit des Kredites von einer erneuten Kreditgewährung hätte absehen können. Wird in dem Kreditvertrag nun ein vertragliches Kündigungsrecht für den Fall einer Geschäftspolitikänderung durch die Muttergesellschaft aufgenommen, ist die Beweisbarkeit der Kausalität insoweit gegeben. Bei einer solchen Konstellation kann der Kreditgeber mit einiger Sicherheit einen Schadenersatzanspruch durchsetzen. Dieser entspricht vom Umfang her den noch offenen Kreditverbindlichkeiten. Ein Sicherheitswert der Geschäftspolitikklausel bestünde dann insoweit.

Darüber hinaus ist zu betonen, daß die Geschäftspolitikklausel nach deutschem Recht für den Kreditgeber aufgrund der nachträglichen Berichtigungspflicht auch dann keinesfalls völlig wertlos ist, wenn kein solches Kündigungsrecht vereinbart wurde. Teilt der Patron dem Kreditgeber nämlich eine Änderung der Geschäftspolitik mit, wird der Kreditgeber gewarnt und kann die Kreditabwicklung mit mehr Aufmerksamkeit bedenken[285] beziehungsweise eine etwaige Kreditverlängerung ablehnen.

Nach australischem Recht stellt eine Geschäftspolitikklausel nach der Rechtsprechung des *Supreme Court of New South Wales* wegen der faktischen Einstandsverpflichtung eine den klassischen Sicherheiten gleichzustellende Kreditsicherheit mit einem hohen Sicherheitswert dar. Nach englischer Rechtslage besteht diese Eignung mangels eines rechtlichen Ver-

---

285 Vgl. Mosch, S. 65.

pflichtungsgehalts und der erheblichen Zweifel hinsichtlich der Haftung aufgrund *negligent misrepresentation* dagegen nicht.

## 7. Loyalitätserklärung

Ähnlich wie die Geschäftspolitikklausel ist auch die in der deutschen Rechtspraxis als Loyalitätserklärung oder Tochtergesellschaftsklausel bezeichnete Erklärung in ihrer Bewertung umstritten. Hier erklärt die Muttergesellschaft gegenüber dem Kreditgeber, sie *„stehe jederzeit hinter ihrer Tochtergesellschaft"*.[286] Vergleichbare Erklärungen waren in der Vergangenheit in der englisch-australischen Rechtspraxis weitgehend unbekannt. Neuerdings finden sie aber vermehrt auch international Verwendung, einschließlich in England und Australien: *„We stand behind and support our subsidiary."*

Im deutschen Recht wird eine Loyalitätserklärung teilweise als Fall schutzwürdigen Konzernvertrauens angesehen: Gebe die Muttergesellschaft eine solche Loyalitätserklärung ab, um den Erklärungsempfänger zum Vertragsschluß mit der Tochtergesellschaft zu veranlassen oder um ihn von (angedrohten) Maßnahmen gegen diese abzuhalten, so dürfe der Erklärungsempfänger die Verlautbarung der Muttergesellschaft „als Ausdruck ihres Willens auffassen, notfalls für die Schuld der Untergesellschaft einzustehen".[287] Nach anderer Ansicht soll einer Loyalitätserklärung dagegen nur eine „moralische Aussagekraft" beizumessen sein, so daß sie als „moralische Vertrauensdeklaration ohne sicherheitsrechtliche Substanz" eingeordnet werden müsse.[288] Wiederum andere vertreten die Meinung, eine solche Erklärung solle einen mit der Geschäftspolitikklausel vergleichbaren Auskunftsvertrag begründen.[289]

Das OLG Karlsruhe hatte 1992 einen Rechtsstreit zu entscheiden, in dem eine Loyalitätsklausel im Mittelpunkt stand.[290] Folgender Sachverhalt lag der Entscheidung zugrunde: Die Beklagte, eine GmbH & Co. KG, hatte

---

286 Vgl. OLG Karlsruhe, ZIP 1992, 1394, 1395; Schraepler, ZKredW 1975, 215; Rehbinder, S. 330; Gerth, S. 137; Westphalen S. 390.

287 Rehbinder, S. 330.

288 Schraepler, ZKredW 1975, 215; ihm folgend: Brink/Petereit/Reinecker/Scheerer, Rn. 194.

289 Gerth, S. 139 ff.; Westphalen, 390.

290 OLG Karlsruhe, ZIP 1992, 1394 = BB 1992, 2097 = WM 1992, 2088 = DStR 1993, 486; bestätigt durch BGH-Beschluß vom 12.7.1993 (Nichtannahmebeschluß über Revision), DStR 1993, 1753 = ZIP 1993, A 85.

zusammen mit dem Geschäftsführer ihrer Komplementärin eine Tochtergesellschaft zur Weiterentwicklung eines technischen Verfahrens gegründet. Der Geschäftsführer der GmbH war, wie der Erfinder des Verfahrens, einzelvertretungsberechtigter Geschäftsführer der Tochtergesellschaft. Zuvor gewährte die klagende Bank der Tochtergesellschaft einen Kredit ohne Hereinnahme einer banküblichen Sicherheit. Eine bilanzvermerkspflichtige Verpflichtung wollte die Muttergesellschaft nicht eingehen. Dies akzeptierte die Bank auch. Die Muttergesellschaft gab jedoch eine Patronatserklärung ab, die unter anderem eine Managementklausel enthielt. Diese Patronatserklärung wurde der Klägerin mit einem Begleitschreiben übersandt, in dem die Beklagte erklärte: „*... übergeben wir Ihnen die gewünschte* (Patronatserklärung)*, aus der hervorgeht, daß unsere Gesellschaft voll und ganz hinter dem Engagement der neu zu gründenden* (Tochter-) *GmbH ... steht.*"[291]

Im Rahmen der Bewertung dieser Erklärung berücksichtigte das OLG Karlsruhe die in der Literatur vertretenen Ansichten zur Einordnung einer Loyalitätsklausel nicht. Nach Ansicht des Gerichts brauchte diesen nicht nachgegangen zu werden, „da sich aus den konkreten Umständen des Falls ergebe, daß die Beklagte sich durch ihre ... Erklärung nicht weitergehend verpflichtet habe als durch die (Patronatserklärung beziehungsweise Managementklausel)"[292], also keine Einstandspflicht übernommen habe. Für eine solche Bewertung spreche nach der Meinung des Gerichts allein schon, daß die Loyalitätserklärung lediglich in einem Begleitschreiben zu der von der Klägerin verlangten Patronatserklärung abgegeben worden sei.[293] Dazu komme, daß die Muttergesellschaft in dem Begleitschreiben zum Ausdruck gebracht habe, daß sie in diesem keine über die Patronatserklärung hinausgehende Erklärung abgeben wolle. In dem Begleitschreiben heißt es, aus der Patronatserklärung ginge hervor, daß die Muttergesellschaft voll und ganz hinter dem Engagement der Tochtergesellschaft stehe. Das könne nach Ansicht des Gerichts nur so verstanden werden, daß die konkrete Bedeutung des Hinter-der-Tochtergesellschaft-Stehens aus der Patronatserklärung zu entnehmen sein solle.[294] Entscheidend spreche aber für eine solche Auslegung, daß die Muttergesellschaft nicht bereit gewesen sei, eine bilanzvermerkspflichtige Verpflichtung einzugehen, und der Kreditgeber dies akzeptiert habe.[295]

---

291 OLG Karlsruhe, ZIP 1992, 1394, 1395.
292 Ebenda, S. 1396.
293 Ebenda.
294 Ebenda.
295 Ebenda, S. 1396 f.

Wie im Rahmen der Ausführungen zur Geschäftspolitikklausel dargestellt, überzeugt die Argumentation hinsichtlich der Bilanzierungspflicht nicht. Von einer fehlenden Bilanzierung kann nicht auf den Verpflichtungsgehalt einer Patronatserklärung geschlossen werden. Auch die Tatsache, daß die Loyalitätserklärung in einem Begleitschreiben zu den anderen Klauseln abgegeben worden ist, spricht nicht per se gegen einen vertraglichen Verpflichtungsgehalt. Es kommt vielmehr darauf an, wie der Erklärungsempfänger das Schreiben verstehen durfte; ob als Teil der „Haupt"-Patronatserklärung oder lediglich als unverbindlichen Zusatz. Darüber sagt die Abgabe der Erklärung im Rahmen eines Begleitschreibens jedoch nichts aus.

Im Ergebnis ist dem Urteil des OLG Karlsruhe jedoch insoweit zuzustimmen, als es sich auf den Wortlaut des Begleitschreibens bezieht. In dem konkreten Fall erklärte die Muttergesellschaft nämlich nicht, daß sie hinter ihrer Tochtergesellschaft stehe. Vielmehr nahm sie in dem Begleitschreiben Bezug auf die ,eigentliche' Patronatserklärung und erklärte, aus dieser ginge hervor, daß sie *„voll und ganz hinter dem Engagement* (ihrer Tochtergesellschaft) *stehen werde"*.[296] Hieraus ergibt sich, daß sie keine zur ,eigentlichen' Patronatserklärung hinausgehende Verpflichtung abgeben wollte, da sie sich hinsichtlich ihrer Pflichten auf diese bezog. Insoweit sind die Entscheidungsgründe des OLG Karlsruhe nicht zu beanstanden. Es muß aber berücksichtigt werden, daß der Loyalitätsklausel in diesem Fall nur aufgrund der ganz besonderen Umstände des Einzelfalles ein eigenständiger Verpflichtungsgehalt von vornherein abzusprechen ist. Das Ergebnis darf nicht verallgemeinert werden.

Hinsichtlich der grundsätzlichen Bewertung einer Loyalitätserklärung kann weitgehend auf das zur Geschäftspolitikklausel Erarbeitete verwiesen werden: Wie bei dieser erteilt die Muttergesellschaft Auskunft über eine innere Tatsache, nämlich, daß sie hinter ihrer Tochtergesellschaft steht. Ein Rechtsbindungswille ist der Muttergesellschaft hinsichtlich eines Auskunftsvertrages zu unterstellen, denn die Auskunft ist für den Kreditgeber erkennbar von erheblicher Bedeutung. Dieser macht sie zur Grundlage wesentlicher Entschlüsse. Er verläßt sich darauf, daß die Konzernmutter ihre Tochter unterstützt. Insoweit ist die Muttergesellschaft jedenfalls zur wahrheitsgemäßen und vollständigen Auskunftserteilung vertraglich verpflichtet. Weiterreichende Pflichten ergeben sich, wenn der Erklärungsinhalt in die Zukunft ausstrahlt. Das hängt, wie bei der Geschäftspolitikklausel, vom Wortlaut der Erklärung und den Begleitumständen im Einzelfall ab. Liegt eine Ausstrahlung in die Zukunft vor, begründet die Erklärung grund-

296 Ebenda, S. 1396.

sätzlich eine nachträgliche Berichtigungspflicht bei Veränderung der Umstände. Kommt die Muttergesellschaft ihrer Pflicht nicht nach, so sind nach deutschem Recht Schadenersatzansprüche wegen positiver Vertragsverletzung denkbar, wobei es allerdings zu Beweisschwierigkeiten kommen kann. Die Loyalitätserklärung stellt im deutschem Recht mithin nur bedingt eine bankmäßige Sicherheit dar.

Von einem englischen Gericht ist vor dem Hintergrund der dargestellten Rechtsprechung und der erarbeiteten Tendenzen nicht zu erwarten, daß es einer solchen Klausel einen rechtlichen Verpflichtungsgehalt beimißt. Ähnlich wie bei einer Geschäftspolitikklausel ist der Muttergesellschaft ein Rechtsbindungswille abzusprechen beziehungsweise ist eine ausreichende Bestimmtheit (*certainty*) der Erklärung abzulehen. Die Formulierung „*we stand behind and support our subsidiary*" genügt den strengen Anforderungen des Bestimmtheitsgrundsatzes nach englischem Recht nicht.

Obwohl australische Gerichte im Vergleich dazu im allgemeinen eher bereit sind, einem *commercial agreement* einen rechtlichen Verpflichtungsgehalt zuzusprechen, ist dies bei einer Loyalitätserklärung jedoch zweifelhaft. Wie das englische Recht stellt auch das australische Recht grundsätzlich hohe Anforderungen an die Bestimmtheit des Vertragsinhalts[297], so daß ein Verpflichtungsgehalt hier eigentlich mangels *certainty* abzulehnen wäre. Allerdings ist im Hinblick auf die neuere Rechtsprechung davon auszugehen, daß die australischen Gerichte dennoch grundsätzlich versuchen werden, einen Vertrag aufrecht zu halten, obwohl er im einzelnen unklar sein mag.[298] Für ein australisches Gericht ist maßgebend, ob der Kreditgeber bei der Kreditgewährung darauf vertraute, daß die Muttergesellschaft notfalls für die Verbindlichkeiten einstehen würde. Ist das nach Überzeugung des Gerichts der Fall, ist eine Loyalitätserklärung wie eine Geschäftspolitikklausel zu bewerten.

Hinsichtlich einer Loyalitätsklausel gilt insoweit ähnliches, wie bei der Geschäftspolitikklausel ausgeführt. Während nach dem englischen Recht ein rechtlicher Verpflichtungsgehalt abzulehnen ist, kann im australischen Recht im allgemeinen von einer Einstandsverpflichtung ausgegangen werden. Die Behandlung nach deutschem Recht liegt dazwischen: Ein Vertrag ist anzunehmen. Dieser begründet jedoch keine irgendwie geartete Einstandsver-

297 Vgl. Cheshire/Fifoot-Seddon, austral. Ausgabe, S. 97 f.; Triebel/Hodgson/Kellenter/Müller, Rn. 87.

298 Cheshire/Fifoot-Seddon, austral. Ausgabe, S. 99 f. m.w. N. Siehe auch schon oben, S. 89 f. und S. 94 f.

pflichtung, sondern lediglich einen Auskunftsvertrag. Dieser verpflichtet allerdings grundsätzlich zu einer nachträglichen Berichtigungspflicht.

## 8. Ausstattungsverpflichtung

In Deutschland haben bislang die sogenannten Ausstattungsverpflichtungen im Mittelpunkt der gerichtlichen Auseinandersetzung mit Patronatserklärungen gestanden. In einer Ausstattungserklärung verpflichtet sich die Muttergesellschaft gegenüber dem Kreditgeber, „*dafür zu sorgen, daß ihre Tochtergesellschaft während der Kreditlaufzeit stets (finanziell) so ausgestattet wird, daß sie jederzeit ihren Verbindlichkeiten nachkommen kann*".[299] Die übliche englische Bezeichnung für eine solche Erklärung ist *statement to provide funding*. Der Wortlaut entspricht dem der deutschen Erklärung. Die Muttergesellschaft erklärt: „*We will provide our subsidiary with the necessary means to fulfil its financial obligations*" oder „*we will make available to our subsidiary the (financial) means necessary to enable it to meet its commitments*".[300]

Ausstattungsverpflichtungen haben bei der Entwicklung und Verwendung von Patronatserklärungen in Deutschland eine erhebliche Bedeutung eingenommen. Der Grund hierfür ist insbesondere in dem ursprünglichen Ausgangspunkt für die Abgabe von Patronatserklärungen zu sehen:[301] Nach § 3 Abs. 1 des Kapitalverkehrsteuergesetzes (KVStG) von 1959[302] unterlag in Deutschland die Gewährung von Darlehen an eine inländische Kapitalgesellschaft durch einen Gesellschafter einer Gesellschaftssteuer in Höhe von 2 %, soweit das Darlehen eine durch die Sachlage gebotene Kapitalzuführung ersetzte. Diese Darlehen eines Gesellschafters waren hinsichtlich der Besteuerung Darlehen eines Dritten dann gleichgestellt, wenn ein Gesellschafter dafür Sicherheit leistete (§ 3 Abs. 2 Satz 1 KVStG

---

299 Vgl.: BGHZ 117, 127, 129 ff.; OLG Karlsruhe, ZIP 1992, 1394, 1395; OLG Düsseldorf, NJW-RR 1989, 1116, 1117 = WM 1989, 1642, 1645 f.; OLG Stuttgart, WM 1985, 455; LG München I, WM 1998, 1285 = DB 1998, 1457, 1458; LG Frankfurt, ZIP 1982, A5; Westphalen, S. 393; Rümker, EWiR § 765 BGB 2/92, S. 335; Schröter, WuB I F 1.c., 1.85; Schröder, ZGR 1982, 553; Michalski, WM 1994, 1234 f.

300 Vgl. Wood, Comparative Law, S. 348; Elland-Goldsmith, RDAI/IBLJ 1994, 538; Davidson/Wohl/Daniel, JBFLP 1992, 10; Parsons, BJIBFL 1986, 8; Smart, IBL 1978, 298.

301 Vgl. hierzu: Brink/Petereit/Reinicke/Scheerer, Rn. 193; Bordt, WPg 1975, 286; Stecher, S. 4.

302 I.d.F.v. 24. Juli 1959, BGBl. I 1959, 530.

(1959)). Während übereinstimmend Bürgschaften und Garantien als Sicherungsleistungen im Sinne dieser Vorschrift angesehen wurden,[303] bestritt die überwiegende Literaturmeinung dies hinsichtlich Patronatserklärungen in der Form von Ausstattungsverpflichtungen.[304] Dementsprechend wurden zur Vermeidung der Gesellschaftssteuer vielfach Patronatserklärungen statt der traditionellen Sicherungserklärungen abgegeben.[305]

In England und Australien dagegen war die Ausgangslage für die Abgabe von *comfort letters* mangels einer vergleichbaren gesetzlichen Regelung eine andere. Wie aus der dargestellten *common law*-Rechtsprechung ersichtlich, war Beweggrund dort vorwiegend, eine Erklärung zu finden, die beiden Parteien das Gefühl vermittelt, ihren widerstreitenden Interessen im Rahmen der Kreditgewährung und Sicherheitenstellung sei Rechnung getragen worden, ohne daß sie Einbußen in ihrer Position hätten hinnehmen müssen. Es standen dementsprechend dort vorwiegend solche Erklärungen im Vordergrund, die nicht vom Wortlaut her von vornherein eine (anscheinend) eindeutige Einstandsverpflichtung begründeten, sondern mehrdeutig erschienen. Richter *Staughton* von der *Queen's Bench Division* führte dazu in *Chemco Leasing SpA v Rediffusion plc* aus:

> *„When two businessmen wish to conclude a bargain but find that on some particular aspect of it they cannot agree, ... it is not uncommon for them to adopt language of deliberate equivocation, so that the contract may be signed and their main objective achieved. No doubt they console themselves with the thought that all will go well, and that the terms in question will never come into operation or encounter scrutiny ...“*[306]

In der Rechtspraxis des *common law* haben dementsprechend vorwiegend Erklärungen mit mehrdeutigen Wortlauten im Vordergrund gestanden, beispielsweise die Geschäftspolitikklausel. Die Ausstattungsverpflichtungen haben dagegen schon aufgrund des relativ eindeutigen Wortlautes keine vergleichbare Beachtung gefunden. Das bedeutet jedoch nicht, daß solche Klauseln in der englisch-australischen Finanzierungspraxis überhaupt kei-

---

303 Vgl. BFHE 120, 279, 281 ff. u. 121, 362, 363 f. m.w.N.; Kamprad, DB 1967, 1870.

304 Kamprad, DB 1969, 327 f.; Schneider, IBL 1978, 303; Jährig/Schuck (3. Aufl.), S. 298 u. 301.

305 § 3 KVStG (1959) wurde zum 1.1.1972 ersatzlos gestrichen (Gesetz v. 23. Dezember 1971, BGBl. I, 1971, 2134), so daß dieses Motiv für die Abgabe von Patronatserklärungen wegfiel.

306 Staughton J in: Chemco Leasing SpA v Rediffusion plc [1985], unveröffentlicht, zitiert nach: Kleinwort Benson Ltd v Malaysia Mining Corp Bhd, QBD, [1988] 1 AllER 714, 720.

ne Verwendung finden würden. Eine vergleichbare Erklärung fand beispielsweise Verwendung in dem englischen Fall *Re Augustus Barnett & Son Ltd*, wo die Muttergesellschaft, *Rumasa*, erklärte:

> *„Rumasa ... undertakes to provide such additional working capital as is necessary to enable [our subsidiary] to trade at its current level of activity ... and also to provide such long finance as is necessary.“*[307]

Eine vergleichbare Erklärung war auch (unter anderem) Gegenstand des australischen Falls *Capita Financial Group Ltd v Rothwells Ltd*, wo die hinter dem Kreditgeber stehenden Gesellschaften sich verpflichteten, „*... to maintain the solvency and commercial viability of [the borrower] ...*“.[308]

In beiden Entscheidungen kam es auf die Erklärungen jedoch nicht an, so daß keine Bewertungen durch die Gerichte vorgenommen wurden.

### *a) Rechtsnatur/Auslegung/Abgrenzung zu verwandten Sicherungsmitteln*

Geht man nach deutschem Recht vom Wortsinn einer Ausstattungsverpflichtung gemäß den §§ 133, 157 BGB aus, so zielt ihr „Kerngehalt“ auf eine finanzielle oder sonstige Ausstattung der Tochtergesellschaft derart ab, daß die Tochtergesellschaft ihren Kreditverbindlichkeiten gegenüber ihrem Kreditgeber nachkommen kann. Sie enthält dementsprechend eine einseitige, rechtliche Verpflichtung der Muttergesellschaft gegenüber dem Kreditgeber ihrer Tochtergesellschaft.[309] Das gleiche gilt, wenn die Ausdrücke „Sorge tragen“ und „sorgen“ verwendet werden, statt der sprachlich schärferen Formulierung „verpflichten“.[310] Auch aus diesen Ausdrücken ergibt sich der nach Außen zum Ausdruck gebrachte Wille des erklärenden Patrons, sich gegenüber dem Kreditgeber rechtsgeschäftlich zu verpflichten.[311]

---

307 Re Augustus Barnett & Son Ltd, Chancery Division, [1986] BCLC 170. Zu diesem Fall siehe auch schon oben, S. 27 ff.

308 Capita Financial Group Ltd v Rothwells Ltd, CA, [1993] 30 NSWLR 619. Zu diesem Fall siehe schon oben, S. 82 ff.

309 Vgl. nur: OLG Stuttgart, WM 1985, 455; OLG Düsseldorf, WM 1989, 1642, 1646 und grds. auch: LG München I, WM 1998, 1285, 1285 f.; ferner: Westphalen, S. 393; Obermüller, ZIP 1982, 918; Scholz/Lwowski, Rn. 424.

310 Fischer/Schaffland, GenFor. 1976 Nr. 2, 37; Obermüller, ZGR 1975, 25; Westphalen, S. 393.

311 Anders, weil angeblich den eigentlichen Kern, nämlich die Ausstattung, nicht konkret ansprechend, nur: LG München I, WM 1998, 1285, 1287. Zu der Bestimmtheit der Erklärung siehe nachfolgend, bei den Ausführungen zu den Leistungspflichten.

Zur genauen Bestimmung des Verpflichtungsinhalts ist die Ausstattungsverpflichtung von ähnlichen, traditionellen und gegebenenfalls gesetzlich geregelten Sicherungsmitteln abzugrenzen. Dies gilt insbesondere vor dem Hintergrund, daß eine etwaige Qualifizierung als eines der von der Rechtsordnung vorgegebenen Rechtsinstitute nach deutschem Recht eine gesetzliche Bestimmung der Vertragspflichten zur Folge hat, sofern die Parteien nichts anderes vereinbaren.

Im englischen und australischen Recht begründet eine Ausstattungsverpflichtung ebenfalls eine vertragliche Verpflichtung, soweit die allgemeinen Vertragsvoraussetzungen vorliegen. Aus dem vorangestellten üblichen Wortlaut der Erklärung ergibt sich ohne weiteres das Vorliegen eines in die Zukunft gerichteten Leistungsversprechens, gerichtet auf *providing funding* oder *making available necessary means*. Dies gilt jedenfalls, solange die Parteien nicht ausdrücklich in die Erklärung aufnehmen, daß es ihnen an einem Rechtsbindungswillen fehlt und die Klausel dementsprechend keine rechtlichen Verpflichtungen begründen soll.[312]

Das *common law* hat aufgrund seiner Wesensart als *case law* keine Vertragstypen entwickelt hat, bei denen die Parteien nur einzelne Punkte zu regeln brauchen und die restlichen Vertragsbedingungen dann von der Rechtsordnung bereitgestellt werden.[313] Der Vertragsinhalt ergibt sich daher grundsätzlich ausschließlich aus dem, was die Parteien ausdrücklich oder stillschweigend vereinbart haben. Dennoch ist es auch im englisch-australischen Recht in tatsächlicher Hinsicht nicht völlig ohne Bedeutung, ob sich die Ausstattungsverpflichtung als eines der traditionellen Rechtsinstitute zur Kreditsicherung qualifizieren läßt. In einem solchen Fall kann dann nämlich hinsichtlich möglicher Rechtsfolgen auf das *case law* zu dem jeweiligen Rechtsinstitut zurückgegriffen werden. Dementsprechend ist auch hier eine Abgrenzung zu anerkannten Kreditsicherungsverträgen vorzunehmen.

#### *aa) Abgrenzung zur Bürgschaft und zum Contract of Guarantee*

Durch einen Bürgschaftsvertrag verpflichtet sich nach deutschem Recht der Bürge gegenüber dem Gläubiger eines Dritten, für die Erfüllung der Verbindlichkeiten des Dritten einzustehen, § 765 Abs. 1 BGB. Eine Besonderheit der nach der gesetzlichen Regelung grundsätzlich formbedürfti-

---

312 Vgl. Re Atlantic Computers Plc [1995] BCC 696; Wood, Comparative Law, S. 348; Elland-Goldsmith, RDAI/IBLJ 1994, 537 f.; Davidson/Wohl/Daniel, JBFLP 1992, 13; Parsons, BJIBFL 1986, 8; Smart, IBL 1978, 298.

313 Triebel/Hodgson/Kellenter/Müller, Rnn. 63 ff. und Rn. 104.

gen Verpflichtung ist, daß der Bürge immer nur in Höhe des jeweiligen Bestandes der Hauptschuld haftet, § 767 Abs. 1 BGB.[314] Der Bürge übernimmt damit die Schuld des Hauptschuldners nicht als eigene, sondern verpflichtet sich gegenüber dem Gläubiger nur, ihn wegen seiner Forderung gegen den Hauptschuldner zu befriedigen.[315]

Dem Bürgschaftsvertrag nach deutschem Recht entspricht begrifflich im englischen und australischen Recht der *contract of guarantee*.[316] Im englischen Recht wird ein solcher als Vertrag beschrieben, in dem eine Person (*guarantor* oder *surety*) gegenüber dem Gläubiger einer dritten Person (*principal debtor*) verbindlich verspricht, für dessen gegenwärtige oder zukünftige Schuld ihm gegenüber aufzukommen.[317] Charakteristisch für die *guarantee* ist, daß die Haftung des *guarantor* grundsätzlich eine sekundäre ist; primär haftet der Hauptschuldner. Eine Haftung des *guarantor* besteht erst, wenn der Hauptschuldner seinen Pflichten aus der Hauptschuld nicht nachkommt.[318]

Die englisch-australische Rechtsprechung und Literatur nimmt eine Abgrenzung der Bürgschaft von Patronatserklärungen im allgemeinen und Ausstattungsverpflichtungen im besonderen gar nicht oder nur am Rande vor. In den erstinstanzlichen Entscheidungsgründen zu *Kleinwort Benson Ltd v Malaysia Mining Corp Bhd* führte Richter *Hirst* zur Abgrenzung eines (seiner Meinung nach) eine Einstandspflicht begründenden *comfort letter* von einer Bürgschaft lediglich aus, daß sich der Sicherungsgeber aufgrund einer Bürgschaft verpflichte, dem Begünstigten bei Ausfall die Kreditsumme zu leisten. Dagegen sei die durch eine Patronatserklärung begründete Leistungspflicht auf Schadenersatz gerichtet.[319] Im Rahmen der Entscheidung zu *Banque Brussels Lambert SA v Australian National Industries* unterschied *Chief Judge Rogers* eine rechtlich verpflichtende Patronatserklärung von einer Bürgschaft, ohne eine Begründung zu geben.[320]

---

314 Sog. „Akzessorietät"; vgl. Brink/Petereit/Reinicke/Scheerer, Rnn. 77 ff.; Münchener Kommentar-Habersack, § 767 Rnn. 1 ff.

315 Brink/Petereit/Reinicke/Scheerer, Rn. 60; Esser/Weyers, SchuldR II, S. 341.

316 Vgl. Triebel/Hodgson/Kellenter/Müller, Rnn. 364 ff.; Berensmann, S. 14; Brink/Habel/Hartwig, Rnn. 162 ff.

317 Vgl. Berensmann, S. 14; Andrews/Millett, S. 3; Phillips/O'Donovan, S. 8 mit Hinweisen auf die umfangreiche Rechtsprechung.

318 Andrews/Millett, S. 4; Phillips/O'Donovan, S. 9 ff.

319 Kleinwort Benson Ltd v Malaysia Mining Corp Bhd, QBD, [1988] 1 AllER 714, 722 f.; vgl. auch Dilger, RIW 1988, 909.

320 Banque Brussels Lambert SA v Australian National Industries, [1989] NSWLR 502, 521 ff.; Freehill, Hollingdale & Page, IBL 1990, 481.

Die Haftung aufgrund einer Ausstattungsverpflichtung wird im *common law* allgemein zwar als bürgschaftsähnlich bezeichnet.[321] Dennoch muß eine solche Patronatserklärung von einer Bürgschaft unterschieden werden: Zum einen kann eine Ausstattungsverpflichtung als Rechtsfolge lediglich einen Schadenersatzanspruch begründen, während ein *contract of guarantee* einen genau bestimmten Zahlungsanspruch nach sich zieht.[322] Daran ändert auch nichts, daß in der Regel der Schadenersatzanspruch dem direkten Zahlungsanspruch vom Umfang her entspricht. Denn im Einzelfall können bei dem ersteren Kausalitätsprobleme auftreten.[323] Zum anderen begründet eine verpflichtende Patronatserklärung im Gegensatz zur *guarantee* keine sekundäre, sondern eine primäre Verpflichtung: Sie ist nach dem Inhalt der Erklärung nicht von der Säumnis eines anderen abhängig.[324] Eine Gleichsetzung von *guarantees* mit Patronatserklärungen, die eine rechtliche Verpflichtung begründen, ist mithin im *common law* nicht möglich.[325]

Im deutschem Recht sowie in anderen mitteleuropäischen Rechtsordnungen wird dagegen vereinzelt die Ausstattungsverpflichtung als akzessorische Bürgschaft eingeordnet.[326] So führt beispielsweise *Altenburger*, der über das schweizerische Obligationenrecht schreibt,[327] aus, daß die Parteien keine Haftung wollen, die sich auf sämtliche Risiken erstrecke, sondern daß sie nur eine Haftung bei Zahlungsunfähigkeit anstreben. Hafte die Mutter aber ausschließlich für das Risiko der Insolvenz der Tochter, könne sie Einreden und Einwendungen erheben, die sich aus dem Grundgeschäft ergeben. Insoweit nehme sie „im Endeffekt die Stellung eines akzessorisch haftenden Bürgen ein."[328]

Dieser Argumentation muß jedoch folgendes entgegengehalten werden: Zwar ist der Kreditgeber als Vertragspartei des Patronatsvertrages wie bei einem Bürgschaftsvertrag Gläubiger. Er ist nach dem Wortlaut aber nicht Leistungsempfänger. Der Kreditgeber kann lediglich Ausstattung der

---

321 So: Wood, Comparative Law, S. 348; Wittuhn, McGillLJ 1989/90, 491; Sacasas/Wiesner, BLJ 1987, 333 f.; Parsons, BJIBFL 1986, 8; Smart, IBL 1978, 298.

322 Vgl. Wood, Comparative Law, S. 348; Elland-Goldsmith, RDAI/IBLJ 1994, 538.

323 So auch: Hirst J in: Kleinwort Benson Ltd v Malaysia Mining Corp Bhd, QBD, [1988] 1 AllER 714, 723; Rogers CJ in: Banque Brussels Lambert SA v Australian National Industries Ltd [1989] NSWLR 502, 522; Francis, NZLJ 1993, 189.

324 Vgl. Rogers CJ in: Banque Brussels Lambert SA v Australian National Industries Ltd [1989] NSWLR 502, 522; Phillips/O'Donovan, S. 21 f.

325 So aber wohl: Wittuhn, McGillLJ 1989/90, 498.

326 Altenburger, S. 62 ff.; Köhler, WM 1978, 1344 ff.; Schröder, ZGR 1982, 555.

327 Altenburger, S. 62 f.

328 Altenburger, S. 62.

Tochter verlangen.[329] Diese Tatsache, daß der Gläubiger der Patronatsverpflichtung nicht auch Leistungsempfänger ist, unterscheidet die Ausstattungsverpflichtung erheblich von einer Bürgschaft.[330] Außerdem muß eine Ausstattung nicht notwendigerweise durch Geldzahlung erfolgen. Das ist nur dann zwingend der Fall, wenn sich die Muttergesellschaft verpflichtet, *„für eine finanzielle Ausstattung ihrer Tochtergesellschaft zu sorgen“*.[331] Dies ist jedoch nicht immer Erklärungsinhalt. Verbreitet sind vielmehr auch Ausstattungsverpflichtungen, in denen eine nicht näher bezeichnete *„Ausstattung“* der Tochtergesellschaft seitens der Muttergesellschaft versprochen wird.[332] Dann aber liegt es grundsätzlich im Ermessen des Patrons, in welcher Weise er diese vornimmt. Möglich ist beispielsweise auch die Gewährung von Gesellschafterdarlehen, die Durchführung von Kapitalerhöhungen oder die Lieferung von Sachmitteln.

Die vorstehende Argumentation gilt sowohl für das schweizerische als auch für das deutsche Recht. Die schweizerischen Vorschriften, die den Bürgschaftsvertrag in den Artikeln 492 ff. Obligationenrecht regeln, entsprechen vom Regelungsinhalt her den deutschen Regelungen weitgehend.[333]

Aufgrund der festgestellten erheblichen Unterschiede zwischen Bürgschaft und Ausstattungsverpflichtung kann letztere sowohl nach deutschem Recht als auch nach *common law* nicht als Bürgschaft beziehungsweise als *contract of guarantee* eingeordnet werden.

### *bb) Abgrenzung zur Garantie und zum Contract of Indemnity*

Der gesetzlich nicht geregelte Garantievertrag ist im deutschen Recht das selbständige Versprechen, einem anderen für einen bestimmten Erfolg einzustehen oder das Risiko für einen künftigen Schaden zu übernehmen.[334] Im Gegensatz zur Bürgschaft besteht diese Pflicht unabhängig von dem Bestehen einer Hauptverbindlichkeit.[335] Im Englischen entspricht einem Garantievertrag im Sinne des deutschen Rechts begrifflich der *contract of indem-*

---

329 Vgl. Rümker, WM 1974, 991; Obermüller, ZGR 1975, 26; Kohout, S. 108 f.; Stecher, S. 68 f.; Mosch, S. 13 f.; Hoffmann, S. 44; Franken, IFLR Juni 1985, 14 f.

330 So auch Michalski, WM 1994, 1237.

331 So z.B. in BGHZ 117, 127, 128; OLG Stuttgart, WM 1985, 455; LG Frankfurt, ZIP 1982, A5.

332 Vgl. OLG Karlsruhe, ZIP 1992, 1394, 1395 (wo eine solche Erklärung allerdings nicht Gegenstand der Entscheidung war); Michalski, WM 1994, 1235; Hoffmann, S. 39.

333 Vgl. Mühl/Petereit, Rnn. 58 ff.; Altenburger, S. 6 ff.

334 Vgl. nur Staudinger-Horn, vor § 765 Rn. 73 m.w.N.

335 Palandt-Sprau, vor § 765 Rn. 16; Staudinger-Horn, vor § 765 Rn. 74 m.w.N.

*nity*.[336] Ein solcher ist im engeren Sinne nach *common law* eine persönliche Einstandsverpflichtung für die Schuld eines Dritten. Er soll auch dann gültig sein, wenn die Schuld des Dritten nicht besteht. Des weiteren wird, weitergehend als bei einer *guarantee*, durch einen solchen Vertrag eine primäre Haftung begründet. Allerdings hat der Begünstigte darzulegen und zu beweisen, daß der die Einstandspflicht auslösende Fall eingetreten ist, sowie, daß die damit verbundene Ursächlichkeit hinsichtlich des Schadenfalls vorliegt.[337]

Weder von der englischen noch von der australischen Rechtspraxis sind bislang Abgrenzungen einer Ausstattungsverpflichtung zu einem *contract of indemnity* vorgenommen worden. Bei einem diesbezüglichen Vergleich ist folgendes zu berücksichtigen: Ein *statement to provide funding* begründet vom Wortlaut her zunächst eine primäre Haftung; vorrangig wird eine Ausstattung geschuldet. Erst auf sekundärer Ebene, im Falle der Nichterfüllung, zieht die Erklärung einen Schadenersatzanspruch nach sich. Ein *contract of indemnity* begründet dagegen von vornherein einen Zahlungsanspruch. Geschuldet ist auf primärer Ebene als Erfüllungsanspruch eine Einstandspflicht.[338] Darüber hinaus erscheint im Hinblick auf eine Abgrenzung der Ausstattungsverpflichtung zu einem *contract of indemnity* zweifelhaft, ob die durch eine Ausstattungsverpflichtung begründete Haftung unabhängig vom Bestehen der Hauptverpflichtung bestehen soll. Das ist aber bei einem *contract of indemnity* der Fall.[339] Wegen der tatsächlichen Verbundenheit muß das bei einer Ausstattungsverpflichtung dagegen grundsätzlich verneint werden. Dementsprechend entspricht ein *statement to provide funding* nicht einem *contract of indemnity*.

Im deutschen Recht scheint die Ausstattungsverpflichtung zunächst von der beabsichtigten Sicherheitswirkung her einer Garantie zu entsprechen, da im Ergebnis die Herbeiführung eines bestimmten Erfolges, nämlich die Zahlungsfähigkeit der Tochtergesellschaft des Patrons versprochen wird.[340] Allerdings ist, wie im *common law*, zu berücksichtigen, daß Hauptkriterium der Garantie ist, daß der Garant eine selbständige d.h. nicht akzessorische Haftung eingehen will.[341] Die Ausstattungsverpflichtung kann demnach auch im deutschen Recht nur dann als Garantie eingeordnet werden, wenn auch sie ein von der Hauptverbindlichkeit unabhängiges Versprechen dar-

336 Berensmann, S. 115 ff.; Brink/Habel/Hartwig, Rnn. 223 ff.; Triebel/Hodgson/Kellenter/Müller, Rn. 364.
337 Vgl. Berensmann, S. 115; Andrews/Millett, S. 9; Miller, IBL 1978, 330.
338 Brink/Habel/Hartwig, Rn. 224.
339 Brink/Habel/Hartwig, Rn. 223.
340 Vgl. Westphalen, S. 394; Brink/Petereit/Reinicke/Scheerer, Rn. 197.
341 Staudinger-Horn, vor § 765 Rn. 79; Palandt-Sprau, vor § 765 Rn. 16.

stellt. Aus der üblichen Formulierung der Ausstattungsverpflichtung ergibt sich aber, daß keine selbständige Haftung gewollt ist: Das Bestehen einer Kreditverbindlichkeit ist regelmäßig Voraussetzung für eine wirksame Patronatserklärung. Sonst wäre ihr Zweck, der Tochtergesellschaft die Erfüllung ihrer Kreditverbindlichkeiten zu ermöglichen, nicht erreichbar.[342]

Eine Ausstattungsverpflichtung ist somit weder nach deutschem noch nach englischem oder australischem Recht als Garantievertrag beziehungsweise als *contract of indemnity* einzuordnen.

*cc) Vertrag sui generis und zugunsten Dritter*

Im deutschen Recht kann die Ausstattungsverpflichtung keinem der herkömmlichen Rechtsinstitute zur Kreditsicherung zugeordnet werden, auch nicht dem in England und Australien unbekannten Kreditauftrag oder Schuldbeitritt.[343] Sie ist als einseitig verpflichtender Vertrag eigener Art gemäß §§ 241, 305 BGB zu qualifizieren.[344] Insoweit ähnelt die Rechtslage derjenigen in England und Australien. Dort ist ebenfalls eine Einordnung als traditionelle Kreditsicherheit nicht möglich, auch wenn der Ausgangspunkt dort ein völlig anderer ist: Das *case law* hat von vornherein keine Vertragstypen entwickelt.

Da der Ausstattungsverpflichtung ein Dreiecksverhältnis zugrunde liegt, ist nach deutschem Recht naheliegend zu prüfen, ob es sich hierbei um einen Vertrag zugunsten Dritter gemäß den §§ 328 ff. BGB handelt. Dieser ist kein besonderer Vertragstyp im Sinne eines besonderen Schuldverhältnisses, sondern lediglich eine atypische inhaltliche Gestaltung von Verträgen jeglicher Art.[345] Ein Vertrag zugunsten Dritter liegt vor, wenn die Vertragsparteien vereinbaren, daß der Schuldner den Vertragsgegenstand unmittelbar an einen Dritten zu erbringen hat.[346] Das ist hier der Fall:

---

342 Hoffmann, S. 50; Schnyder, SJZ 1990, 62; Kohout, S. 104; Mosch, S. 131 f.; Münchener Kommentar-Habersack, vor § 765 Rn. 41.

343 Vgl. zu der Abgrenzung zum Kreditauftrag: Hoffmann, S. 47; Seiler, S. 14; Stecher, S. 67; Kohout, S. 101. Zu der Abgrenzung zum Schuldbeitritt vgl.: Kohout, S. 97 f.; Hoffmann, S. 53; Mosch, S. 132; Rippert, S. 111; Schaffland, BB 1977, 1022.

344 So auch: OLG Karlsruhe, ZIP 1992, 394, 397; Scholz/Lwowski, S. 372; Obermüller, ZGR 1975, 26 f.; Mosch, S. 132 f.; vgl. auch: LG München I, WM 1998, 1285; Schnyder, SJZ 1990, 63 f.

345 Münchener Kommentar-Gottwald, § 328 Rn. 3 m.w.N.; Esser/Schmidt, Schuldrecht AT, S. 590.

346 Palandt-Heinrichs, vor § 328 Rn. 1; Staudinger-Jagmann, vor § 328 Rn. 1 u. Rn. 6.

Ausweislich des Erklärungstextes soll die Muttergesellschaft nicht an den Kreditgeber leisten, sondern ihre Tochtergesellschaft „ausstatten".[347]

Von erheblicher praktischer und wirtschaftlicher Bedeutung ist nach deutschem Recht, insbesondere aus Sicht des Kreditgebers, ob der Tochtergesellschaft als Dritter unmittelbar gegen ihre Muttergesellschaft ein eigener Anspruch auf Ausstattung zusteht (echter Vertrag zugunsten Dritter). Aus Sicht der Muttergesellschaft ist ein eigenes Forderungsrecht der Tochtergesellschaft jedoch aus verschiedenen Gründen abzulehnen: Die Muttergesellschaft wird ihrer Tochter neben den möglicherweise ohnehin schon bestehenden konzernrechtlichen oder einzelvertraglichen Pflichten keine weiteren Forderungsrechte zugestehen wollen;[348] sie würde ansonsten gegebenenfalls die Möglichkeit verlieren, eine Ausstattung mit Sachmitteln vorzunehmen, wenn die Tochtergesellschaft Geldzahlung fordert.[349] Außerdem wäre ein eigenes Forderungsrechtes der Tochter ein Zugriffsobjekt von Drittgläubigern der Tochtergesellschaft.

Nach englischem und australischem Recht kommt ein eigenes Forderungsrecht der Tochtergesellschaft gegen ihre Mutter aufgrund der Ausstattungsverpflichtung von vornherein nicht in Betracht. Eine Konstruktion als Vertrag zugunsten Dritter ist im *common law* vom Grundsatz her konstruktiv nicht möglich: Die Gegenleistung muß vom Versprechensempfänger kommen: *consideration must move from the promisee.*[350] Wer einen anderen aufgrund eines Versprechens in Anspruch nehmen will, muß nachweisen, daß er selbst für das Versprechen eine *consideration* erbracht hat. Als Folge hiervon erkennt das *common law* Verträge zugunsten Dritter grundsätzlich nicht an.[351] Das gleiche ergibt sich auch aus der sogenannten *privity rule*: Vertragliche Rechtsbeziehungen, *privity of contract* genannt, sind Voraussetzungen für vertragliche Ansprüche Dritter. Eine Person, die nicht Partei einer Vereinbarung ist, kann keine Ansprüche aus dieser Vereinbarung geltend machen.[352] Dabei ist dogmatisch letztlich noch nicht ge-

---

347 LG München I, WM 1998, 1285, 1285 f.; Hoffmann, S. 56; Stecher, S. 77 ff.

348 Hoffmann, S. 57; Stecher, S. 79. Vgl. auch LG München I, WM 1998, 1285, 1285 f.

349 Hoffmann, S. 57.

350 Thomas v Thomas [1842] 2 QB 851, 859; Tweddle v Atkinson [1861] 1 B&S 393, 399; Chitty/Treitel, S. 185 f.; Cheshire-Fifoot/Seddon, austral. Ausgabe, S. 117 f.

351 Chitty/Treitel, S. 185 f.; Triebel/Hodgson/Kellenter/Müller, Rn. 76; Henrich, S. 41.

352 Dunlop v Selfridge [1915] AC 847, 853; Tweddle v Atkinson [1861] 1 B&S 393, 399; Wilson v Darling Island Stevedoring and Lighterage Co Ltd, High Court of

klärt, ob das Fehlen eines Vertrages zugunsten Dritter auf die *consideration*-Lehre oder auf die hiervon unabhängige Regel, die *privity rule*, zurückzuführen ist.[353] Festzuhalten ist jedenfalls, daß Vertragsparteien der Ausstattungsverpflichtung die Muttergesellschaft und die kreditgebende Bank sind. Der Tochtergesellschaft kann als Dritter kein eigener Anspruch aus der Ausstattungsverpflichtung zustehen.

Die *consideration* seitens der Bank im Hinblick auf das Versprechen der Muttergesellschaft ist in der Kreditzusage an deren Tochter zu sehen. Das ist nach *common law* auch ausreichend, da die Gegenleistung nicht zum Versprechenden gelangen muß, sondern auch zu einem Dritten gelangen kann: *consideration need not move to the promisor*.[354]

In praktischer Hinsicht entsprechen die Positionen nach deutschem, englischem und australischem Recht insoweit einander, wenn auch die Ausgangslagen andere sind: In keinem Fall steht der Tochtergesellschaft ein unmittelbarer Anspruch gegen die Muttergesellschaft aufgrund einer Ausstattungsverpflichtung zu.

### *b) Rechtswirkungen/Rechtsfolgen*

Die Ausstattungsverpflichtung gilt in der wirtschaftlichen Praxis als die weitestreichende Erklärung und wird hinsichtlich ihrer Rechtswirkungen in England, Australien und Deutschland allgemein als „bürgschafts- beziehungsweise garantieähnlich" angesehen.[355] Zu unterscheiden ist im Hinblick auf ihre Rechtswirkungen vor allem nach deutschem Recht zwischen Leistungs- und Schadenersatzpflichten.

#### *aa) Leistungspflichten*

##### *(a) Umfang/Inhalt*

Bei der Inhaltsbestimmung der Leistungspflichten einer Ausstattungsverpflichtung ist unter Berücksichtigung des Wortlautes von dem bezweckten Erfolg auszugehen. Dieser liegt darin, der Tochtergesellschaft insoweit Mittel, insbesondere finanzieller Art z. B. durch Zuführung von Barmitteln,

---

Australia, (1959) 95 CLR 43; Chitty/Treitel, S. 907 ff.; Allan/Hiscock, S. 162 ff.; Triebel/Hodgson/Kellenter/Müller, Rn. 76.

353 Kepong Prospecting Ltd v Schmidt [1968] AC 810, 826; Chitty/Treitel, S. 907; Allan/ Hiscock, S. 388 f.; Cheshire-Fifoot/Seddon, austral. Ausgabe, S. 119 f.

354 Re Wyvern Developments Ltd [1974] 1 WLR 1097; Chitty/Treitel, S. 186 f.; Cheshire-Fifoot/Seddon, austral. Ausgabe, S. 118.

355 Siehe nur: Limmer, DStR 1993, 1750; Brink/Petereit/Reinicke/Scheerer, Rn. 197; Wood, Comparative Law, S. 348; Wittuhn, McGillLJ 1989/90, 493.

Kapitalerhöhung und Drittmittelbeschaffung, zur Verfügung zu stellen, daß diese in der Lage ist, ihren Zahlungspflichten gegenüber dem Kreditgeber nachzukommen.[356]

Leistungspflichten bestehen dabei nach deutschem Recht ausschließlich zwischen Mutter- und Tochtergesellschaft. Dem Kreditgeber steht dagegen kein direkter Primärleistungsanspruch gegen die Muttergesellschaft zu. Ein solcher muß bei der Ausstattungsverpflichtung als Konsequenz aus ihrer Qualifizierung als unechter Vertrag zugunsten Dritter verneint werden.[357] Insoweit unterscheidet sich die Rechtslage nach englisch-australischem Recht in praktischer Hinsicht nicht von der deutschen Position. Etwaige Leistungspflichten der Muttergesellschaft aufgrund der Ausstattungsverpflichtung bestehen lediglich gegenüber dem Kreditgeber als Vertragspartner. Allerdings ist Leistungsempfängerin nach dem Wortlaut der Erklärung die Tochtergesellschaft.

Aus den dargestellten Konstellationen ergibt sich ein Problem hinsichtlich des Leistungsumfangs: Was geschieht, wenn der Patron die Tochtergesellschaft hinsichtlich einer bestimmten Verpflichtung ausstattet, die Tochter die Mittel aber anderweitig verwendet oder diese gepfändet werden? Muß die Muttergesellschaft dann ein weiteres Mal leisten?

Der Text einer üblicherweise verwendeten Ausstattungsverpflichtung enthält zu diesem Problem keinen Hinweis. Aus dem mit der Ausstattungsverpflichtung verfolgten Zweck ergibt sich jedoch, daß die Muttergesellschaft ihren Pflichten nicht schon dann genügt, wenn sie der Tochtergesellschaft einmalig die zur Erfüllung der Zahlungspflicht erforderlichen Mittel zur Verfügung stellt. Verwendet die Tochtergesellschaft die Mittel anders oder werden diese gepfändet, so hat die Muttergesellschaft gerade nicht dafür Sorge getragen, daß ihre Tochtergesellschaft jederzeit zahlungsfähig ist. Sie ist dann zu weiteren Leistungen verpflichtet.[358] Allerdings obliegt dem Patron neben der Ausstattungspflicht nicht auch noch die Verpflichtung, für den Zahlungswillen der Tochtergesellschaft zu sorgen. Denn die Muttergesellschaft erklärt in der üblichen Ausstattungsverpflichtung, die Gegenstand der Untersuchung ist, nicht, sie werde dafür sorgen, daß die Tochter-

---

356 Mosch, S. 133; Obermüller, ZGR 1975, 27; Smart, IBL 1978, 298. Vgl. auch LG München I, WM 1998, 1285, 1286.

357 Vgl. BGHZ 117, 127; LG München I, WM 1998, 1285, 1285 f.: Scholz/Lwowski, S. 405; Obermüller, WUB I F 1c 1.92 (S. 669); a.A. wohl Rümker, WM 1974, 992; undeutlich Horn, EWiR § 765 BGB, 4/85, S. 669 f.

358 Vgl. Mosch, S. 134; Kohout, S. 139 f.; Rümker, WM 1974, 991. Für das englische Recht: Smart, IBL 1978, 299.

gesellschaft erfüllt („*we will fulfil its finanancial obligations*" oder „*we will meet its commitments*"), sondern, sie werde so ausgestattet sein, daß sie erfüllen kann („*we will provide our subsidiary with the necessary means to fulfil its financial obligations*" oder „*we will make available to our subsidiary the means necessary to enable it to meet its commitments*").[359] Die Muttergesellschaft trifft mithin kein allgemeines Weiterleitungsrisiko, lediglich eine etwaige Nachschußpflicht.[360]

Die Gefahr einer tatsächlichen Nachschußleistung kann jedoch ausgeschlossen werden. Denn die zur Ausstattung verpflichtete Muttergesellschaft kann nach deutschem Recht als Dritte im Sinne von § 267 Abs. 1 BGB direkt an den Kreditgeber leisten.[361] Soweit diese Möglichkeit vereinzelt bestritten beziehungsweise als unzureichend angesehen wird,[362] erscheint dies kaum nachvollziehbar, jedenfalls aber wirklichkeitsfremd: Zum einen wird die unter dem Einfluß ihrer Muttergesellschaft stehende Tochtergesellschaft von dem ihr theoretisch zustehenden Widerspruchsrecht nach § 267 Abs. 2 BGB kaum Gebrauch machen (dürfen). Zum anderen wird der Kreditgeber eine Drittleistung des Patrons nicht ablehnen, da er primär an einer ordnungsgemäßen Kreditrückführung interessiert ist.[363]

Das vorstehend Ausgeführte zum Nichtbestehen eines Weiterleistungsrisikos und des möglichen Ausschlusses einer Nachschußpflicht berücksichtigte das LG München I in einer jüngst ergangenen Entscheidung[364] nur ungenügend. Hier gab die zu 75% an der Kreditnehmerin beteiligte Muttergesellschaft eine Patronatserklärung ab, die unter anderem eine Ausstattungserklärung enthielt. In dieser verpflichtete sie sich,

> *„dafür zu sorgen, daß die (Tochtergesellschaft) in der Zeit, in der der … Kredit nicht vollständig zurückgezahlt ist, in der Weise geleitet und finanziell ausgestattet*

---

359 So, wie bereits im Rahmen der Ausführungen zur Abgrenzung von der Bürgschaft gesehen: OLG Düsseldorf, WM 1989, 1642, 1646 = NJW-RR 1989, 1116, 1117. Vgl. auch: Stecher, S. 102 ff.; Schraepler, ZKredW 1975, 216; Köhler, WM 1978, 1344; Kohout, 143 ff.; Obermüller, ZIP 1982, 918 u. ZGR 1975, 217.

360 Vgl. zur korrekten Anwendung der Termini in diesem Zusammenhang: Kohout, S. 141; Mosch, S. 134 f. Unzutreffend insoweit: LG München I, WM 1998, 1285, 1286.

361 Vgl.: Mosch. S. 135 ff.; Gerth, S. 150 f.; Stecher 119 ff.; Schraepler, BB 1977, 1022.

362 Vgl. Rümker, WM 1974, 992; undeutlich Horn, EWiR § 765 BGB, 4/85, S. 669 f.; IdW-Erläuterungen, WPg 1976, 212 sowie Schröder, ZGR 1982, S. 556 f.; Hoffmann, S. 155 f.

363 Vgl. Mosch, S. 137; Kohout, S. 144.

364 LG München I, Urteil vom 2. März 1998, WM 1998, 1285 = DB 1998, 1457.

*bleibt, daß sie stets in der Lage ist, sämtliche gegenwärtigen und künftigen Verpflichtungen aus dem ... Darlehensvertrag ... zu erfüllen.*“[365]

Das Gericht entschied, die Patronatserklärung sei unter anderem wegen Verstoßes gegen § 9 AGBG unwirksam, da die Erklärung den Patron unangemessen benachteilige. Er übernehme mit der Ausstattungserklärung das volle geschäftliche Bonitäts- und Liquiditätsrisiko der Tochter, sei deren geschäftlichen Dispositionen ausgeliefert und laufe Gefahr, ein Vielfaches des gesicherten Darlehens leisten zu müssen, wie er auch die Weiterleitungsgefahr trage.[366]

Der Ansicht des Gerichts kann jedoch nicht gefolgt werden: Ein Weiterleitungsrisiko besteht, wie dargestellt, nicht. Eine Nachschußpflicht kann, wie ebenfalls ausgeführt, durch Direktleistung an den Kreditgeber vermieden werden. Eine unangemessene Benachteiligung des Patrons kann dementsprechend nicht festgestellt werden. Dies gilt insbesondere vor dem Hintergrund, daß die Muttergesellschaft regelmäßig Einflußmöglichkeiten auf ihre Tochtergesellschaft hat und sich zu deren Wahrnehmung verpflichtet. Außerdem kommt ihr als Konzernobergesellschaft der wirtschaftliche Erfolg letztendlich zugute, so daß sie insoweit auch wirtschaftliche Risiken tragen muß, wenn sie sich dazu denn verpflichtet.

Der englischen und australischen Rechtspraxis sind in der deutschen Rechtspraxis bestehende Zweifel an einer Berechtigung der Muttergesellschaft, unmittelbar an den Kreditgeber zu leisten, unbekannt. Eine Situation, in der die Muttergesellschaft eine Nachleistungspflicht treffen könnte, weil die der Tochtergesellschaft zur Krediterfüllung zur Verfügung gestellten Mittel anderweitig verwendet werden, erscheint im *common law* wirklichkeitsfremd. Der Muttergesellschaft wird schon aus praktischen Gesichtspunkten, wie bei einer Bürgschaft, das Recht eingeräumt, den Kreditgeber hinsichtlich der noch offenen Verbindlichkeiten der Tochtergesellschaft durch Geldzahlung zu befriedigen. Das erscheint zwar nach dem Wortlaut der Ausstattungsverpflichtung keine ausreichende Erfüllung. Eine solche Leistung führt aber dazu, daß die Bank nicht mehr gegen die Muttergesellschaft aus der Patronatserklärung vorgehen kann: Da die Bank eine Summe in Höhe der offenen Kreditverbindlichkeiten erhält, ist ihr kein Schaden entstanden. Vielmehr steht sie so da, als wenn die Muttergesellschaft ihre Tochter in ausreichender Weise ausgestattet hätte und letztere ihren Verbindlichkeiten ordnungsgemäß nachgekommen wäre. An-

---

365 LG München I, WM 1998, 1285.

366 LG München I, WM 1998, 1285, 1286 f.

sprüche sonstiger Personen, wie der Tochtergesellschaft oder anderer Gläubiger, sind nicht denkbar, da diese nicht Vertragspartei sind.[367]

Dementsprechend wird bei einer Ausstattungsverpflichtung ein englisches oder ein australisches Gericht keine sogenannte *order for specific performance* (Vertragserfüllung) gewähren. Die im *common law* als Rechtsbehelf im Vordergrund stehenden *damages* (Entschädigung in Geld) sind ausreichend, um den Kreditgeber angemessen zu entschädigen, wenn der Patron seiner Ausstattungspflicht nicht nachkommt: Die Zahlung einer Geldsumme in Höhe der noch offenen Kreditverbindlichkeiten würde die Bank so stellen, als hätte die Tochtergesellschaft den Kredit zurückgezahlt. Insoweit ist kein Platz für ein Erfüllungsverlangen.[368] Wenn aber von vornherein klar ist, daß bei Nichterfüllung der Ausstattungsverpflichtung seitens der Muttergesellschaft nur ein Schadenersatzanspruch in Frage kommt, so ist auch nachvollziehbar, weshalb der Muttergesellschaft von vornherin das Recht zur direkten Zahlung an den Kreditgeber eingeräumt wird: Beides entspricht einander.

Sowohl nach dem *common law* Recht einerseits als auch dem deutschen Recht andererseits ist es der Muttergesellschaft mithin gestattet, direkt an den Kreditgeber die noch offenen Verbindlichkeiten ihrer Tochtergesellschaft zu bewirken.

#### *(b) Justitiabilität/ Bestimmtheit*

Die verbreiteten Erklärungen der Muttergesellschaft, „*dafür Sorge zu tragen, daß unsere Tochtergesellschaft während der Kreditlaufzeit so ausgestattet wird, daß sie jederzeit ihren Verbindlichkeiten nachkommen kann*" beziehungsweise „*we will provide our subsidiary with the necessary means to fulfil its financial obligations*" oder „*we will make available to our subsidiary neccessary means to enable it to meet its commitments*", eröffnen ihr die Möglichkeit, die Ausstattung in unterschiedlicher und nicht nur in „finanzieller" Weise, wie durch Zuführung von Barmitteln, Kapitalerhöhung oder Drittmittelbeschaffung,[369] vorzunehmen. Hervorzuheben sind hierbei als Ausstattungsmöglichkeiten auf andere Art und Weise insbesondere Sachmittel wie Produktionsanlagen, Lizenzen und die Zufuhr von Anlagemitteln. Aus diesen unterschiedlichen Möglichkeiten kann sich jedoch ein Problem hinsichtlich der Justitiabilität ergeben: Soll im deutschen

367 Vgl. Smart, IBL 1978, 299; Elland-Goldsmith, RDAI/IBLJ 1994, 538 f.

368 So auch Elland-Goldsmith, RDAI/IBLJ 1994, 538 f.

369 LG München I, WM 1998, 1285, 1286.

Recht der Anspruch aus der Ausstattungsverpflichtung gerichtlich durchgesetzt werden, bedarf es gemäß § 253 Abs. 2 Ziff. 2 ZPO eines ausreichend bestimmten Klagantrages. Aufgrund der vielfältigen Erfüllungsmöglichkeiten des Patrons erscheint es jedoch problematisch, einen solchen Klagantrag formulieren zu können. Mit diesem Problem korrespondiert auch die Frage nach einer ausreichenden Bestimmtheit beziehungsweise Bestimmbarkeit des Erklärungsinhalts.

Die in der deutschen Literatur verschiedentlich vertretenen Ansichten zur Bejahung eines justitiablen Erfüllungsanspruches trotz dieser Problematik erscheinen dabei allesamt zweifelhaft: Es handelt sich bei der Ausstattungsverpflichtung nicht um ein Wahlschuldverhältnis nach §§ 262 ff. BGB, so daß gegen den Patron auf Erfüllung „der einen oder der anderen Leistung" geklagt werden könne.[370] Denn es sind nicht verschiedene, in ihrer Anzahl von vornherein bestimmte Leistungen in der Weise geschuldet, daß nach späterer Wahl nur eine von ihnen zu erbringen ist;[371] es fehlt insoweit an einer anfänglichen Leistungsbestimmung.[372] Auch kann im Fall einer unterlassenen Ausstattung nicht durch eine ergänzende Vertragsauslegung die Wahlmöglichkeit auf eine unproblematisch einklagbare Pflicht zur Barleistung an die Tochtergesellschaft reduziert werden.[373] Denn die Parteien haben sich im Rahmen der Vertragsvereinbarungen bewußt dahingehend geeinigt, daß dem Patron die Art und Weise der Ausstattung freigestellt bleiben soll. Eine gegenteilige Vertragsauslegung widerspräche dieser Vereinbarung und verstieße somit gegen den Vorrang der Privatautonomie.[374] Schließlich vermag auch das Argument, ein materiellrechtlich konstruierbarer Anspruch müsse auch prozessual durchsetzbar sein, da das Bestimmtheitserfordernis des § 253 Abs. 2 Nr. 2 ZPO kein Selbstzweck sei,[375] nicht zu überzeugen, solange der mit einer Ausstattungsverpflichtung bezweckte Erfolg auf andere Weise erreicht werden kann. Es ist zweifelhaft, ob hierzu im deutschen Recht ein durchsetzbarer Erfüllungsanspruch notwendig ist.

---

370 So aber: Schaffland, BB 1977, 1023; Fischer/Schaffland, GenFor. 1976, Nr. 2, S. 38 f.; Westphalen, 2. Aufl., S. 205.

371 Vgl. Münchener Kommentar-Keller, § 262 Rnn. 3 f.; Esser/Schmidt, SchuldR Bd. I, AT, S. 211.

372 So auch Hoffmann, S. 78; Seiler, S. 25 ff.; Gerth, S. 146.

373 So aber Stecher, S. 100 f. u. S. 147 ff.

374 Vgl. Hoffmann, S. 79; Seiler, S. 29; Gerth, S. 148.

375 So: Schröder, ZGR 1982, 558; ihm folgend: Hoffmann, S. 80; Michalski, WM 1994, 1240; Küffner, DStR 1996, 148.

Nach englischem und australischem Recht ist für einen auf Ausstattung der Tochtergesellschaft gerichteten Erfüllungsanspruch des Kreditgebers aufgrund eines *statement to provide funding* kein Raum. Wegen der dargestellten Besonderheit des *common law*, primär einen Schadenersatzanspruch zuzusprechen, wird dort von vornherein ein Zahlungsanspruch des Kreditgebers gegenüber der Muttergesellschaft auf *damages* angenommen. Bei Gewährung eines Schadenersatzanspruches ist der Kreditgeber so zu stellen, wie er bei ordnungsgemäßer Vertragserfüllung gestanden hätte. Da er bei ausreichender Ausstattung die geschuldete Darlehenssumme von der Tochtergesellschaft zurückerhalten hätte, ist hierin sein Interesse als Geschädigter bei fehlender Ausstattung zu sehen. Dieses Interesse des geschädigten Kreditgebers darf hier auch einseitig berücksichtigt werden, da allein die Ebene des Schadenersatzes betroffen ist. Vertragliche Erfüllungsansprüche sind nicht mehr berührt, so daß es auf ein (gleichberechtigtes) Interesse des Patrons als Vertragspartner nicht mehr ankommen kann.

Auf der Ebene der vertraglichen Erfüllung kann eine solche einseitige Berücksichtigung des Interesses des Kreditgebers zur Begründung eines justitiablen Erfüllungsanspruches jedoch nicht vorgenommen werden. Dennoch wird gerade dies von Teilen der deutschen Rechtspraxis versucht.[376] Auf der Ebene der vertraglichen Erfüllungsanspüche muß aber vielmehr den Interessen beider Vertragsparteien Rechnung getragen werden. Wie im *common law* ist mithin auch im deutschen Recht die Ebene der vertraglichen Erfüllungsansprüche zu verlassen, um dann auf der Ebene der (vertraglichen) Schadenersatzansprüche einen durchsetzbaren (Zahlungs-) Anspruch begründen zu können. Ein durchsetzbarer Erfüllungsanspruch ist nach deutschem Recht mangels Formulierbarkeit eines ausreichend bestimmten Klagantrags dagegen abzulehnen.

Das vorstehend Dargestellte entspricht auch der Praxis. Leistungsklagen auf Ausstattung sind bisher in der deutschen gerichtlichen Praxis nicht erfolgt. Vielmehr wurde stets auf Schadenersatz wegen Nichterfüllung geklagt.[377] Darüber hinaus erscheint eine Erfüllungsklage auch unzweckmäßig: Die Leistungen an die Untergesellschaft müßten einen solchen Umfang haben, daß nicht nur die Forderungen des Kreditgebers, sondern auch die jeglicher anderen Gläubiger erfüllt werden könnten. Das aber könnte

---

376 So insbesondere: Stecher, S. 100 f. u. S. 147 ff.; Schröder, ZGR 1982, 558 ff.; Hoffmann, S. 80 ff.; Michalski, WM 1994, 1240; Küffner, DStR 1996, 148.

377 Vgl. BGHZ 117, 127, 128 f.; OLG Düsseldorf, NJW-RR 1989, 1116, 1117; LG München I, WM 1998, 1285. Vgl. auch Obermüller, Ersatzsicherheiten, Rn. 26; Stecher, S. 93.

die Finanzkraft der Mutter überfordern. Außerdem hätte die Zahlung über die Tochtergesellschaft gegebenenfalls einen Zeitverlust zur Folge. Auch insoweit wäre es für den Kreditgeber günstiger, unmittelbar von dem Patron Schadenersatz wegen Nichterfüllung zu verlangen.[378] Das gilt insbesondere vor dem Hintergrund, daß wirtschaftlich der Schadenersatzanspruch nichts anderes ist als die Verpflichtung zur Erfüllung der gesicherten Forderung.[379]

Vom Ergebnis her entspricht die deutsche Rechtslage derjenigen nach common law: Der Kreditgeber ist auf einen Schadenersatzanspruch beschränkt, der wirtschaftlich allerdings dem Erfüllungsanspruch entspricht.[380]

Das vorstehend Ausgeführte bedeutet im übrigen nicht, daß eine Ausstattungsverpflichtung mangels Bestimmtheit oder Bestimmbarkeit des Erklärungsinhalts unwirksam ist. Dies gilt ungeachtet des Nichtbestehens eines justitiablen Erfüllungsanspruchs auf Ausstattung mangels einer anfänglichen Leistungsbestimmung:

Die Rechtspraxis des *common law* bezweifelt das Vorliegen einer ausreichenden *certainty* trotz der hohen Anforderdungen, die das *common law* an die Bestimmtheit des Leistungsinhaltes stellt,[381] nicht. Der Wortlaut „*to provide the subsidiary with the necessary means to fulfil its financial obligations*" lasse eine genügende Bestimmung des Verpflichtungsinhaltes zu.[382]

Das gleiche gilt auch für das deutsche Recht. Zwar fehlt es an einer anfänglichen Leistungsbestimmung.[383] Dies ist aber auch Absicht. Denn die Parteien haben sich im Rahmen der Vertragsvereinbarungen bewußt dahingehend geeinigt, daß dem Patron die Art und Weise der Ausstattung freigestellt bleiben soll. Die Ausstattungsverpflichtung ist so auszulegen, daß der Patron die vertraglich geschuldete Leistung gemäß § 315 BGB einseitig bestimmen kann. Insoweit begründet die Ausstattungsverpflich-

---

378 Obermüller, Ersatzsicherheiten, Rn. 31.

379 So auch OLG Karlsruhe, ZIP 1992, 1394, 1395 a.E.

380 Vgl. Elland-Goldsmith, RDAI/IBLJ 1994, 538 f.

381 Vgl. Chitty-Treitel, S. 149 ff.; Triebel/Hodgson/Kellenter/Müller, Rn. 87; Giesen, JZ 1993, 18 f. Siehe auch oben, S. 47.

382 Vgl. Banque Brussels Lambert SA v Australian National Industries, [1989] NSWLR 502, 525 f. und oben, S. 62 f.; Wood, Comparative Law, S. 347 f.; Elland-Goldsmith, RDAI/IBLJ 1994, 538 f.; Davidson/Wohl/Daniel, JBFLP 1992, 13; Parsons, BJIBFL 1986, 8; Smart, IBL 1978, 298 ff. Siehe auch ferner oben, S. 47.

383 Vgl. Hoffmann, S. 78; Seiler, S. 25 ff.; Gerth, S. 146. Siehe auch schon oben, S. 184.

tung eine nur rahmenmäßig bestimmte Leistungspflicht.[384] Dem Bestimmtheitserfordernis, nach dem der Inhalt einer vertraglich vereinbarten Leistung so konkret sein muß, daß Gegenstand und Dauer der geschuldeten Leistung zumindest bestimmbar sind,[385] ist durch das einseitige Recht der Leistungsbestimmung durch den Patron genüge getan.[386]

Insoweit das LG München I in seiner bereits genannten Entscheidung jedoch die Ansicht vertritt, eine Ausstattungsverpflichtung sei mangels Bestimmtheit oder Bestimmbarkeit der Leistung unwirksam,[387] ist dies nach dem vorstehend Ausgeführten zurückzuweisen: Die Ausstattungsverpflichtung ist inhaltlich durch den Patron zu bestimmen. Und der Umfang der Ausstattung kann durch zulässige Direktleistung an den Kreditgeber in Höhe der bestehenden Kreditverbindlichkeiten bestimmt und beschränkt werden. Ein Weiterleitungsrisiko besteht nicht und eine Nachschußpflicht kann vermieden werden.[388]

### *bb) Schadenersatzpflichten*

Bei Verletzung der Ausstattungsverpflichtung kommt ein Schadenersatzanspruch in Betracht. Dieser steht sowohl im *common law* als auch im deutschem Recht praktisch und wirtschaftlich im Vordergrund. Der Patron hat seine Leistungspflicht dann verletzt, wenn die Tochtergesellschaft nicht über ausreichende Mittel verfügt, um die fälligen Kreditbeträge zu leisten.[389]

#### *(a) Fälligkeit/Maturity*

Voraussetzung für eine Verletzung der Leistungspflicht seitens der Muttergesellschaft ist zunächst die Fälligkeit (*maturity*) des Ausstattungsanspruchs. Die Muttergesellschaft schuldet eine Ausstattung der Tochtergesellschaft derart, daß diese jederzeit (*at all times*) ihren Verpflichtungen gegenüber dem Kreditgeber nachkommen kann. Der Patron ist also während der gesamten Kreditlaufzeit zur Mittelausstattung verpflichtet. Die Ausstattungsverpflichtung bedeutet dementsprechend eine ständige Pflichten-

---

384 Vgl. hierzu Münchener Kommentar-Gottwald, § 315 Rnn. 1 ff., Rn. 7, Rn. 10, Rnn. 21 ff.; Palandt-Heinrichs, § 315 Rnn. 1 ff.

385 BGHZ 55, 248, 250; BGH, NJW-RR 1990, 270, 271; Münchener Kommentar-Kramer, § 241 Rn. 3; Staudinger-J. Schmidt, Einl. zu §§ 241 ff. Rn. 476; Palandt-Heinrichs, § 241 Rn. 3 m.w.N.

386 Vgl. Palandt-Heinrichs, § 315 Rn. 1.

387 LG München I, WM 1998, 1285, 1286.

388 Siehe hierzu oben, S. 180 ff.

389 Gerth, S. 153; Obermüller, ZGR 1975, 28; Wood, Comparative Law, S. 348.

anspannung für den Patron. Im deutschen Recht wird dies als „Dauerschuldverhältnis" bezeichnet,[390] im Englischen als „*continuing obligation*".

Die englische Rechtspraxis problematisiert den Fälligkeitszeitpunkt der Ausstattungspflicht nicht. Kann die Tochtergesellschaft während der Kreditfälligkeit zu irgendeinem Zeitpunkt ihre Verbindlichkeiten gegenüber dem Kreditgeber nicht erfüllen, ist die Muttergesellschaft ihrem durch das *statement to provide funding* begründete Versprechen nicht nachgekommen. Denn die Muttergesellschaft hat dafür zu sorgen, daß ihre Tochter „*at all times*", das heißt zu jedem Fälligkeitszeitpunkt des Darlehens, ihre Verbindlichkeiten erfüllen kann. Ist dies nicht der Fall, liegt eine Vertragsverletzung vor. Nachweisbar ist dies spätestens und eindeutig dann, wenn die Tochtergesellschaft liquidiert wird.[391]

Die deutsche Rechtspraxis nimmt dagegen überwiegend an, daß die Fälligkeit der einzelnen Leistungen dann eintritt, wenn die Muttergesellschaft spätestens leisten muß, um einen Liquiditätsmangel bei der Untergesellschaft zu verhindern:[392] Entgegen *Obermüller*, der die Fälligkeit von Ausstattung und Fälligkeit des Kredits beziehungsweise einzelner Kreditraten koppelt,[393] sei die Verpflichtung zur Ausstattung unabhängig von der Kreditrückzahlungspflicht fällig. Sinn der Patronatserklärung sei die ausreichende Liquiditätsausstattung der Tochtergesellschaft während der gesamten Kreditlaufzeit, so daß eine ordnungsgemäße Tilgung möglich sei. Fehle es zu irgendeinem Zeitpunkt an einer solchen ausreichenden Liquidität, könnten andere Geschäftspartner der Tochter ihr Engagement bei dieser kritisch überprüfen. Ein schneller finanzieller Zusammenbruch könne dann die Folge sein. Daraus ergebe sich die präventive Verpflichtung, ein solches Ausstattungsdefizit gar nicht erst entstehen zu lassen; die Ausstattungsverpflichtung müsse mithin unabhängig von der Kreditrückführung fällig sein.[394]

---

390 So auch: Kohout, S. 131; Stecher, S. 106; Brink/Petereit/Reinicke/Scheerer, Rn. 92; vgl. auch Palandt-Heinrichs, vor § 241 Rn. 17.

391 Vgl. Kleinwort Benson Ltd v Malaysia Mining Corp Bhd, QBD, [1988] 1 AllER 714, 721 u. 724; Brussels Lambert SA v Australian National Industries Ltd, Comm D, [1989] NSWLR 502, 504 f. u. 522; Capita Financial Group Ltd v Rothwells Ltd, CA, [1993] NSWLR 619, 628.

392 Stecher. S. 107 f.; Kohout, S. 130 f., der bei seiner Begründung von einer betriebswirtschaftlichen Sicht ausgeht; vgl. auch Hoffmann, S. 85 f.

393 Obermüller, ZGR 1975, S. 27. So wohl auch LG München I, WM 1998, 1285, 1286.

394 So Kohout, S. 131 ff.; Stecher, S. 106 ff.

Diese vorstehende Ansicht vermag jedoch nicht uneingeschränkt zu überzeugen. Grundsätzlich muß vielmehr mit *Obermüller* – wie im *common law* – auch im deutschen Recht eine Verbundenheit der Fälligkeiten von Ausstattungs- und Kredittilgungsverpflichtung angenommen werden: Der Patronatsvertrag wird als Sicherungsmittel für den oder die Kredite eines bestimmten Gläubigers vereinbart. Das folgt aus der Abhängigkeit der Ausstattungsverpflichtung vom Kreditverhältnis.[395] Geht es aber nur um diese Sicherung, kann sich auch die Ausstattungsverpflichtung regelmäßig nur auf diese Zahlungspflicht beziehen. Außerdem ergibt sich aus der Formulierung der Patronatserklärung, daß die Tochtergesellschaft zur Erfüllung ihrer „Verpflichtungen" beziehungsweise ihrer *„financial obligations"* oder *„commitments"* in der Lage sein muß, eine Abhängigkeit der Ausstattungsverpflichtung zu dem gewährten Darlehen. Ähnlich dem Bürgen kann sich auch der Patron bei einer Inanspruchnahme damit wehren, daß eine Verpflichtung der Untergesellschaft nicht entstanden sei beziehungsweise nicht mehr bestehe oder noch nicht fällig sei.[396] Aus der festgestellten Verbundenheit ergibt sich regelmäßig eine Koppelung der Fälligkeit hinsichtlich Kredittilgung und Ausstattung.

*(b) Vertragsverletzung/Breach of Contract*

Das deutsche Recht unterscheidet verschiedene Formen der Vertragsverletzung. Bei Verletzung einer Ausstattungsverpflichtung kommt dabei Verzug oder Unmöglichkeit mit der Folge eines Schadenersatzes in Betracht. Im Gegensatz dazu geht das *common law* von einem einheitlichen Begriff des Vertragsbruches aus. Jeder Schuldvertrag ist als Garantieversprechen ausgestaltet, in dem es der Schuldner übernimmt, den versprochenen Erfolg herbeizuführen. Gelingt es ihm nicht, eine vertraglich übernommene Garantie wie die Ausstattungsverpflichtung einzulösen, so begeht er nach englischer Terminologie einen *breach of contract*. Dabei ist es grundsätzlich ohne Bedeutung, worauf sich das gebrochene Versprechen bezog. Das *common law* geht nämlich von einem einheitlichen Vertragsbruchtatbestand aus. Dieser liegt vor, wenn eine Partei die Leistung verweigert, nicht erbringt, unmöglich macht oder fehlerhaft leistet.[397] Pla-

---

395 So wohl auch LG München I, WM 1998, 1285, 1286. Vgl. außerdem Münchener Kommentar/Habersack, vor § 765 Rn. 41.

396 So auch Obermüller, ZGR 1975, 27; Münchener Kommentar/Habersack, vor § 765 Rn. 41; vgl. auch oben im Rahmen der Abgrenzung zu anderen Kreditsicherungsmitteln; Mosch, S. 132; Schraepler, ZKredW 1975, 216; nicht so weitgehend allerdings Kohout, S. 151 ff.

397 Vgl. Treitel, S. 731; Giesen, JZ 1993, 23.

stisch ausgedrückt bedeutet dies: „...*a less than perfect performance will be a breach.*“[398] Ein solcher *breach* zieht bei Vorliegen eines Garantieversprechens wie der Ausstattungsverpflichtung einen Anspruch auf Schadenersatz, *damages*, nach sich. *Damages* sind dabei nicht auf Naturalrestitution gerichtet, sondern auf Entschädigung in Geld. Die Konsequenzen des *breach of contract* sollen so weit ausgeglichen werden, wie dies vermögensmäßig möglich ist. Der Geschädigte ist dabei vermögensmäßig grundsätzlich so zu stellen, wie er bei ordnungsgemäßer Vertragserfüllung gestanden hätte. Das schließt, ähnlich wie im deutschen Recht, den Ersatz des positiven Interesses ein.[399] In praktischer Hinsicht entspricht die Rechtslage nach *common law* insoweit der nach deutschem Recht, unabhängig von den unterschiedlichen Formen der Vertragsverletzung beziehungsweise der unterschiedlichen Systematik.

Zahlt die Tochtergesellschaft bei Fälligkeit wegen fehlender Mittel zunächst nicht, leistet sie aber dann, nachdem der Patron die Ausstattung nachgeholt hat, kommt nach deutschem Recht für den Kreditgeber gegenüber der Muttergesellschaft ein Schadenersatzanspruch wegen Verzuges nach § 286 BGB in Betracht. Ist die Muttergesellschaft mit ihrer Ausstattungspflicht in Verzug geraten, so steht dem Kreditgeber Ersatz des ihm dadurch entstandenen Schadens zu (§ 286 Abs. 1 BGB). Der Schaden besteht darin, daß die Tochter zeitweise ihren Verpflichtungen nicht nachkommen konnte, weil die Obergesellschaft verspätet die notwendigen Mittel zur Verfügung stellt.[400] Aus praktischer Sicht ist die Bedeutung eines solchen Schadenersatzanspruches jedoch zu relativieren, da durch ihn der Kreditgeber nicht den fälligen Kreditbetrag erhält.[401]

In tatsächlicher Hinsicht ist im deutschen Recht der Schadenersatzanspruch wegen Unmöglichkeit der bedeutsamste: Nach § 280 Abs. 1 BGB kann der Gläubiger bei Unmöglichkeit das positive Interesse verlangen; er ist so zu stellen, wie er bei gehöriger Erfüllung gestanden hätte.[402] Der Kreditgeber kann dementsprechend, wie nach *common law* bei einem *breach of contract*, den fälligen Kreditbetrag ersetzt verlangen. Die praktische Bedeutung des Anspruchs wegen Unmöglichkeit im deutschen Recht zeigt sich auch darin, daß es sich bei allen bisher in Deutschland aufgrund einer Ausstattungs-

---

398 Cheshire/Fifoot/Furmston, S. 515; Giesen, JZ 1993, 23.

399 Vgl. Triebel/Hodgson/Kellenter/Müller, Rn. 170 f.

400 Obermüller, ZGR 1975, 28; vgl auch Mosch. S. 139 f.

401 So auch Köhler, WM 1978, 1345.

402 Vgl. nur: Erman-Battes, § 280 Rn. 4.

verpflichtung gerichtlich geltend gemachten Ansprüche um solche gehandelt hat, die sich vorwiegend auf § 280 Abs. 1 BGB gründeten.[403]

Maßgebend ist im deutschen Recht, wann eine Ausstattungsverpflichtung im Sinne von § 280 Abs. 1 BGB unmöglich wird. Gleichgültig ist, ob es sich um nachträgliche objektive Unmöglichkeit oder um nachträgliches Unvermögen handelt.[404] Objektive Unmöglichkeit liegt vor, wenn die Leistung von niemandem, weder vom Schuldner (Patron) noch von einem Dritten erbracht werden kann.[405] Unvermögen ist dagegen gegeben, wenn der Schuldner zur Leistung außerstande ist, die Leistung aber von einem anderen bewirkt werden könnte.[406] Bei der Ausstattungsverpflichtung liegt Unmöglichkeit vor, wenn der Kreditgeber einen Ausfall erleidet, also bei (endgültiger) Uneinbringlichkeit der durch die Patronatserklärung gesicherten Forderung.[407]

Der BGH[408] entschied zum Vorliegen von Unmöglichkeit einen Fall, in dem eine Muttergesellschaft (die Beklagte) für ihre Tochtergesellschaft gegenüber der klagenden Bank eine Ausstattungsverpflichtung abgegeben hatte: Ein gutes Jahr nach Abgabe der Patronatserklärung wurde Konkurs sowohl über das Vermögen der Tochtergesellschaft als auch über das der Muttergesellschaft eröffnet, ohne daß vorher der Kredit an die Klägerin zurückgezahlt wurde. Diese klagte nunmehr gegen die Muttergesellschaft auf Schadenersatz wegen Nichterfüllung der Ausstattungsverpflichtung.

Im Anschluß an die Vorinstanzen urteilte der BGH, daß die Muttergesellschaft bei Uneinbringlichkeit der durch die Ausstattungsverpflichtung gesicherten Forderung hafte. Die Beklagte habe die Ausstattungsverpflichtung schuldhaft verletzt, weil sie für ihre eigene Zahlungsfähigkeit einstehen müsse.[409] Hieraus folgt, daß Unmöglichkeit auf jeden Fall mit der Eröffnung des Konkursverfahrens über das Vermögen der Muttergesellschaft eingetreten ist. An späterer Stelle ergibt sich aus den Urteilsgründen dann

---

403 Vgl. BGHZ 117, 127, 130; OLG Karlsruhe, ZIP 1992, 1394, 1395; OLG Düsseldorf, WM 1989, 1642, 1645 f. = NJW-RR 1989, 1166, 117; LG Frankfurt, ZIP 1982, A5.

404 Vgl. Palandt-Heinrichs, § 280 Rn. 3.

405 (= generelle Unerfüllbarkeit); Palandt-Heinrichs, § 275 Rnn. 4 ff.

406 (= individuelle Unerfüllbarkeit); Palandt-Heinrichs, § 275 Rn. 13 ff.

407 Vgl. BGHZ 117, 127, 130; OLG Karlsruhe, ZIP 1992, 1394, 1395; OLG Düsseldorf, WM 1989, 1642, 1646.

408 BGHZ 117, 127 = NJW 1992, 2093 = ZIP 1992, 338 = WM 1992, 501 = MDR 1992, 367 = BB 1992, 600.

409 BGHZ 117, 127, 130.

weitergehend, daß Unmöglichkeit schon mit dem Konkurs über das Vermögen der Tochtergesellschaft eingetreten sein müsse. Der BGH gibt nämlich kritiklos die Ansicht des Berufungsgerichts wieder, die beklagte Muttergesellschaft habe durch die unzureichende finanzielle Ausstattung ihrer Tochtergesellschaft den Ausfall der klagenden Bank verursacht, so daß diese auf eine geringere Quote im Zwangsvergleichsverfahren angewiesen gewesen sei.[410] Ausgangspunkt hierfür sei aber der Konkurs der Tochter, so daß dieser auch den Ausfall verursachte und somit die Unmöglichkeit begründete.

Deutlicher ging das OLG Düsseldorf auf den Zeitpunkt des Eintritts der Unmöglichkeit ein.[411] Gegenstand dieses Rechtsstreits war allerdings keine Ausstattungsverpflichtung, sondern eine mit dieser vergleichbare Liquiditätszusage. In dem Rechtstreit verlangte die Klägerin, ein Spezialunternehmen für Entstaubungsanlagen für Elektrostahlwerke, von der Beklagten, einem Stahlhandelsunternehmen, Schadenersatz, weil die Beklagte einer Vertragspartnerin der Klägerin, der in Vermögenslosigkeit geratenen Firma B., nicht die notwendigen Finanzierungsmittel zugewendet habe. Die Klägerin, die den Auftrag für die Herstellung von zwei Entstaubungsanlagen erhalten hatte, hatte im Rahmen einer Ausschreibung nach einem geeigneten Subunternehmen gesucht. Es bewarb sich die Firma B., deren Finanzierungsmittel der Klägerin jedoch nicht ausreichend erschienen. Die Beklagte erklärte sich daraufhin zu Liquiditätshilfen bereit und schrieb der Klägerin:[412] „*Wir bestätigen Ihnen gern, daß wir der B. ... die notwendigen Finanzierungsmittel ... zur Verfügung stellen werden und z.T. bereits zur Verfügung gestellt haben*". Zweieinhalb Jahre später kündigte die Beklagte der Firma B. sämtliche zur Verfügung gestellten Kredite und Bürgschaften fristlos. Die Firma B. beantragte daraufhin die Eröffnung des Konkursverfahrens, nachdem sie bereits zuvor die Arbeit an den noch zu fertigenden Teilen eingestellt und eine Mängelbeseitigung im Rahmen der Gewährleistung abgelehnt hatte.

Das OLG Düsseldorf erachtete die Finanzierungszusage einer Ausstattungsverpflichtung vergleichbar und ging daher zunächst auf die rechtliche Behandlung der letzteren ein. Das Gericht führte aus, daß aufgrund einer solchen Vereinbarung die Muttergesellschaft nach § 280 BGB zum Schadenersatz verpflichtet sei, wenn der Kreditgeber einen Ausfall erleide, weil die Muttergesellschaft ihre Finanzierungszusage nicht erfülle und auch in Zu-

---

410 Ebenda, S. 130 f.

411 OLG Düsseldorf, WM 1989, 1642 = NJW-RR 1989, 1116.

412 Ebenda.

kunft nicht mehr erfüllen könne, da über das Vermögen der Tochtergesellschaft bereits das Konkursverfahren eröffnet worden sei.[413] Aus dieser Aussage ist zu schließen, daß die Unmöglichkeit mit Eröffnung des Konkursverfahrens über das Vermögen der Tochtergesellschaft eingetreten ist. Denn Sinn und Zweck der Ausstattungsverpflichtung ist auch die Insolvenzabwehr. Wird aber ein Insolvenzverfahren eröffnet, ist insoweit eine Zweckverfehlung gegeben.[414]

Aus dem Vorstehenden folgt, daß sich das deutsche Recht insoweit nicht vom englisch-australischem Recht unterscheidet. Nach *common* law liegt ein *breach of contract* eines *statement to provide funding*, wie gesehen, dann vor, wenn die Tochtergesellschaft während der Kreditfälligkeit zu irgendeinem Zeitpunkt ihre Verbindlichkeiten gegenüber dem Kreditgeber nicht erfüllen kann. Das ist spätestens der Fall, wenn sie Konkurs anmelden muß.

Gemäß § 280 Abs. 1 BGB geht im deutschen Recht der Schadenersatzanspruch wegen Nichterfüllung auf das gesamte Erfüllungsinteresse des Kreditgebers. Er kann verlangen, so gestellt zu werden, wie er bei ordnungsgemäßer Kreditabwicklung gestanden hätte.[415] Der Anspruch umfaßt neben dem noch nicht zurückgezahlten Kreditbetrag einschließlich vertraglich geschuldeter Zinsen und sonstiger Kosten insbesondere den entgangenen Gewinn (§ 252 BGB). Letzterer schließt die dem Kreditgeber seit Fälligkeit entgangenen Zinsen ein, die er bei einer alternativen Anlage erhalten hätte.[416] Dies entspricht der Rechtslage nach *common law*. Dort sind die Folgen eines *breach of contract* so weit auszugleichen, wie dies vermögensmäßig möglich ist. Der Kreditgeber ist so zu stellen, wie bei einer ordnungsgemäßen Ausstattung. Das schließt den Ersatz des positiven Interesses ein, einschließlich der Rückzahlung der noch offenen Darlehenssumme.[417]

Ist eine Ausstattung nicht erfolgt, erlangt der Kreditgeber sowohl nach *common law* als auch nach deutschem Recht als Schadenersatz einen direkten Zahlungsanspruch gegenüber dem Patron, gerichtet auf den noch offenen, fälligen Kreditbetrag. Außerdem besteht noch der Zahlungsan-

---

413 OLG Düsseldorf, WM 1989, 1642, 1646.

414 Vgl. BGHZ 117, 127, 130; OLG Düsseldorf, NJW-RR 1989, 1116, 1117; diesen Entscheidungen folgt: OLG Karlsruhe, ZIP 1992, 1394, 1395; zur Literatur: Rümker, EWiR § 765 BGB, 2/92, S. 335 f.; Obermüller, WuB I F 1 e.-1.92, 669; Horn, EWiR §765 BGB, 4/85, S. 669 f.; Schneider, ZIP 89, 662; Stecher, S. 164 ff.; Hoffmann, S. 101 f.

415 Vgl. dazu Palandt-Heinrichs, § 280 Rn. 5.

416 Obermüller, ZGR 1975, 29; Mosch, S. 141; Stecher, S. 183 u. S. 186; Hoffmann, S. 106.

417 Vgl. Triebel/Hodgson/Kellenter/Müller, Rn. 170 f.

spruch aus dem gewährten Darlehen gegenüber der Tochtergesellschaft. Das Verhältnis dieser beiden Ansprüche zueinander ist insbesondere dann in praktischer Hinsicht relevant, wenn neben der Tochter- auch die Muttergesellschaft insolvent wird, wie das beispielsweise in den bereits genannten Klagen vor dem BGH[418] und dem OLG Stuttgart[419] der Fall war. Dann stellt sich nämlich für den Kreditgeber die Frage, in welcher Höhe er seine offenen Forderungen in den jeweiligen Insolvenzverfahren geltend machen kann.

Im *common law* ist im Hinblick auf Bürgschaften anerkannt, daß der Kreditgeber in jedem Liquidationsverfahren die gesamten noch offenen Verbindlichkeiten fordern kann, vorausgesetzt, „*that he does not receive more than 100 pence in the pound overall*".[420] Aufgrund der Tatsache, daß eine Ausstattungsverpflichtung im englischen und australischen Recht in wirtschaftlicher Hinsicht einer Bürgschaft entspricht, ist diese Regel auch auf Ausstattungsverpflichtungen zu übertragen.

Im deutschen Recht kann gemäß § 68 KO (künftig § 43 InsO) der Gläubiger, dem mehrere Personen für dieselbe Leistung auf das Ganze haften, in dem Konkursverfahren eines jeden von ihnen seine gesamte Forderung bis zur vollen Befriedigung geltend machen, wenn ihre Haftung nebeneinander besteht. Maßgebend ist danach im Hinblick auf die Ausstattungsverpflichtung, ob Tochtergesellschaft und Patron nebeneinander haften oder, ob letzterer – ähnlich einem Ausfallbürgen – nur subsidiär haften soll. Dabei ist eine Mithaftung im Sinne von § 68 KO/ § 43 InsO nicht nur bei einer echten Gesamtschuld nach § 421 BGB gegeben. Sie liegt vielmehr auch bei fehlender innerer Verbundenheit der Verpflichtungen vor, wenn der Gläubiger die ihm zustehende Forderung von den Schuldnern gleichzeitig, aber insgesamt nur einmal verlangen kann.[421] Dann trifft der Zweck des § 68 KO zu, dem Gläubiger eine möglichst hohe Befriedigung aus der Haftung mehrerer Personen zu verschaffen.[422]

Im Sinne dieser Vorschrift haften bei einer Ausstattungsverpflichtung Schuldner und Patron dem kreditgebenden Darlehensempfänger nebenein-

418 BGHZ 117, 127.

419 OLG Stuttgart, WM 1985, 455.

420 Andrews/Millett, S. 359, wo auf folgende Rechtsprechung Bezug genommen wird: Cooper v Pepys (1741) 1 Atk 107; Ex parte Wildman (1750) 1 Atk 109; Ex parte Rushforth (1805) 10 Ves 409, 417; Ex parte Turquand (1876) 3 Ch D 445, 450; Re Blakely (1892) 9 Morr 173.

421 Vgl. BGH, WM 1969, 245, 246; Kilger/K. Schmidt, § 68 Rn. 2; Kuhn/Uhlenbruck, § 68 Rnn. 2, 5 c.

422 Vgl. Baur/Stürner, Bd. II, S. 161.

ander und nicht nur nacheinander für dieselbe Leistung auf die gesamten noch offenen Darlehensverbindlichkeiten.[423] Das ergibt sich jedenfalls im Insolvenzverfahren für die Ausstattungsverpflichtung, wie im *common law*, aufgrund ihrer wirtschaftlichen Ähnlichkeit zu Bürgschaft und Garantie.[424] Beide Kreditsicherungsmittel begründen im Konkurs des Schuldners grundsätzlich eine gleichrangige Haftung. Für die Bürgschaft ergibt sich das aus § 773 Abs. 1 Nr. 3 BGB.[425] Für die Garantie folgt das aus den allgemeinen Grundsätzen des Schadenersatzrechts, denen sie unterliegt.[426]

Die Ansprüche des Kreditgebers gegenüber Tochter- und Muttergesellschaft stehen nach dem Ausgeführten als unmittelbare Zahlungsansprüche nebeneinander. Das bedeutet: Falls Mutter- und Tochtergesellschaft in Konkurs fallen, kann der Kreditgeber gemäß § 68 KO in beiden Verfahren seinen Anspruch in voller Höhe geltend machen. Auch insoweit entsprechen das *common law* und das deutsche Recht einander.

*cc) Sicherheitswert der Ausstattungsverpflichtung/Länderrisiko*

Ein *statement to provide funding* begründet nach *common law* wirtschaftlich weitgehend eine bürgschafts- beziehungsweise garantieähnliche Haftung. Kommt die Muttergesellschaft ihrer Ausstattungspflicht nicht nach, steht dem Kreditgeber ein Schadenersatzanspruch in Höhe der noch offenen Kreditverbindlichkeit zu. Die Ausstattungsverpflichtung hat nach allgemeiner Ansicht im *common law* einen den traditionellen Kreditsicherungsmitteln gleichzustellenden Sicherheitswert.[427]

Im deutschen Recht wird ein Sicherheitswert von Ausstattungsverpflichtungen dagegen zum Teil verneint. Das geschieht vor dem Hintergrund der Ansicht, eine Erfüllungsklage sei nicht möglich und bei der Geltendmachung von Schadenersatzansprüchen sei mit Beweisschwierigkeiten seitens des Kreditgebers zu rechnen.[428] Die Bedenken hinsichtlich der fehlenden Justitiabilität eines Erfüllungsanspruchs greifen jedoch,

---

423 So ausdrücklich: BGHZ 117, 127, 132; OLG Stuttgart, WM 1985, 455 mit zust. Anm. v. Horn, EWiR § 765 BGB 4/85, S. 669 und Schröter, WuB I F 1c, 1.85; Gerth, S. 184 ff.; Schneider, ZIP 1989, 622; vgl. ferner Mosch, S. 215 f.; Obermüller, ZIP 1982, 920; Schraepler, ZKredW 1975, 215 f.; Rümker, WM 1974, 991.

424 So auch der BGH in BGHZ 117, 127, 132 f. m.w.N.

425 Vgl. BGH, WM 1969, 245, 246 und NJW 1985, 271, 272.

426 So: BGH, WM 1961, 204, 206 f.; WM 1968, 680, 682; WM 1976, 977, 978.

427 Vgl. Wood, Comparative Law, S. 348; Elland-Goldsmith, RDAI/IBLJ 1994, 539 f.; Smart, IBL 1978, 298.

428 Vgl. Obermüller, ZGR 1975, 29; nicht ganz so ablehnend mehr in: Ersatzsicherheiten, Rn. 24; Gerth, S. 190.

wie gesehen, nicht durch. Auch der Einwand bezüglich angeblicher Beweisschwierigkeiten vermag nicht zu überzeugen: Die Unmöglichkeit selbst ist leicht beweisbar, da jedenfalls die Eröffnung des Insolvenzverfahrens unproblematisch feststellbar ist. Ebenso ist die Kausalität zwischen Pflichtverletzung und Ausfall der Bank einfach nachzuweisen. Denn aufgrund der präventiven Merkmale der Ausstattungsverpflichtung kann die maßgebliche Ursache nur die mangelnde Erfüllungsbereitschaft des Patrons sein. Auch dürften hinsichtlich des Verschuldens des Patrons schon wegen des § 282 BGB keine Problene entstehen. Hiernach trifft den Schuldner die Beweislast hinsichtlich des Vertretenmüssens. Schließlich obliegt dem Patron die Pflicht, die finanzielle Situation seiner Untergesellschaft zu überwachen, so daß eine Insolvenz der Tochter ihm zuzurechnen ist.[429]

Mithin besteht für den Kreditgeber eine günstige Beweislage bei der Durchsetzung eines Schadenersatzanspruches wegen Nichterfüllung. Da auch keine besonderen Verzögerungen denkbar sind, erweist sich die Ausstattungsverpflichtung auch nach deutschem Recht als taugliches Sicherungsmittel.[430] Das gilt insbesondere vor dem Hintergrund der Gleichbehandlung mit Bürgschaft und Garantieversprechen im Konkurs. Dementsprechend wird bei der von der deutschen Rechtspraxis regelmäßig vorgenommenen Unterteilung von Patronatserklärungen in „harte“ und „weiche“[431] – vergleichbar derjenigen im *common law* in „*strong*“ und „*weak*“[432] – eine Ausstattungsverpflichtung mit einer „harten“ Patronatserklärung regelmäßig gleichgestellt.[433]

Soweit und wenn sowohl im deutschen Recht als auch im *common law* im Hinblick auf den Sicherheitswert der Ausstattungsverpflichtung aus wirtschaftlicher Sicht von einer bürgschafts- beziehungsweise garantieähnlichen Haftung die Rede ist,[434] bedarf diese Aussage einer Einschränkung,

---

429 Vgl. zur einfachen Beweislage auch Stecher, S. 179 ff.; Mosch, S. 140.

430 So auch Mosch, S. 140; Stecher, S. 179 ff.; Hoffmann, S. 221; Kohout, S. 241 f.; Vollmer, ZBB 1993, S. 89 f.; Jährig/Schuck-Woite, S. 645; Scholz/Lwowski, Rn. 425; vgl. auch OLG Karlsruhe, ZIP 1992, 1394, 1395 a.E.

431 Vgl. z.B.: BGHZ 117, 127, 132 f.; OLG Karlsruhe, ZIP 1992, 1394, 1395 f.; LG München I, WM 1998, 1285; Soergel/Siebert-Mühl, vor § 765 Rn. 65; Jährig/Schuck-Woite, S. 544; Medicus, Schuldrecht II, S. 239; Goette, DStR 1993, 1753; Schönfeld, BJIBFL Sept. 1986, S. 4; Horn, EWiR § 765 BGB 4/85, S. 669.

432 Siehe oben, S. 75.

433 Vgl.: OLG Düsseldorf, NJW-RR 1989, 1116, 1117; Münchener Kommentar-Habersack, vor § 765 Rn. 45; OLG Karlsruhe, ZIP 1992, 1394, 1395; Rümker, EWiR § 765 BGB 2/92, S. 335; Schröter, WuB I F 1.c., 1.85; Schröder, ZGR 1982, 553.

434 Vgl. z.B.: Wood, Comparative Law, S. 348; Elland-Goldsmith, RDAI/IBLJ 1994, 539 f.; Wittuhn, McGillJ 1989/90, 493; Smart, IBL 1978, 298; OLG Karlsruhe, ZIP

jedenfalls sofern die kreditnehmende Tochtergesellschaft in einem anderen Land als der Kreditgeber ansässig ist. In dem Fall, daß die ausländische Tochtergesellschaft ihre Kreditverbindlichkeiten nicht erfüllt oder nicht erfüllen kann, weil sie durch hoheitliche Maßnahmen wie ein Moratorium oder Devisenbeschränkungen an dem Transfer der Gelder gehindert wird, greift die Ausstattungsverpflichtung nicht. Anders als Garantien oder Bürgschaften umfassen die Ausstattungsverpflichtungen nämlich grundsätzlich weder nach *common law* noch nach deutschem Recht dieses sogenannte ‚politische Risiko'. Die Muttergesellschaft ist lediglich verpflichtet, durch Ausstattung der Tochtergesellschaft deren Zahlungsfähigkeit aufrechtzuerhalten, nicht aber für eine Leistung im Sinne einer Zahlung zu sorgen.[435]

In diesem Ausschluß der Haftung für ein politisches Risiko liegt heute die vorherrschende wirtschaftliche Bedeutung von Ausstattungsverpflichtungen, sofern sie im Hinblick auf ausländische Tochtergesellschaften abgegeben werden. Hierin unterscheiden sie sich in praktischer Hinsicht erheblich von Garantien und Bürgschaften, denen sie ansonsten, wie gesehen, insbesondere auch in bilanzieller und steuerlicher Hinsicht weitgehend gleichgestellt sind. Allerdings kann die Haftung auch auf das politische Risiko durch Vereinbarung einer zusätzlichen Klausel erweitert werden kann. Gemäß einer solchen erklärt die Muttergesellschaft im Rahmen der Ausstattungserklärung beispielsweise:

> *„Wenn Sie uns mitteilen, daß die Rückzahlung des Kredits einschließlich Zinsen und Nebenkosten durch Maßnahmen von hoher Hand (insbesondere durch Konvertierungs-, Transfer- oder Zahlungsverbote oder Moratorien) gefährdet oder unmöglich ist, werden wir Ihnen auf Ihr erstes Anfordern diejenigen Zahlungen leisten, die sie von unserer Tochtergesellschaft zu fordern haben.“*[436]

Diese (Zusatz-)Erklärung ist rechtlich dann allerdings als Garantie einzuordnen.

---

1992, 1394, 1395 f.; Hellner/Steuer-Wittig, Rn. 4/2888; v. Westphalen, 3. Aufl., S. 394; Limmer, DStR 1993, 1750; Vollmer, ZBB 1993, 89 f.; Rümker, WM 1974, 991; Schraepler, ZKredW 1975, 216; Köhler, WM 1978, 1346.

435 Hellner/Steuer-Wittig, Rn. 4/2904; Obermüller, Ersatzsicherheiten, Rn. 87 f. für das deutsche Recht; für das common law vgl.: Elland-Goldsmith, RDAI/IBLJ 1994, 539 f.; Smart, IBL 1978, 300.

436 Hellner/Steuer-Wittig, Rn. 4/2904 und Rn. 4/2907.

*4. Kapitel*

# Unterteilaung und Bewertung von Patronatserklärungen im *common law* und im deutschen Recht/Schluß

## I. Unterteilung von Patronatserklärungen

Die Untersuchungen zu Patronatserklärungen sowohl im deutschen Recht als auch im *common law* haben gezeigt, daß es „die" Patronatserklärung beziehungsweise „den" *comfort letter* nicht gibt. Vielmehr haben in der Praxis vielfältige Erklärungsarten Verwendung gefunden, bei denen jeweils der Wortlaut unter Berücksichtigung der Begleitumstände, insbesondere den Vorverhandlungen für eine rechtliche Bewertung maßgebend ist.

Zwar entsprechen sich die verschiedenen Erklärungsarten ungeachtet ihrer Verwendung in unterschiedlichen Ländern inhaltlich jeweils weitgehend. Denn ihre Verwendung erfolgt international und daher weitgehend losgelöst von nationalen Rechtsordnungen, die Beweggründe für ihre Abgabe sind international vergleichbar und es besteht Vertragsfreiheit hinsichtlich ihrer Gestaltung.[1] Aber in ihren Rechtswirkungen unterscheiden sie sich in den einzelnen Ländern teilweise erheblich voneinander, auch wenn wegen der hier herrschenden Vertragsfreiheit teilweise eine Auslegung und Bewertung losgelöst von nationalen Rechtssystemen zu erfolgen scheint.[2] Allen ist jedoch die Motivation für die Abgabe gemeinsam: Der Patron versucht, den Kreditgeber hinsichtlich einer Kreditgewährung an eine Tochtergesellschaft positiv zu beeinflussen. Zu diesem Zweck soll durch die Erklärung das Vertrauen in den ganzen Konzern bestärkt werden, indem ein Verhalten in Aussicht gestellt oder versprochen wird, das die Erfüllung der Kreditverbindlichkeiten der Tochtergesellschaft verbessert.

Sowohl im *common law* als auch in der deutschen Rechtspraxis wird im Hinblick auf die Bewertung von Patronatserklärungen eine Unterteilung der verschiedenen Erklärungsarten in zwei Gruppen vorgenommen. Es wird unterschieden zwischen Patronatserklärungen, die bankmäßigen Sicherheiten im herkömmlichen Sinne entsprechen, und solchen, die dies nicht tun.

---

1 Vgl. z. B. Jander/Hess, RIW 1995, 730 f.; Schollen, RDAI/IBLJ 1994, 793 ff.; Elland-Goldsmith, RDAI/IBLJ 1994, 527 ff.; Davidson/Wohl/Daniel, JBFLP 1992, 3 ff.; Wittuhn, McGillLJ 1989/90, 490 ff.; Böhlhoff, IBL 1978, 280 ff.; Bellis/Coipel/Le Brun/Poullet/Van Wymeersch, 1 ff.

2 Vgl. z.B. Schollen, RDAI/IBLJ 1994, 793 ff.; Bellis/Coipel/Le Brun/Poullet/Van Wymeersch, 1 ff.

Die Rechtspraxis des *common law* unterscheidet, wie gesehen, abhängig von ihren jeweiligen Verpflichtungsgehalten „*strong*" und „*weak*" *letters of comfort*.[3] *Strong letters of comfort* werden dabei im allgemeinen Patronatserklärungen gleichgestellt, die eine „*contractual*" oder „*promissory obligation*" begründen[4] beziehungsweise als „*legally binding*" erachtet werden.[5] Diese sollen eine garantie- beziehungsweise bürgschaftsähnliche Haftung auslösen.[6] Eine solche Wirkung hat nach englischem Recht lediglich ein sogenanntes *statement to provide funding*. Im australischen Recht kann – abhängig von ihrem konkreten Wortlaut – auch weiteren *letters of comfort* eine solche weitergehende Haftungswirkung zugesprochen werden, nämlich neben der Ausstattungsverpflichtung auch einer Managementklausel, einer Geschäftspolitikklausel und unter Umständen einer Loyalitätsklausel.

Dem *common law* vergleichbar unterteilt die deutsche Rechtspraxis Patronatserklärungen im Hinblick auf ihre jeweiligen Rechtswirkung, wie ebenfalls dargestellt, in „harte" und „weiche" Patronatserklärungen.[7] Dabei soll nach überwiegender Ansicht eine „harte" Patronatserklärung mit einer finanziellen Ausstattungsverpflichtung identisch sein.[8] Eine solche wird all-

---

3 Vgl. Banque Brussels Lambert SA v Australian National Industries Ltd, [1989] NSWLR 502, 513, 521; Stoakes, Euromoney 1986, 181; Elland-Goldsmith, RDAI/IBLJ 1994, 537; Sacasas/Wiesner, BLJ 1987, 333; Sacasas, BLJ 1989, 180; Wittuhn, McGillLJ 1989/90, 491, 499; Smart, IBL 1978, 296. Siehe auch oben, S. 75.

4 Vgl. Kleinwort Benson Ltd v Malaysia Mining Corporation Bhd, QBD, [1988] 1 AllER 714, 716; Commonwealth Bank of Australia v TLI Management Pty Ltd, [1990] VR 510, 514; Davidson/Wohl/Daniel, JBFLP 1992, 15; Cooper/Fox, JBFLP 1990, 70; Pugh-Thomas, JIBL 1990, 341; Pascoe, CSLJ 1990, 421; Dikkens, IL&P 1988, 14; Lingard, IFLR 1986, 36.

5 Vgl. Wittuhn, McGillLJ 1989/90, 498; Ivison/Naccarato, BLR 1989, 311; Lingard, IFLR 1986, 36; Marshall, IL&P 1988, 153.

6 Vgl. Banque Brussels Lambert SA v Australian National Industries Ltd, unveröffentlicht, zitiert nach: Freehill, Hollingdale & Page, IBL 1990, 48; Wood, Comparative Law 1995, S. 348; Elland-Goldsmith, RDAI/IBLJ 1994, 528; Wittuhn, McGillLJ 1989/90, 504.

7 Vgl. z.B.: BGHZ 117, 127, 132 f.; OLG Karlsruhe, ZIP 1992, 1394, 1395 f.; LG München I, WM 1998, 1285; Soergel/Siebert-Mühl, vor § 765 Rn. 65; Jährig/Schuck-Woite, S. 544; Medicus, Schuldrecht II, S. 239; Goette, DStR 1993, 1753; Schönfeld, BJIBFL Sept. 1986, S. 4; Horn, EWiR § 765 BGB 4/85, S. 669. Siehe auch oben, S. 196.

8 Vgl.: OLG Düsseldorf, NJW-RR 1989, 1116, 1117; Münchener Kommentar-Habersack, vor § 765 Rn. 45; OLG Karlsruhe, ZIP 1992, 1394, 1395; Rümker, EWiR § 765 BGB 2/92, S. 335; Schröter, WuB I F 1.c., 1.85; Schröder, ZGR 1982, 553. Vgl. auch bereits oben, S. 193.

gemein als einzige als bankmäßige Sicherheit angesehen. Unter einer „weichen" Patronatserklärung wird dagegen im allgemeinen das Inaussichtstellen einer bestimmten Geschäfts- oder Beteiligungspolitik verstanden. An einem Verpflichtungsgehalt soll es hierbei (zumeist) entweder ganz fehlen oder es soll lediglich eine Rechtspflicht zur Auskunftserteilung, zu Verhandlungen oder zu bestimmten Bemühungen bestehen; nicht jedoch soll eine bürgschafts- oder garantieähnliche Haftung begründet werden.[9] Gemeint sind mit „weichen" Patronatserklärungen sämtliche Erklärungsarten außer der Ausstattungsverpflichtung. Ein etwas anderes Verständnis im Hinblick auf eine Unterteilung scheint lediglich *Michalski* zu haben, der unter harten Patronatserklärungen alle Erklärungen versteht, die irgendeinen vertraglichen Verpflichtungsgehalt haben.[10]

## II. Bewertung von Patronatserklärungen als Kreditsicherheiten

Die in den verschiedenen Ländern von der Rechtspraxis vorgenommenen Bewertungen einzelner Patronatserklärungen als taugliche Kreditsicherheiten entsprechen im allgemeinen den dort insbesondere mit der Rechtsprechung gemachten Erfahrungen im Hinblick auf deren Auslegung. Sowohl in der englischen als auch in der deutschen Rechtspraxis ist, von Ausstattungsverpflichtungen abgesehen, grundsätzlich eine negative Einstellung bei Bewertung von Patronatserklärungen festzustellen. Lediglich von der australischen Rechtspraxis wird der Sicherheitenwert von *comfort letters* im Anschluß an die Entscheidungen des *Supreme Court of New South Wales*[11] allgemein positiver bewertet.

Als Auslöser für die generell negative Beurteilung von Patronatserklärungen durch die deutsche Bankenpraxis kann vor allem die untersuchte Entscheidung des OLG Karlsruhe vom 7. August 1992 ausgemacht werden. An diesem Rechtsstreit waren zwei deutsche Großbanken beteiligt.[12] Die Banken unterlagen in dem Rechtsstreit, weil das Oberlandesgericht eine Ri-

---

9 Rümker, EWiR § 765 BGB 2/92, 335; Horn, EWiR § 765 BGB 4/85, 669; Schneider, ZGR 1989, 621; Münchener Kommentar-Habersack, vor § 765 Rn. 49; Hellner/Steuer-Wittig, Rn. 4/2856.

10 Michalski, WM 1994, S. 1230 u. S. 1234.

11 Banque Brussels Lambert SA v Australian National Industries [1989] NSWLR 502; Esanda Finance Corporation Ltd v Wordplex Information Systems Ltd [1990] NSWLR 146; Australian Bridal Centre Pty Ltd v Dawes Corporation Pty Ltd and Ors [1990], unveröffentlicht; Capita Financial Group Ltd v Rothwells Ltd, Supreme Court und Court of Appeal, [1993] NSWLR 619.

12 Vgl. OLG Karlsruhe, ZIP 1992, 1394, 1395, linke Spalte.

sikoverwirklichung darin sah, daß sie lediglich eine „weiche" Patronatserklärung hereingenommen hatten.[13] Die Zentralen vieler deutscher Banken wiesen ihre nachgeordneten Stellen auf diese Entscheidung und die anschließende Nichtannahme der Revision durch den BGH[14] hin und verlangten die Hereinnahme haftungserhaltender Zusatzerklärungen bei „weichen" Patronatserklärungen. Anderen Erklärungen als der Ausstattungsverpflichtung wurde daraufhin in der Folgezeit fast durchgängig sämtlicher Sicherungswert abgesprochen. Der Sicherheitswert einer Ausstattungsverpflichtung dürfte dagegen auch im Anschluß an die dargestellte Entscheidung des LG München I[15] nicht bezweifelt werden. Die dort vertretene Ansicht zur allgemeinen Unwirksamkeit von Ausstattungserklärungen trifft nicht zu und ist dementsprechend insgesamt zurückzuweisen.[16]

Die in der englischen Rechtspraxis ebenfalls vorherrschende negative Einstellung im Hinblick auf die grundsätzliche Bewertung von Patronatserklärungen wurde maßgeblich durch die Entscheidung des *Court of Appeal* in *Kleinwort Benson Ltd v Malaysia Mining Corp Bhd* vom 2. Februar 1989 verursacht.[17] Dies gilt ungeachtet der Entscheidungsgründe des *Court of Appeal*, aus denen hervorgeht, daß Erklärungsarten von *comfort letters* denkbar seien, die eine umfangreiche Haftung begründen könnten.[18] Seit dieser Entscheidung überwiegt in England allgemein die Skepsis, einen Sicherheitswert von Patronatserklärungen anzunehmen: sie seien als Kreditsicherheit generell ungeeignet und nur dort angebracht, wo *„a shadow of a guarantee is considered better than nothing at all"*.[19] Vor diesem Hintergrund wird verschiedentlich die folgende Aussage von *Judge Megarry* über sogenannte *gentleman's agreements* als zutreffende Darstellung der Einschätzung und Rechtslage im *common law* auch für *letters of comfort* angesehen und zitiert:

> *„A gentleman's agreement is an agreement which is not an agreement, made between two persons neither of whom is a gentleman, whereby each expects the other one to be bound without himself being bound at all."*[20]

13 OLG Karlsruhe, ZIP 1992, 1394, 1396.
14 BGH, DStR 1993, 1753.
15 LG München I, WM 1998, 1285.
16 Siehe oben, S. 16 f., S. 110, S. 184, S. 195 f., S. 201 f.
17 Kleinwort Benson Ltd v Malaysia Mining Corp Bhd, CA, [1989] 1 AllER 785.
18 Kleinwort Benson Ltd v Malaysia Mining Corp Bhd, CA, [1989] 1 AllER 785, 795. Vgl. auch: Forte, JML&C 1990, 109; Davidson/Wohl/Daniel, JBFLP 1992, 15.
19 Wood, Comparative Law, S. 346.
20 Zitiert nach: Megarry, S. 326. Vgl. zur Verwendung dieses Zitates auch: Hirst, J in Kleinwort Benson Ltd v Malaysia Mining Corp Bhd, QBD, [1988] 1 AllER 714, 720; Staughton, J in Chemco Leasing SpA v Rediffusion plc [1985], unveröffentlicht; Marshall, IL&P 1988, 152.

Die vorstehende Bewertung im Hinblick auf die englische Rechtslage zu Patronatserklärungen ist bei Berücksichtigung der dortigen Rechtsprechung auch zutreffend. Die Anforderungen, die an den Wortlaut eines *comfort letter* gestellt werden, damit dieser eine bürgschafts- oder garantieähnliche Haftung begründet, sind hoch. Damit die Gerichte einen rechtlichen Verpflichtungsgehalt anerkennen, bedarf es, neben einem Rechtsbindungswillen, eines eindeutigen, in die Zukunft gerichteten Versprechens, für die Tochtergesellschaft einstehen zu wollen. Als bankmäßige Sicherheit kommt daher tatsächlich nur ein sogenanntes *statement to provide funding* in Betracht. Andere Erklärungsarten eignen sich dazu nicht. Diesen kommt auch kein relativer Sicherheitswert zu. Denn ihnen dürfte nach allgemeiner Ansicht jeglicher vertraglicher Verpflichtungsgehalt fehlen. Auch außervertragliche Ansprüche sind nach dem Erarbeiteten praktisch nicht durchsetzbar. Insoweit haben *comfort letters* nach englischem Recht weitgehend keinen Sicherheitswert, der über einen moralischen Hoffnungswert hinausgeht.

Die von der überwiegenden deutschen Bankpraxis ebenfalls vertretene, vergleichbare Negativ-Bewertung ist dagegen in dieser Absolutheit nach den Ergebnissen der vorgenommenen Untersuchungen unangebracht: Von dem Urteil des OLG Karlsruhe und dem damit im Zusammenhang stehenden Beschluß des BGH über die Nichtannahme der Revision kann nicht auf eine allgemeine absolute Wertlosigkeit von Patronatserklärungen geschlossen werden. Zunächst ist die Entscheidung sehr stark auf den konkreten Fall bezogen. Das Gericht berücksichtigte insbesondere, daß die auszulegende Erklärung nicht in der „eigentlichen" Patronatserklärung enthalten war, sondern in einem Begleitschreiben. Auch können die gerichtlichen Ausführungen über eine fehlende Einstandsverpflichtung aufgrund fehlender Bilanzierung, wie dargestellt, nicht überzeugen. Außerdem erscheint ein grundsätzliches Absprechen jeglichen Sicherheitswertes vor dem Hintergrund unangebracht, daß eine erhebliche Anzahl von Erklärungsarten zwar keine unmittelbare Einstandsverpflichtung begründen, aber doch vertragliche Pflichten anderer Art. Diese mögen zwar nicht so weit wie banktübliche Sicherheiten reichen und auch Beweisprobleme für den Anspruchsteller bedeuten. Das bedeutet aber nicht, daß sie völlig wertlos sind. Etwas anderes hat sich insbesondere aus den Ausführungen zur Management-, Geschäftspolitikklausel und zur Loyalitätserklärung ergeben. Diese Erklärungsarten geben sehr wohl Anspruchsgründe her, wenn Verletzungen der vertraglichen Pflichten vorliegen. In vielen Patronatserklärungen steckt im Krisenfall mehr, als gemeinhin angenommen wird. Das gilt vor allem, wenn man berücksichtigt, daß der Wert einer solchen

Erklärung immer so hoch ist wie der Wert der stärksten in ihr enthaltenen Erklärung. In der Regel besteht eine Patronatserklärung nicht nur aus einer der hier behandelten Klauseln, sondern aus einer Verbindung von mehreren. Besondere Rechtsfolgen ergeben sich aus einer solchen Kombination zwar nicht. Aber es addieren sich ihre Rechtswirkungen. Der Sicherheitswert der gesamten Patronatserklärung richtet sich dann nach der umfassendsten Klausel beziehungsweise Klausel-Verbindung.[21]

Es verbietet sich dementsprechend nach deutschem Recht, Patronatserklärungen generell jeglichen Sicherheitswert abzusprechen. Vor dem Hintergrund eines rein faktischen Wertes, aber auch bei detaillierter Berücksichtigung der bisher in Deutschland ergangenen Urteile, erscheint die momentan in der deutschen Bankpraxis verbreitete Skepsis in ihrer Absolutheit fehl am Platz.

Die untersuchte australische Rechtspraxis steht Patronatserklärungen im Hinblick auf ihren Sicherheitswert generell positiv gegenüber. Grund hierfür ist, daß die vorliegende australische Rechtsprechung bei der Bewertung nicht maßgeblich auf den Erklärungswortlaut abstellt, sondern auf den wirtschaftlich-kaufmännischen Zusammenhang. Viel Wert wird darauf gelegt, ob der Kreditgeber im Vertrauen auf die Erklärung gehandelt hat.[22] Diese Vorgehensweise bedeutet zwar nicht, daß jeglicher Art von Patronatserklärungen nach australischem Recht ein rechtlicher Verpflichtungsgehalt zuerkannt wird. Aber es zeigt sich die Tendenz, daß zweifelhafte Erklärungsarten wie die Management- und Geschäftspolitikklausel oder die Loyalitätserklärung eher als haftungsauslösende Erklärungen angesehen werden. Es hat sich, wie gesehen, insoweit eine *commercial morality* entwickelt: Auf eine Vereinbarung, die unter wirtschaftlichen Umständen zustandegekommen ist, sollen die Parteien sich hinsichtlich irgendwelcher Haftungsfolgen regelmäßig festhalten lassen, insbesondere wenn der Erklärungsempfänger im Vertrauen auf die Erklärung des Erklärenden gehandelt hat.[23]

21 Vgl. nur: Mosch, S. 151; Obermüller, Ersatzsicherheiten, Rn. 23.

22 Vgl. Cooper, JBFLP 1990, 289 f.; Tyree, JCL 1989, 282; Davidson/Wohl/Daniel, JBFLP 1992, 15; Francis, NZLJ 1993, 185 ff.

23 Vgl. Freehill, Hollingdale & Page, IBL 1990, 482 f.; Cooper, JBFLP 1990, 289; Cooper/Fox, JBFLP 1990, 66.

## III. Schluß

Trotz der international weitgehend vergleichbaren Erklärungsinhalte haben gleichlautende Patronatserklärungen in unterschiedlichen Rechtsordnungen teilweise erheblich voneinander abweichende Verpflichtungsinhalte. Dies gilt nicht nur bei dem Vergleich von Erklärungen in Rechtsordnungen verschiedener Rechtsfamilien, wie dem *common law* und dem *civil law*. Auch innerhalb des *common law* werden inhaltlich vergleichbaren *comfort letters* zum Teil beträchtlich voneinander abweichende Rechtswirkungen zugewiesen.

Maßgebend für die Bestimmung der Rechtsfolgen ist primär der konkrete Wortlaut vor dem Hintergrund der nach der betroffenen Rechtsordnung einschlägigen Rechtsgrundsätze. Die Gründe für die Zuweisung unterschiedlicher Verpflichtungsgehalte für vergleichbare Erklärungen liegen dabei neben den unterschiedlichen anwendbaren allgemeinen Rechtsprinzipien vor allem in den verschiedenen Ansätzen bei der Auslegung. So handelt die Rechtspraxis des *common law* bei der Auslegung und Zuweisung eines Verpflichtungsgehalts nach einem „Alles-oder-nichts-Prinzip“: Wird der vertragliche Verpflichtungsgehalt eines *comfort letter* – bei unter anderem Vorliegen eines bestimmten, in die Zukunft gerichteten Versprechens und eines Rechtsbindungswillens – bejaht, werden diesem grundsätzlich weitgehende Rechtswirkungen zuerkannt. Dabei stehen sich im *common law* selbst unterschiedliche Auslegungsmethoden gegenüber: einerseits eine eher formal, stark an dem Erklärungswortlaut orientierte Auslegung der englischen Rechtsprechung, andererseits eine eher von dem konkreten Wortlaut gelöste und maßgebend auf die (tatsächlichen oder angeblichen) wirtschaftlichen Umstände abstellende Auslegung der australischen Rechtspraxis.[24]

Die deutsche Rechtspraxis verfolgt demgegenüber bei der Bewertung und Auslegung von Patronatserklärungen einen Mittelweg: Das Vorliegen eines Rechtsbindungswillens und mithin des vertraglichen Charakters einer Patronatserklärung wird, wie dargestellt, zwar bei vielen Erklärungsarten bejaht. Dies bedeutet aber nicht automatisch die Bejahung einer Einstandsverpflichtung. Bei letzterem ist die deutsche Rechtspraxis vielmehr zurückhaltend.

Festzuhalten bleibt: Aufgrund der dargestellten unterschiedlichen und uneinheitlichen Auslegungsansätze sowie der relativ überschaubaren Anzahl von einschlägigen Gerichtsentscheidungen besteht trotz eines nunmehr fast

24 Siehe hierzu ausführlich oben, S. 89 ff.

30jährigen internationalen Gebrauchs von Patronatserklärungen keine endgültige Rechtssicherheit im Hinblick auf ihre internationale Verwendung und Bewertung. Die in dieser Arbeit durchgeführten Bewertungen ergangener Urteile und vorgenommenen Auslegungen gebräuchlicher Erklärungsarten sowie die festgestellten allgemeinen Tendenzen können vor diesem Hintergrund zur Orientierung bei der Verwendung und Bewertung von Patronatserklärungen im *common law* und im deutschen Recht dienen.

# Literaturverzeichnis


Ahdar, Rex J.: Are Letters of Comfort Binding?: Contractual Intention Revisited, Australian Business Law Review (AustralBLR) 1988, 399

Aichinger, Christian: Die Patronatserklärung in Österreich, Quartalshefte der Girozentrale 1978, Heft 4 (QuHGZ 4 / 78), S. 85

Allan, David E. / Hiscock, Mary E.: Law of Contract in Australia, 2. Auflage, North Ryde, Australien 1992

Allen, David K.: Misrepresentation, London 1988

Altenburger, Peter R.: Die Patronatserklärungen als „unechte" Personalsicherheiten, Basel 1978 (Diss.)

Ammelung, Ulrich / Sorocean, Michael: Patronatserklärungen zugunsten ausländischer Tochtergesellschaften, RIW 1996, 668

American Jurisprudence 2d: Band 38 (Freight to Guaranty), Rochester, NY 1964 mit Supplement 1989

– Band 74 (Suretyship to Treaties), Rochester, NY 1974 mit Supplement 1989, zitiert: AmJur 2d

Andrews, Geraldine / Millett, Richard: Law of Guarantees, London 1992

Avancini, Peter: Rechtsprobleme bei Patronatserklärungen, ÖJZ 1983, 546

Ayres, Andrew / Moore, Adrian: „Small Comfort" Letters, Lloyd's Maritime and Commercial Law Quarterly (LMCLQ) 1989, 281

Baumbach, Adolf / Lauterbach, Wolfgang / Albers, Jan / Hartmann, Peter: Zivilprozeßordnung, 56. Auflage, München 1998, zitiert: Baumbach-Lauterbach/Bearbeiter

Baur, Fritz / Stürner, Rolf: Zwangsvollstreckungs-, Konkurs- und Vergleichsrecht, Band II: Insolvenzrecht, 12. Auflage, Heidelberg 1990

Bellis, Marc / Coipel, Michel / Le Brun, Jean / Poullet, Yves / Van Wymeersch, Charles: Les Lettres de Patronage, Paris 1984

Berensmann, Wolfgang: Bürgschaften und Garantievertrag im englischen und deutschen Recht, Berlin 1988

Blumenwitz, Dieter: Einführung in das anglo-amerikanische Recht, 5. Auflage, München 1994

Böhlhoff, Klaus: Letters of Responsibility, International Business Lawyer (IBL) 1978, 288

Bordt, Karl: Die Bedeutung von Patronatserklärungen für die Rechnungslegung, WPg 1975, 285

Brestel, Heinz: Deutsche Bankkontrollen in Luxemburg?, Frankfurter Allgemeine Zeitung v. 12.11.1977

Bright, Christopher / Bright, Susan: Beware the Letter of Comfort, New Law Journal (NLJ) 1988, 365

Brink, Ulrich / Habel, Wolfgang / Hartwig, Hans J.: Recht der Kreditsicherheiten in europäischen Ländern, Teil IV: England, Hrsg.: Walther Hadding / Uwe H. Schneider, Berlin 1980

Brink, Ulrich / Petereit, Wolfgang / Reinecker, Heinrich / Scheerer, Hans-Peter: Recht der Kreditsicherheiten in europäischen Ländern, Teil I: Bundesrepublik Deutschland, Hrsg.: Johannes Bärmann, Berlin 1976

Brown, Ian: The Letter of Comfort: Placebo or Promise?, The Journal of Business Law (JBL) 1990, 281

Brox, Hans: Allgemeiner Teil des Bürgerlichen Gesetzbuches, 18. Auflage, Köln u.a. 1993

Buckley, Ross P.: Walford v Miles: False Certainty About Uncertainty – An Australian Perspective, Journal of Contract Law (JCL) 1993, 58

Bülow, Peter / Arzt, Markus: Folgeprobleme der Anwendung des Verbraucherkreditgesetzes auf Schuldbeitritt und andere Interzessionen, ZIP 1998, 629

Bundesverband Deutscher Banken: Kommission für Bilanzierungsfragen, Gestaltung des Jahresabschlusses 1987 nach neuem Recht, Die Bank 1988, S. 92

Bungert, Hartwin: US-amerikanisches Bürgschaftsrecht – Law of Suretyship, Göttingen 1990

Canaris, Claus-Wilhelm: Die Vertrauenshaftung im Deutschen Privatrecht, München 1971

Cheshire, G.C. / Fifoot, C.H.S. / Furmston, M.P.: Law of Contract, 11. Auflage, London u.a. 1986

Cheshire, G.C. / Fifoot, C.H.S.: Law of Contract, Australian Edition, Bearb.: J.G. Starke, N.C. Seddon, M.P. Ellinghaus, 6. austral. Auflage, Sydney u.a. 1992

Chitty, Joseph: Chitty on Contracts, Band I, Hrsg.: A.G. Guest, 26. Auflage, London 1989 u. 27. Auflage, London 1994

Clark, Donald H.: Comment on Kleinwort Benson Ltd v Malaysia Mining Corp Bhd, The Canadian Bar Review (CanadianBR) 1990, 753

Clerk, John F. / Lindsell, William H.B.: Clerk & Lindsell on Torts, Hrsg.: Reginald W.M. Dias, 7. Auflage, London 1987, zitiert: Clerk & Lindsell / Bearb.

Cooper, G. David / Fox, John G.: Commercial Morality – Enforceability of Letters of Comfort, Journal of Banking and Finance Law and Practice (JBFLP) 1990, 66

Cooper, G. David: Representations of „Comfort" Enforceable Against the Maker, Journal of Banking and Finance Law and Practice (JBFLP) 1990, 287

Creifelds, Carl: Rechtswörterbuch, Hrsg. Hans Kaufmann, 13. Auflage 1996

Cross, Rupert / Harris, J.W.: Precedent in English Law, 4. Auflage, Oxford 1991

Davenport, Brian J.: A very comfortable Comfort Letter, Lloyd's Maritime and Commercial Law Quarterly (LMCLQ) 1988, 290

David, René / Grasmann, Günter: Einführung in die großen Rechtssysteme der Gegenwart, 2. deutsche Aufl., München 1988, zitiert: David / Grasmann-Bearbeiter

Davidson, Ian E. / Wohl, Jonathan / Daniel, Deborah: Comfort Letters under French, English and American Law, Journal of Banking and Finance Law and Practice (JBFLP), 1992, 3

Derham, David / Maher, Frank / Waller, Louis: An Introduction to Law, 5. Auflage, North Ryde, Australien 1986

Dickens, Nicola: Kleinwort Benson Ltd v Malaysian Mining Corporation Berhad, Insolvency Law & Practice (IL&P) 1988, 13

Dilger, Eberhard: Patronatserklärungen im englischen Recht, RIW 1988, 908 und RIW 1989, 579

Duden: Etymologie, Herkunftswörterbuch der deutschen Sprache, Band 7, 2. Auflage, Mannheim u.a. 1989, Hrsg.: Günther Drosdowski

– Das große Wörterbuch der deutschen Sprache, Band 5, 2. Auflage, Mannheim u.a. 1989 Hrsg.: Günther Drosdowski

Elland-Goldsmith, Michael: Comfort Letters in English Law and Practice, Revue de Droit des Affaires Internationales / International Business Law Journal (RDAI / IBLJ) 1994, 793

Ellinger, E.P. / Havey, Peter: New cases on letters of comfort, The Journal of Business Law (JBL) 1991, 281

Enright, Christopher: Studying Law, 4. Auflage, Acton 1991

Erler, Adalbert / Kaufmann, Ekkehard: Handwörterbuch zur deutschen Rechtsgeschichte, III. Band, Berlin 1984

Erman, Walter: Handkommentar zum Bürgerlichen Gesetzbuch, Hrsg. Harm Peter Westermann, 1. Band, 9. Auflage, Münster 1993, zitiert: Erman-Bearbeiter

Esser, Josef / Schmidt, Eike

Schuldrecht, Band I, Allgemeiner Teil, 6. Auflage, Heidelberg 1984

dies.: Schuldrecht, Band I, Allgemeiner Teil, Teilband 1, 8. Auflage, Heidelberg 1995

Esser, Josef / Weyers, Hans-Leo: Schuldrecht, Band II, Besonderer Teil, 7. Auflage, Heidelberg 1991

Fischer, Joachim / Schaffland, Hans-Jürgen: Patronatserklärungen, Genossenschafts-Forum 1976 Nr. 2, S. 36 (1.Teil) und Nr. 3, S. 38 (2. Teil)

Fisher, Jonathan S.: Comfort Letters and their Legal Status, Journal of International Banking Law (JIBL) 1988, 215

Forte, A.D.M.: Letters of Comfort or Letters of Cold Comfort, Journal of Maritime Law and Commerce (JML&C) 1990, 99

Francis, Jayne: Letters of Comfort: Possible avenues of interpretation, New Zealand Law Journal (NZLJ) 1993, 185

Franken, Paul: The force of comfort letters under German law, International Financial Law Review (IFLR) Juni 1985, 14

Freehill / Hollingdale / Page: NSW Supreme Court finds „comfort letter“ legally enforceable, International Business Lawyer (IBL) 1990, 289

– Representations of „comfort“ enforceable against the maker, International Business Lawyer (IBL) 1990, 481

Gäblein, Wolfgang: GmbH-Konzernrecht – neue Konzeption erforderlich?, GmbH-Rundschau (GmbHR)1987, 221

Gay, Grant / Schelluch, Peter: The Auditor's Liability to the Company, Shareholders and Third Parties, Company and Securities Law Journal (CSLJ) 1991, 59

Geigy-Werthemann, Catherine: Die rechtliche Bedeutung garantieähnlicher Erklärungen von herrschenden Unternehmen im Konzern, in: Festgabe zum Schweizerischen Juristentag 1973, Basel, Stuttgart 1973, S. 21

Geimer, Reinhold: Anmerkung zu BGH, NJW 1992, 2093, in: Lindenmaier-Möhrig, Das Nachschlagewerk des Bundesgerichtshofs in Zivilsachen (LM), § 305 BGB, Bl. 1230

v. Gerkan, Hartwig: Kurzkommentar zu OLG Karlsruhe, ZIP 1992, 1394, in: EWiR § 303 AktG 2/92, 1155

Gerth, Axel: Atypische Kreditsicherheiten, 2. Auflage, Frankfurt am Main 1980

– Rechnungslegung bei Eventualverbindlichkeiten nach geltendem und künftigen Recht, BB 1981, 1611

– Die Patronatserklärung im französischen Recht, RIW 1982, 477

– Organschaftserklärungen als Kreditsicherheit, AG 1984, 94

– Anmerkung zu OLG Karlsruhe, ZIP 1992, 1394, in: WuB I F 1c.-2.93.

Gibbens, R.D.: Letters of Comfort – Kleinwort Benson v Malaysia Mining Corp Berhad, Banking & Finance Law Review (BFLR) 1989, 222

Giesen, Dieter: Zur Konstruktion englischer Vertragsvereinbarungen, JZ 1993, 16

Gillespie, Stephen / Harwood, Stephenson: Whether comfort letters are legally binding – Comment on Kleinwort Benson Ltd v Malaysia Mining Corp Bhd, Court of Appeal, Journal of International Banking Law (JIBL) 1989, N-71

Goette, Wulf: Anmerkung zum BGH-Beschluß vom 12.7.1993, II ZR 179/92, DStR 1993, 1753

Goodhart, Arthur L.: Determining the Ratio Decidendi of a Case, in: Essays in Jurisprudence and the Common Law, Cambridge 1931

Greig, D.W. / Davis, J.L.R.: The Law of Contract, Sydney 1987

Gulson, F.T.: Kleinwort Benson Ltd v Malaysia Mining Corp Bhd, Australian Law Journal (AustralLJ) 1988, 814

Habel, Wolfgang: Recht der Kreditsicherheiten in europäischen Ländern, Teil VI: Österreich, Hrsg.: Walther Hadding/Uwe H. Schneider, Berlin 1986

Habersack, Matthias: Patronatserklärungen ad incertas personas, ZIP 1996, 257

Hachenburg, Max: Gesetz betreffend die Gesellschaften mit beschränkter Haftung (GmbHG), Großkommentar, Bearb. Carl Hans Barz, Peter Behrens u.a., 2. Band (§§ 13-52), 7. Auflage, Berlin, New York 1979

Hellner, Thorwald / Steuer, Stephan (Hrsg.): Bankrecht und Bankpraxis, Loseblatt, Köln 3/1997, zitiert: Hellner/Steuer-Bearbeiter

Henrich, Dieter: Einführung in das englische Privatrecht, 2. Auflage, Darmstadt 1993

Hepple, B.A.: Intention to Create Legal Relations, Cambridge Law Journal (CambridgeLJ) 1970, 122

Hermann, A.H.: Real comfort in a comfort letter, Financial Times vom 4.2.1988, 13

Herzfeld, Edgar: Comfort letters before the courts, Solicitor's Journal, 1988, 1549

Hobeck, Paul Alexander: Fehlerhafte Erklärungen im englischen Vertrags- und Deliktsrecht unter besonderer Würdigung der Teilkodifikation durch den Misrepresentation Act 1967, Marburg 1981 (Diss.)

Hoffmann, Dirk: Patronatserklärungen im deutschen und österreichischen Recht, Frankfurt a.M. 1989

Hoffmanns, Helmut: Nachvertragliche Nebenpflichten von Schuldverhältnissen (Diss.), Köln 1986

Honsell, Heinrich: Probleme der Haftung für Auskunft und Gutachten, JuS 1976, 621

Horn, Norbert: Anmerkung zu OLG Stuttgart, WM 1985, 455 in: Entscheidungen zum Wirtschaftsrecht (EWiR), § 765 BGB, 4 / 85, S. 669, Köln, September 1985

Howard, Matthew: Interpreting Comfort Letters and Construing Statements, Australian Business Law Review (AustralBLR) 1990, 188

Institut der Wirtschaftsprüfer in Deutschland e.V.: Erläuterungen zum Entwurf einer Verlautbarung zur aktienrechtlichen Vermerk- und Berichterstattungspflicht bei Patronatserklärungen gegenüber dem Kreditgeber eines Dritten, WPg 1976, 209, zitiert: IdW-Erläuterungen

– Stellungnahme des Hauptfachausschusses zur aktienrechtlichen Vermerk- und Berichterstattungspflicht bei Patronatserklärungen gegenüber dem Kreditgeber eines Dritten, WPg 1976, 529, zitiert: IdW-Stellungnahme

Ivison, Andrew / Naccarato, John: Comfort Letters: Are They Legally Binding?, Business Law Review (BLR) 1989, 311

Jährig, Alfred / Schuck, Hans: Handbuch des Kreditgeschäfts, 3. Auflage, Wiesbaden 1978 u. 5. Auflage, Wiesbaden 1989, zitiert: Jährig / Schuck-Bearbeiter

James, Philip S.: Introduction to English Law, 12. Auflage, London 1989

Jander, Klaus H. / Hess, Frank Michael: Die Behandlung von Patronatserklärungen im deutschen und amerikanischen Recht, RIW 1995, 730

Käser, Jörg: Garantieversprechen als Sicherheit im Handelsverkehr, RabelsZ 35 (1971), 601

Kamprad, Balduin: Zur Gesellschaftssteuerpflicht von Krediten, für die Gesellschafter Sicherheit leisten, DB 1967, 1869

– Gesellschaftssteuerpflicht bei Patronatserklärungen?, DB 1969, 327

Kaser, Max: Das Römische Privatrecht, Erster Abschnitt, 2. Auflage 1971

Kilger, Joachim / Schmidt, Karsten: Konkursordnung, 16. Auflage, München 1993

Köhler, Helmut: Patronatserklärungen als Kreditsicherheit: tatsächliche Verbreitung – wirtschaftliche Gründe – rechtliche Bedeutung, WM 1978, 1338

Kölner Kommentar zum Aktiengesetz: Hrsg.: Wolfgang Zöllner, Band 1, 2. Auflage, Köln u.a. 1988; Band 3, Köln u.a. 1985, Band 4, 2. Auflage, Köln u.a. 1991; zitiert: Kölner Kommentar-Bearbeiter

Kohout, Dagobert: Patronatserklärungen, Mainz 1984 (Diss.)

Küffner, Thomas: Patronatserklärungen im Bilanzrecht, DStR 1996, 146

Kuhn, Georg / Uhlenbruck, Wilhelm: Konkursordnung, Kommentar, 11. Auflage, München 1996

Ladbury, R.A. / Paterson, I.M.: Influence of Continental European Law on Australian Commercial Law, International Business Lawyer (IBL) 1997, 21

Lake, Ralph B. / Draetta, Ugo: Letters of Intent and Other Precontracual Documents, Stonehamm, Mass., USA 1989

Larenz, Karl: Allgemeiner Teil des deutschen Bürgerlichen Rechts, 7. Auflage, München 1989

– Lehrbuch des Schuldrechts, Erster Band, Allgemeiner Teil, 14. Auflage, München 1987

– Lehrbuch des Schuldrechts, Zweiter Band, Besonderer Teil, 1. Halbband, 13. Auflage, München 1986

Larenz, Karl / Canaris, Claus-Wilhelm: Methodenlehre der Rechtswissenschaft, 3. Auflage, Berlin u.a. 1996

Limmer, Peter: „Harte" und „weiche" Patronatserklärungen in der Konzernpraxis, DStR 1993, 1750

Lingard, James R.: Comfort Letter under English Law, International Financial Law Review (IFLR) 1986, 36

Lutter, Marcus: Der Letter of Intent, Köln u.a. 1982 (1. Auflage) und 3. Auflage 1998

Lwowski, Hans-Jürgen: Kreditsicherheiten, 2. Auflage, Berlin 1974 u. 3. Auflage, Berlin 1978

Macindoe, Frank: Comfort Letters – Contribution, Anmerkung zu Capita Financial Group Ltd v Rothwells Ltd, New South Wales Court of Appeal, [1993] 30 NSWLR 619, Journal of International Banking Law (JIBL) 1994, N-96

Marshall, Helen: Letters of comfort – a gentleman's agreement?, Insolvency Law & Practice (IL&P) 1988, 152

McGee, Andrew: A discomforting decision, Company Lawyer 1988, 133

Medicus, Dieter: Schuldrecht II, Besonderer Teil, 4. Auflage, München 1990

Meek, Michael K.: The Australian Legal System, 2. Auflage, Sydney 1994

Megarry, Sir Robert: A Second Miscellany – at – Law, London 1973

von Mehren, Arthur T.: The Formation of Contracts, International Encyclopedia of Comparative Law, Volume VII: Contracts in General, Chapter 9, Tübingen u.a. 1992

Michalski, Lutz: Die Patronatserklärung, WM 1994, 1229

Miller, Anthony T.: Letters of Responsibility – USA –, International Business Lawyer (IBL) 1978, 328

Möser, Heinz Dieter: Patronatserklärung und Kreditwürdigkeit, DB 1979, 1469

Mosch, Wolfgang: Patronatserklärungen deutscher Konzernmuttergesellschaften und ihre Bedeutung für die Rechnungslegung, Bielefeld 1978

Motive zu den Entwürfen eines bürgerlichen Gesetzbuches für das Deutsche Reich: Band II (Recht der Schuldverhältnisse), 2. Auflage, Berlin, Leipzig 1896

Moxter, Adolf: Zum Wechseldiskonturteil des Bundesfinanzhofs, BB 1995, 1997

Mühl, Dorothee: Recht der Kreditsicherheiten in den Vereinigten Staaten von Amerika, Teil II: Immobiliarsicherheiten und persönliche Sicherheiten, Hrsg.: Walther Hadding / Uwe H. Schneider, Berlin 1985

Mühl, Dorothee / Petereit, Wolfgang

Recht der Kreditsicherheiten in europäischen Ländern, Teil V: Schweiz, Hrsg.: Walther Hadding / Uwe H. Schneider, Berlin 1983

Müller, Georg: Vorvertragliche und vertragliche Informationspflichten nach englischem und deutschem Recht, Heidelberg 1994

Müller, Klaus: Die Haftung der Muttergesellschaft für die Verbindlichkeiten der Tochtergesellschaft im Aktienrecht, ZGR 1977, 1

Müllhaupt, Walter: Rechtsnatur und Verbindlichkeit der Patronatserklärung, Schweizerische Aktiengesellschaft (SAG) 1978, 109

Münchner Kommentar zum Bürgerlichen Gesetzbuch: Hrsg. Franz Jürgen Säcker: Band 1: Allgemeiner Teil, 3. Auflage, München 1993

- Band 2: Schuldrecht, Allgemeiner Teil, 2. Auflage; München 1985 und 3. Auflage, München 1994
- Band 3: Schuldrecht, Besonderer Teil I, 3. Auflage, München 1995
- Band 4: Schuldrecht, Besonderer Teil II, 3. Auflage, München 1997
- Band 5: Schuldrecht, Besonderer Teil III, 3. Auflage, München 1997; zitiert: Münchner Kommentar/Bearbeiter

Nicholson, Kevin: Third Party Reliance on Negligent Advice, International and Comparative Law Quarterly (ICLQ) 1991, 551

Obermüller, Manfred: Die Patronatserklärung, ZGR 1975, 1

- Patronatserklärungen und kapitalersetzende Darlehen, ZIP 1982, 915
- Ersatzsicherheiten im Kreditgeschäft, Wiesbaden 1987
- Anmerkung zu BGHZ 117, 127, WuB I F 1c. – 1.92, S. 669

Palandt, Otto: Bürgerliches Gesetzbuch, Kommentar, 57. Auflage München 1998, zitiert: Palandt-Bearbeiter

Parsons, Robins: Comfort Letters, The Position under the Law of the United Kingdom, Butterworths Journal of International Banking and Financial Law (BJIBFL), September 1986, 7

Pascoe, Janine: Southern Comfort – The Australian Courts' View of Letters of Comfort, Company and Securities Law Journal (CSLJ) 1990, 420

Philipp, Christiane: Das Judicial Committee of the Privy Council und seine Gerichtsbarkeit für das Commonwealth, Kiel 1990 (Diss.)

Phillips, John / O'Donovan, James: The Modern Contract of Guarantee, 2. Auflage, Sydney 1992

Pierce, Anthony: Demand Guarantees in International Trade, London 1993

Pilny, Karin L.: Präjudizienrecht im anglo-amerikanischen und im deutschen Recht, Baden-Baden 1993

Prentice, Dan D.: Letters of Comfort, The Law Quarterly Review (LQR) 1989, 346

Pugh-Thomas, Anthony: Letters of Comfort Revisited: Australia and England Diverge, Journal of International Banking Law (JIBL) 1990, 340

Rehbinder, Eckard: Konzernaußenrecht und allgemeines Privatrecht, Bad Homburg u.a. 1969

Reynolds, F.M.B.: Uncertainty in Contract, The Law Quarterly Review (LQR) 1988, 352

Rheinstein, Max: Einführung in die Rechtsvergleichung, Hrsg. Reimer von Borries, Hans-Eckart Niethammer, 2. Auflage, München 1987

Rimmelspacher, Bruno: Kreditsicherungsrecht, 2. Auflage, München 1987

Rippert, Klaus: Patronatserklärungen im deutschen und französischen Recht – Ihre Verwendung im deutsch-französischen Rechtsverkehr, Mainz 1982 (Diss.)

Rosenberg, Leo / Schwab, Karl Heinz / Gottwald, Peter: Zivilprozeßrecht, 15. Auflage, München 1993

Rümker, Dietrich: Probleme der Patronatserklärung in der Kreditsicherungspraxis, WM 1974, 990

– Probleme der Ausgestaltung und Gewährträgerhaftung bei öffentlich-rechtlichen Kreditinstituten, in: Festschrift für Ernst C. Stiefel, Hrsg.: Marcus Lutter u.a., München 1987

– Anmerkungen zu BGH, NJW 1992, S. 2095, in: EWiR § 765 BGB 2/92, S. 335, Köln 1992

Rummel, Peter: Kommentar zum Allgemeinen bürgerlichen Gesetzbuch, 1. Band, 2. Auflage, Wien 1990, zitiert: Rummel/Bearbeiter

Sacasas, Rene: The Comfort Letter Trap: Parent Companies Beware, Banking Law Journal (BLJ) 1989, 173

Sacasas, Rene / Wiesner, Don: Comfort Letters: The Legal and Business Implications, Banking Law Journal (BLJ) 1987, 313

Schaffland, Hans-Jürgen: Patronatserklärungen – eine Untersuchung des Sicherheitscharakters und ihre Auswirkungen auf die Rechnungslegung, BB 1977, 1021

Schlüchter, Ellen: Mittlerfunktion der Präjudizien, Berlin, New York 1986

Schmidt, Karsten: Handelsrecht, 4. Auflage, Köln u.a. 1994

Schmitthoff, Clive M.: When a comfort letter creates a legal obligation, Journal of Business Law (JBL) 1988, 111

– When a comfort letter does not create a legal obligation, Journal of Business Law (JBL) 1989, 96

Schneider, Egon: Kurzkommentar zu OLG Köln, Urteil vom 29.1.1986, EwiR § 765 BGB 2 / 86, S. 567

Schneider, Hannes: Letters of Responsibility -Federal Republic of Germany-, International Business Lawyer (IBL) 1978, 303

Schneider, Uwe H.: Patronatserklärungen gegenüber der Allgemeinheit, ZIP 1989, 619

Schnyder, Anton K.: Patronatserklärungen – Haftungsgrundlage für Konzernobergesellschaften?, Schweizerische Juristen-Zeitung (SJZ) 1990, 57

von Schönfeld, Ulrich: Comfort Letters, Report Germany, Butterworths Journal of International Banking and Financial Law (BJIBFL). September 1986, 3

Schollen, Anne: Les Lettres de Parrainage ont-elles toujours de bonnes intentions?, Revue de Droit des Affaires Internationales / International Business Law Journal (RDAI/IBLJ) 1994, 793

Scholz, Hellmut / Lwowski, Hans-Jürgen: Das Recht der Kreditsicherung, 6. Auflage, Berlin 1986 u. 7. Auflage, Berlin 1994

Schraepler, Hans-Joachim: Patronatserklärung als Sicherheit, ZKredW 1975, 215

Schröder, Jan: Die „harte“ Patronatserklärung – verschleierte Bürgschaft / Garantie oder eigenständiger Kreditsicherungstyp?, ZGR 1982, 552

Schröter, Jürgen: Anmerkung zu OLG Stuttgart, WM 1985, 455 in: WuB I F 1c. Patronatserklärung 1.85

Seiler, Ilke: Die Patronatserklärung im internationalen Wirtschaftsverkehr, Münster 1981 (Diss.)

Shirbin, John / Utz, Clayton: Comment on Banque Brussels Lambert SA v Australian National Industries Ltd, Journal of International Banking Law (JIBL) 1990, N-62

Siebourg, Peter: Der Letter of Intent, Bonn 1979 (Diss.)

Smart, Adrian M.H.: Letters of Responsibility – England –, International Business Lawyer (IBL) 1978, 295

Soergel, Hs.Th. / Siebert, W.: Bürgerliches Gesetzbuch, Band 1, Allgemeiner Teil I, 12. Auflage, Stuttgart u.a. 1988

– Band 2, Allgemeiner Teil II, 12. Auflage, Stuttgart u.a. 1990

– Band 3, Schuldrecht II, 11. Auflage, Stuttgart u.a. 1980

– Band 4, Schuldrecht III, 11. Auflage, Stuttgart u. a.1985, zitiert: Soergel/Siebert-Bearbeiter

Starke, J.G.S.: Recent Cases: Kleinwort Benson Ltd v Malaysia Mining Corporation, Court of Appeal, The Australian Law Journal (AustralLJ) 1989, S. 370

– Recent Cases: Commonwealth Bank of Australia v TLI Management, The Australian Law Journal (AustralLJ) 1991, S. 566

Staudinger, Julius: Kommentar zum Bürgerlichen Gesetzbuch, §§ 241-243, 13. Bearb., Berlin 1995

– §§ 328-361, 13. Bearb., Berlin 1995

– §§ 652-704, 12. Bearb., Berlin 1995

§§ 741-822, 12. Auflage, Berlin 1986; zitiert: Staudinger-Bearbeiter

Stecher, Reiner: „Harte" Patronatserklärungen, rechtsdogmatische und praktische Probleme, Köln 1978

Stoakes, Christopher: I have here a piece of paper signed by ..., Euromoney, Dec. 1986, S. 181

– In the engine room, Euromoney, Oct. 1987, S. 33

Stumbles, John: Letters of Comfort – Case Law after Kleinwort Benson, Butterworth's Journal of International Banking and Financial Law (BJIBFL) 1990, 172

Tettenborn, A.M.: Commercial Certainty – A Step in the Right Direction?, Cambridge Law Journal (CambridgeLJ) 1988, 346

Treitel G.H.: The Law of Contract, 8. Auflage, London 1991

Triebel, Volker: Englisches Handels- und Wirtschaftsrecht, Heidelberg 1978

Triebel, Volker / Hodgson, Stephen / Kellenter, Wolfgang / Müller, Georg: Englisches Handels- und Wirtschaftsrecht, 2. Auflage, Heidelberg 1995

Tyree, Alan L.: Southern Comfort, Journal of Contract Law (JCL) 1989, 279

Uhlenbruck, Wilhelm: Gläubigerberatung in der Insolvenz, Köln 1983

Vahlens Großes Wirtschaftslexikon: Band 1, Hrsg.: Erwin Dichtl, Otmar Issing, München 1987

Vermeesch, R.B. / Lingren, K.E.: Business Law of Australia, 7. Auflage, Sydney u.a. 1992

Vollmer, Lothar: Haftungsrisiken aus konzerninternen Patronatserklärungen mit Managementklauseln, Zeitschrift für Bankrecht u. Bankwirtschaft (ZBB) 1993, 89

Wagner, Klaus: Die internationale Tätigkeit der Banken als aufsichtsrechtliches Problem, Baden-Baden 1982

Wassner, Fernando: Zur Sicherheit von Sicherheiten, Frankfurter Allgemeine Zeitung v. 15. Juli 1975, S. 7

Watson, Patricia A.D.: Kleinwort Benson Limited v Malaysia Mining Corporation Berhad, Butterworth's Journal of International Banking and Financial Law (BJIBFL) 1989, 129

von Westphalen, Friedrich: Rechtsprobleme der Exportfinanzierung, 2. Auflage, Heidelberg 1978

– 3. Auflage, Heidelberg 1987

Winden, Kurt: Kreditsicherung, in: Enzyklopädisches Lexikon für das Geld-, Bank- und Börsenwesen, Band 2, S. 1075, 3. Auflage, Frankfurt am Main 1967 / 68

Wittuhn, Georg A.: Kleinwort Benson Ltd v Malaysia Mining Corporation Berhad – A Comparative Note on Comfort Letters, McGill Law Journal, Vol. 35 (1989 / 90), S. 490

– Patronatserklärungen im Anglo-Amerikanischen Rechtskreis, RIW 1990, 495

Wood, Philip R.: Law and Practice of International Finance, London 1980

– Comparative Law of Security and Guarantees, (Fortführung und Neubearbeitung zu Law and Practice of International Finance), London 1995, zitiert als: Comparative Law

– The uncomfortable comfort letter, International Financial Law Review (IFLR) 1988, 21

Zayon, Monique S. de / Schreiner, Robert P.: Releasing the Comfort Letter Trap, Banking Law Journal (BLJ) 1989, 403

Zöller, Richard (Begr.): Zivilprozeßordnung, Bearb. Reinhold Geimer u.a., 19. Auflage, Köln 1995, zitiert: Zöller-Bearbeiter

Zweigert, Konrad / Kötz, Hein: Einführung in die Rechtsvergleichung auf dem Gebiete des Privatrechts, Band I: Grundlagen, 2. Auflage, Tübingen 1984

– Band II: Institutionen, 2. Auflage, Tübingen 1984

Printed by
CPI books GmbH, Leck

FSC
www.fsc.org
MIX
Papier | Fördert
gute Waldnutzung
FSC® C083411

Kolibri 360 GmbH
Ferdinand-Jühlke-Straße 7
99095 Erfurt, Deutschland
produktsicherheit@kolibri360.de